新手学看盘

快速入门与实操技巧

刘振清 / 编著

U0955867

中国宇航出版社
·北京·

版权所有　侵权必究

图书在版编目（CIP）数据

新手学看盘快速入门与实操技巧 / 刘振清编著. -- 北京 : 中国宇航出版社, 2022.4（2022.6重印）
ISBN 978-7-5159-2052-8

Ⅰ. ①新… Ⅱ. ①刘… Ⅲ. ①股票投资－基本知识 Ⅳ. ①F830.91

中国版本图书馆CIP数据核字(2022)第044507号

策划编辑　卢　珊
责任编辑　白希国　　封面设计　李　松

出版发行　中国宇航出版社
社　址　北京市阜成路8号　　邮　编　100830
(010)68768548
网　址　www.caphbook.com
经　销　新华书店
发行部　(010)68767386　　(010)68371900
(010)68767382　　(010)88100613(传真)
零售店　读者服务部
(010)68371105
承　印　北京天顺鸿彩印有限公司
版　次　2022年4月第1版　　2022年6月第2次印刷
规　格　710×1000　　开　本　1/16
印　张　18.25　　字　数　256千字
书　号　ISBN 978-7-5159-2052-8
定　价　59.00元

本书如有印装质量问题，可与发行部联系调换

看懂了盘面，就看懂了股市

（代序）

盘面是股价走势最直观的反映。盘面中的每一个信息都有特定的指示意义，如股价线、分时线、盘口成交数据等。只要能够熟练地掌握看盘技术，盘面就会告诉投资者一些别人无法领悟的信息。通过看盘，投资者不仅可以看清大盘的变化，个股的涨跌，还可以预测指数和股价的变动趋势。

同样的盘面信息，不同的投资者会解读出不一样的内容，这就是看盘水平的差别。每个投资者都希望自己解读的信息能够反映真实的股市变化，所以投资者需要提升自己的看盘水平。本书就是专为投资者提升看盘能力设计的。

当然，一本书是无法从根本上提升投资者看盘水平的。毕竟，看盘水平的提升，需要从多个方向努力。

★多读

本书是一本看盘知识的集合，涵盖了多种看盘方法和知识，但相对于整个看盘体系来说还不够。投资者可以通过阅读相关书籍，不断地丰富自己的知识储备，这样才能对盘面的变化做到“心中有数”。

★多练

“纸上得来终觉浅”，无论看多少盘面分析的书籍或文章，没有实践和练习，是很难有实质性进步的。归根到底，盘面分析是需要理论与实践相结合的一门功课。投资者可以将实盘过程中发现的形态与书中的一些经典形态进行对照，并在一些形态尚未形成时进行预判。总之，要想提升看盘水平，就要具备相当的“盘感”。这种“盘感”只能通过不断的练习才能获得，没有任何捷径。

★多想

本书中介绍的各类看盘方法和技巧，不能机械地照搬照抄，需要投资者活学活用。投资者学习看盘技巧时，要结合每日盘面变化进行分析。同时，通过对比自己的分析与后市的股价变化，可以验证自己的分析过程是否存在问题。

书中介绍的很多看盘方法和技巧，主力肯定是“滚瓜烂熟”，投资者要想用这些方法和技巧来窥探主力的意图，就要多个“心眼”。

股市中永远存在风险，本书介绍的这些看盘方法和技巧无法回避股市中的风险。投资者一定要根据自身情况，先控制好风险，再求获利。

投资者想成为看盘高手，要经过漫长的成长过程，经历多次牛熊转换的洗礼。本书提供的各类看盘技巧与知识，希望能为大家的成长之路提供帮助和支持。

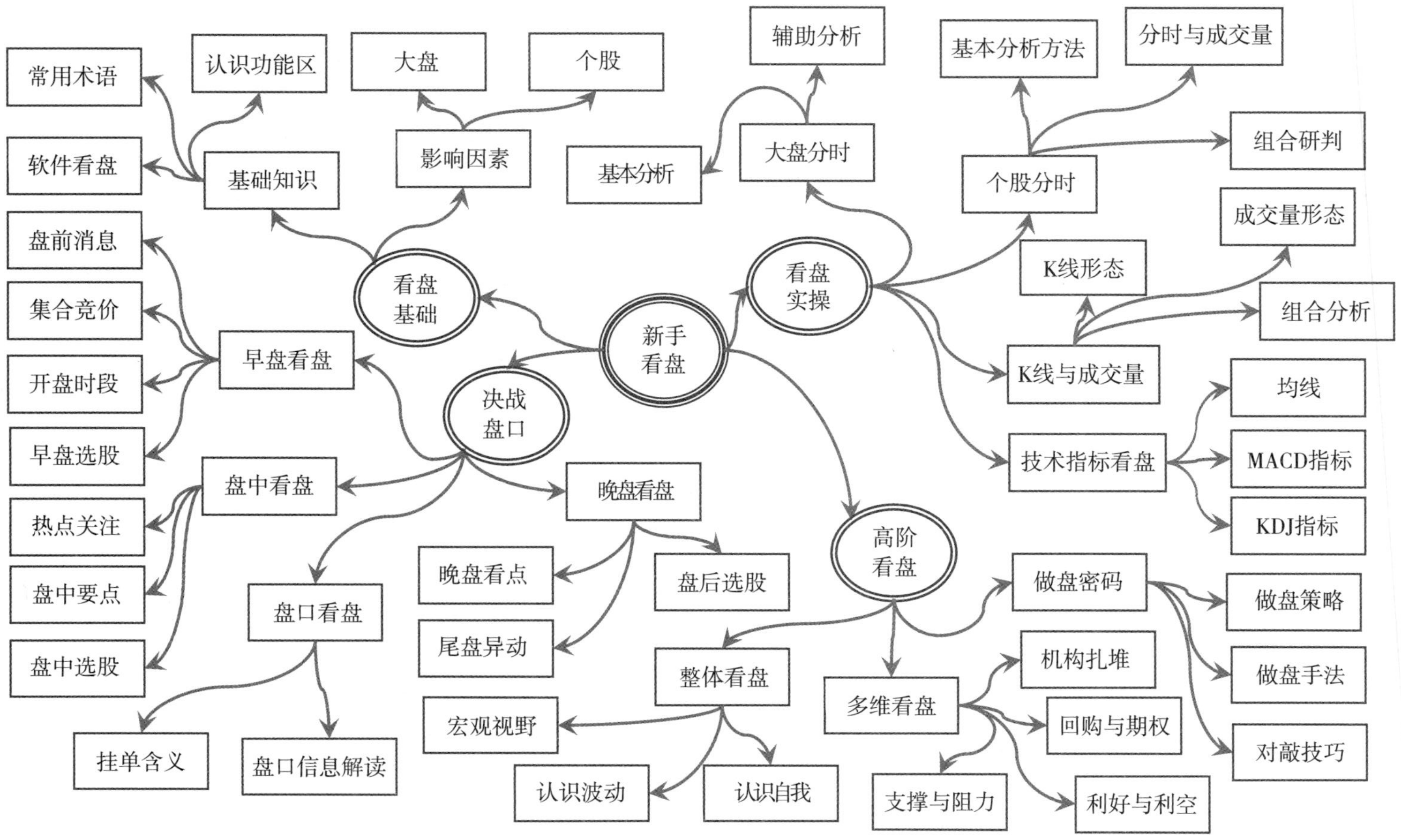
新手看盘
看盘基础
基础知识
常用术语
认识功能区
软件看盘
影响因素
大盘
个股
看盘实操
大盘分时
辅助分析
基本分析
个股分时
基本分析方法
分时与成交量
组合研判
K线与成交量
K线形态
成交量形态
组合分析
技术指标看盘
均线
MACD指标
KDJ指标
决战盘口
早盘看盘
盘前消息
集合竞价
开盘时段
早盘选股
盘中看盘
热点关注
盘中要点
盘中选股
盘口看盘
挂单含义
盘口信息解读
晚盘看盘
晚盘看点
尾盘异动
盘后选股
高阶看盘
整体看盘
宏观视野
认识波动
认识自我
多维看盘
机构扎堆
回购与期权
支撑与阻力
利好与利空
做盘密码
做盘策略
做盘手法
对敲技巧

新手学看盘知识导图

目 录 / Contents

第一篇

看盘基础知识

看盘基础知识涵盖了投资者看盘基础术语以及炒股软件的基本功能分区，看盘角度与重点观测对象等，并简单分析了盘面走势影响因素。

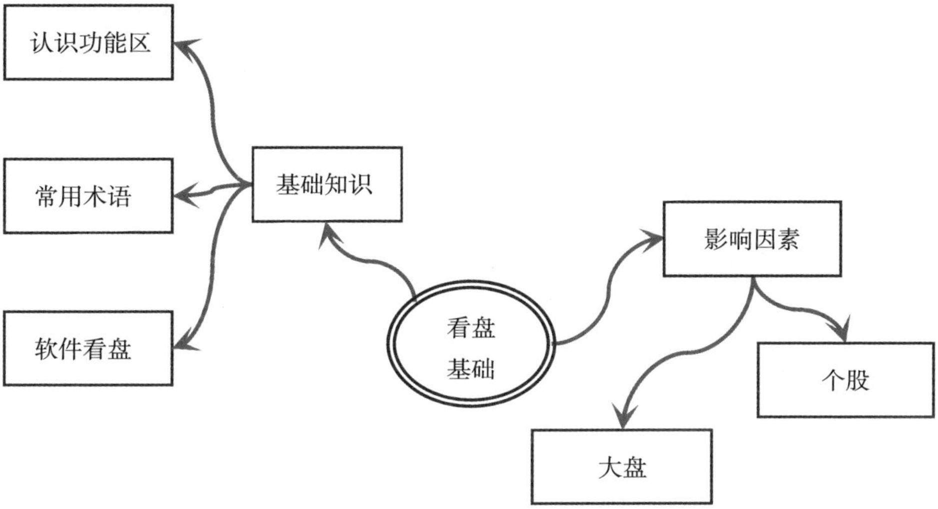

看盘基础知识导图

“看盘”是随着国内股票交易市场的诞生出现的一个词汇。早期的证券交易中，由于电脑并未普及，投资者交易股票和跟踪股票报价，需要前往证券营业部。每家证券营业部的大显示屏，就是投资者了解股票报价的主要窗口。证券营业部的显示屏，在交易时间内，会滚动显示市场各只股票的报价和成交信息，俗称为“大盘”。投资者盯着这个显示屏跟踪股价信息变化的过程，就称为“看盘”或“盯盘”。

后来，随着电脑和智能手机的普及，越来越多的投资者不需要到营业部去盯盘了，只要接通网络，在家里就可以完成“看盘”作业。随着信息技术的发展，股票交易软件的信息与分析项目日趋完善，看盘涉及的领域和项目逐渐增加，从原来的只是关注股票的报价与成交，演变为研判股价短线的运行状态，热点信息对盘面的影响，资金进出对股价的影响，等等。从整体上来看，大家目前所说的“看盘”，是从进入股票交易界面开始的，但主要集中于研判股价日内波动，其中分时图是重中之重。股价中长线的波动，则要通过研判股票本身的内在价值或股价中长期走势来实现。

第一章

个股看盘基础

目前，各大证券公司和股票交易软件提供商提供的交易分析软件，尽管在功能方面存在一定的区别，但整体功能相差不大。进入股票的主分析界面后，都会先给出分时图走势。下面以同花顺软件中的分时图界面为例进行介绍，如图 1-1 所示。

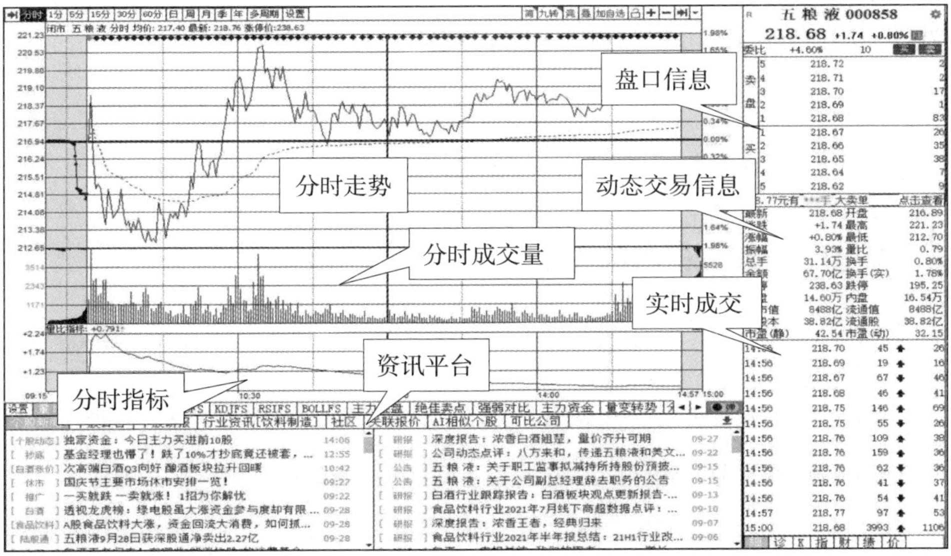

图 1-1　五粮液（000858）分时走势图（2021.9.29）

点击【K 线图】页面，系统就会给出该股的日 K 线走势图，这是看盘的另一项重要内容，如图 1-2 所示。

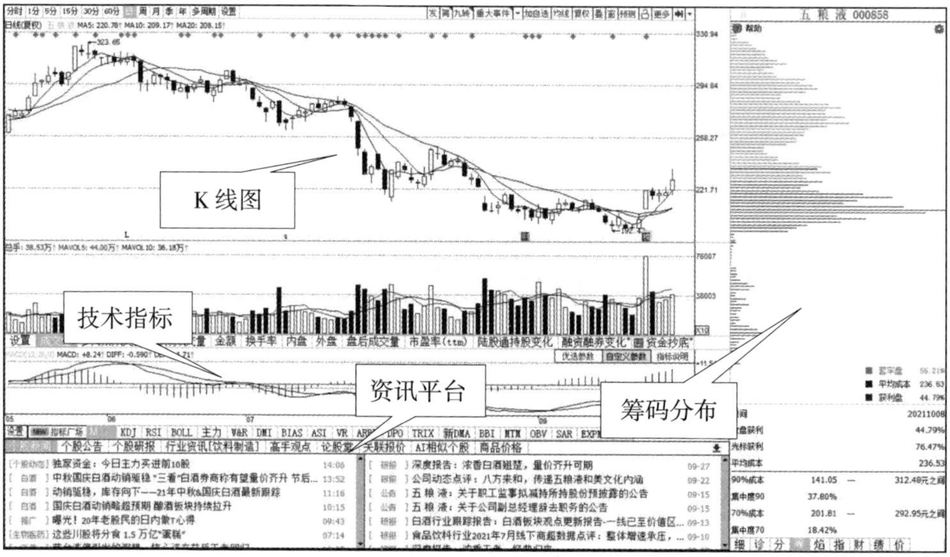

图 1-2　五粮液（000858）日 K 线走势图

从图 1-1 与图 1-2 的对比来看，大多数功能区都比较相近，两个页面最主要的区别在于分时图和 K 线图，这两部分内容是看盘最核心的内容。

第一节
认识盘面基本功能分区

在默认的交易软件分时图界面，大致有分时走势、分时成交量、分时技术指标三部分构成的主分时图区域，由各五档买卖盘构成的盘口信息区，由诸多主要交易信息构成的动态交易信息区，由即时成交报价、成交笔数、成交量构成的实时成交信息区，以及由个股新闻、板块信息、关联报价、个股研报等栏目构成的资讯平台区，等等。

一、分时图与 K 线图

分时图和 K 线图，是日常看盘关注的最主要区域。

1. 分时图功能区域

该区域由股价分时走势、分时成交量、分时技术指标组成，如图 1-3 所示。

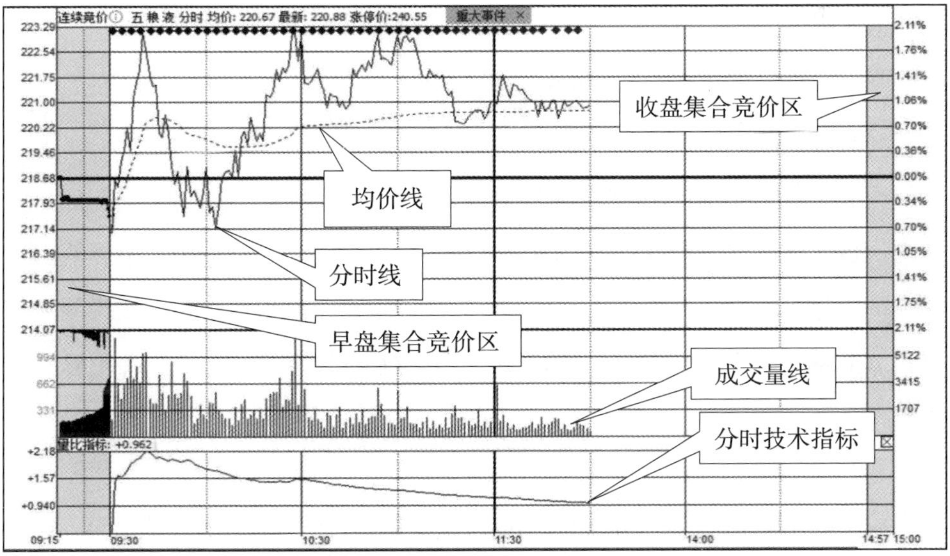

图 1-3　五粮液（000858）分时走势图（2021.9.30）

下面简单介绍一下图中的几个功能区域。

（1）分时线

图中的分时线，是股价实时的价格走势线。按照一般的股票交易软件系统设计，每分钟最后一笔成交价会显示在这张分时图中。换句话说，分时线就是每分钟股票交易价格的连线。如果一分钟内成交多笔，并且价格不同，那么以最后一笔交易价格为准。若一分钟内没有任何成交，则以前一分钟最后一笔成交价格为准。反之，一分钟内若有多笔成交，则系统每隔 5 秒钟会更新一次成交价格和成交总量，但该分钟在分时图上显示的价格仍以最后一笔成交价为准。

通常来说，分时线本身只是股票成交价格的连线，不具有其他含义。但是，按照以往的交易经验来看，当分时线处于上行状态时，继续上升的概率就会增加；反之，当分时线走低时，继续向下的概率就会比较高，这是投资者喜欢盯分时线的原因之一。当然，关于分时线走势分析，结合均价线、成交量线、分时技术指标效果会更好。

关于分时线分析，后面章节会详细介绍。

（2）均价线

均价线是反映股价从开盘到当时时刻的平均价格曲线。均价线与分时线是一体的，是无法进行单独分析的。将分时线与均价线组合起来分析，可以看出当时股价运行在均价线上方还是下方。若分时线运行于均价线上方，则说明当前市场价格高于当日大多数投资者的买入价格，看涨意味更浓；反之，则看跌意味更浓。

（3）成交量线

成交量线反映的是一分钟内股票的总成交量。若一分钟内有多笔交易，则将这些交易产生的成交量汇总。成交量线与分时线对应，可以让投资者直观地看出某一价位区域、时间点成交最为密集。

（4）早盘集合竞价区

目前，A 股市场股票的开盘价都是通过集合竞价获得的。集合竞价的时间为 9:15—9:25。其中，9:15—9:20 的交易申请可以撤销，9:20—9:25 的交易申请不可撤销。9:25 后确定当日早盘的开盘价。

从集合竞价区域内的分时线和成交量线走势，可以侧面看出主力的态度。

一般情况下，9:20 之前，主力会利用可撤单的规则进行试盘，比如直接用大单将股价拉至涨停或打压至跌停。当然，这些大单会在 9:20 前撤出。主力真实的意图会在 9:23 以后甚至最后一刻表露，这是最后一刻成交量线较长的原因。

（5）收盘集合竞价区

目前，A 股的收盘价与开盘价一样，也是由集合竞价产生。收盘阶段的集合竞价时间为 14:57—15:00。这一时段，投资者提交的交易申请是不能撤销的。

（6）分时技术指标

分时技术指标选取的数值都是基于分时线，反映的是当时的股价运行态势。这些技术指标预测的往往也是当日的股价走势。

目前，炒股软件提供的分时技术指标包括 MACD 指标、布林线指标、KDJ 指标、RSI 指标、量比指标等。由于这些技术指标都是基于即时成交信息展开的，因而这些技术指标名称后面常常加入“FS”（分时）。比如 MACD 指标，在分时图中被标示为“MACDFS”等。一般情况下，系统默认的分时技术指标为量比指标。

后面章节将详细讲解这些分时技术指标。

2. K 线图功能区域

该区域由股价 K 线走势、成交量、技术指标组成，如图 1-4 所示。

下面简单介绍一下图中的几个功能区域。

（1）K 线

K 线是需要重点介绍的内容。事实上，K 线与分时线存在直接的关联。在 K 线图中，每根 K 线最核心的 4 个点位（即开盘价、收盘价、最高价、最低价），都可以在分时线中找到对应的点。换句话说，日 K 线图就是把每天的分时图浓缩为一根 K 线，以便投资者能够从更宏观的角度观察股价的变化趋势。

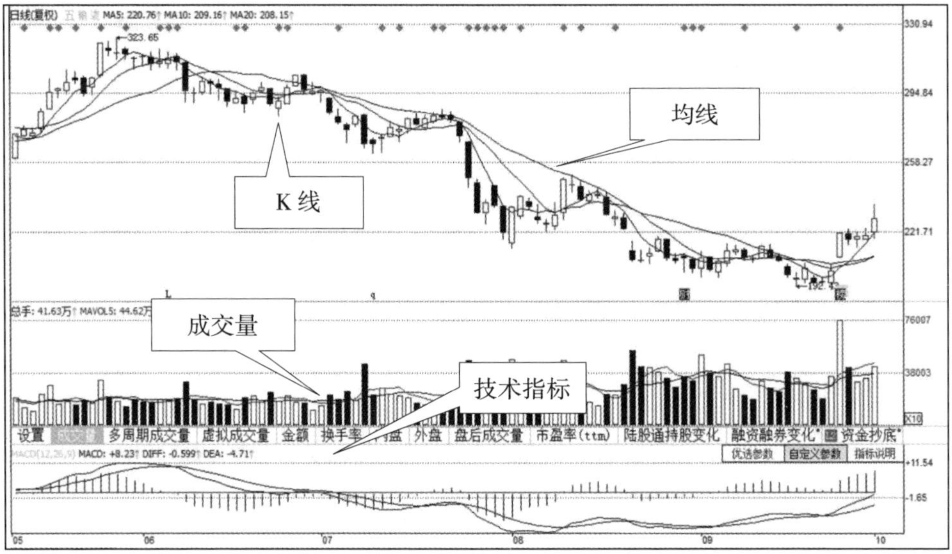

图 1-4　五粮液（000858）日 K 线走势图

同时，K 线的周期是可以切换的。系统默认的 K 线周期为日线，投资者可以根据实际需要，将日 K 线切换为周 K 线、月 K 线或 60 分钟 K 线、30 分钟 K 线等。

（2）均线

均线，本质上属于技术指标一类。但在所有股票交易软件中，均线几乎都与 K 线同步显现，即有 K 线图的地方就有均线。

同时，K 线对均线的突破，均线对 K 线的支撑和阻力，会对股价走势产生一定的影响。对于这些，后面会有详细解读。

（3）成交量

成交量是与 K 线对应的一个辅助指标。每根 K 线对应一根成交量柱。若将日 K 线调整为周 K 线，则成交量为周成交量。成交量柱的研判方法与分时图中的成交量线相似。

（4）技术指标

在技术指标区域中，可以切换多种技术指标，包括分时图中可以切换的 4 种。

后面章节会详细介绍这几种技术指标的用法。

二、盘口信息区

盘口信息区也是日常看盘的一个重点区域。盘口，在股市中指的是买入与卖出的委托挂单情况和交易成交情况。一般来说，投资者能够看到的盘口，主要是行情软件中提供的买卖盘各 5 档的数据，如图 1-5 所示。

图 1-5　五粮液（000858）实时盘口数据（2021.9.30）

盘口区域 5 档买盘与卖盘排列，遵循以下 5 个原则。

第一，卖盘，是按照卖方的报价由低到高依次向上排列。盘口给出 5 个档口，并不是说市场上只有这 5 个价位有卖盘，实质上更高价位的卖盘还在上方，只是当前没有显示，只要成交价上升，这些卖盘就会显现，直至涨停板位置。

第二，买盘，与卖盘的报价排列顺序刚好相反，是按照买方的报价由高到低依次向下排列。更多更低报价的买盘还在下方，只是当前没有显示。只要成交价下跌，这些买盘就会显现，直至跌停板位置。

第三，对于股价相对较低的股票，可能一分钱就是一个档口，而对于股价较高的股票，可能会出现隔几分钱甚至更多才有一个报价的情况。

第四，根据连续竞价的交易规则，各档盘口的挂单按照挂单的先后顺序成交。也就是说，在同一价位的买盘或卖盘，先挂上的单子优先成交。假如你挂的买单是 100 手，此时主动卖单只有 80 手，那么你的这个买单就会成交 80 手，剩余的 20 手将会等待后面的卖单。当然，你可以在买单只成交 80 手的情况下撤销买单，此时撤回的只有 20 手的资金，那 80 手是股票。其实，主力经常利用这一规则在盘口进行操作。比如，他们先在某一价位挂一个买单，让散户看到下方有承接盘。然后，当其他投资者也在该价位挂单后，主力可以通过频繁地撤单再加单的方法，让自己的单子排在后面，这时即使有卖盘挂出来，先成交的也是其他散户，主力自己的买单可以一直躲在后面。

关于主力在盘口的一些动作，后面会有详细介绍。

第五，目前，有些券商可以为投资者开通 10 档盘口数据服务，当然，这需要投资者额外支付一定的费用。对于投资者来说，支付少许费用就能够将视角扩大一倍，其实也是一件比较划算的事。

三、动态交易信息区

动态交易信息区，是为投资者盘中决策提供信息支持的一个区域，如图 1–6 所示。

最新	220.82	开盘	217.00
涨跌	+2.14	最高	223.29
涨幅	+0.98%	最低	217.00
振幅	2.88%	量比	0.96
总手	24.56万	换手	0.63%
金额	54.19亿	换手(实)	1.40%
涨停	240.55	跌停	196.81
外盘	11.63万	内盘	12.93万
总市值	8571亿	流通值	8571亿
总股本	38.82亿	流通股	38.82亿
市盈(静)	42.95	市盈(动)	32.47

图 1–6　五粮液（000858）动态交易信息（2021.9.30）

在动态交易信息区，投资者可以获得以下 4 个方面的信息。

第一，最新的报价信息。这与分时图、盘口显示的信息是一致的，不过，投资者从这里可以看到当前的报价相对前日收盘价的涨跌金额、幅度，以及与开盘价之间的价差，等等。相比分时图，这里的信息更抽象，但更全面。

第二，股价当日的整体成交信息。包括成交手数、成交金额，以及换手率、内盘、外盘数据信息等。

第三，股票整体的实时流通信息。如截至当时的总市值、流通市值、市盈率信息等，这些信息会随股价的变化随时波动，一般对临盘操作影响不大。

第四，涨跌停板价格。在一个交易日内，这是固定不变的数值，可以提醒投资者当时的股价跟涨停或跌停还有多大的距离，以便投资者及时调整交易策略。

总之，这些信息只是为投资者临盘决策提供参考用的，而且在其他功能区也能查到，只是这里的信息更全面，更方便投资者操盘时参考。

四、实时成交信息区

实时成交信息区，提供了即时的成交数据，如图 1-7 所示。

在实时成交信息区内，系统提供了交易时间、成交价格、成交手数（含方向）、成交笔数 4 个方面的信息。成交时间一般每 5 秒更新一次，若没有成交则不公布。其中，需要特别关注以下两个方面的信息。

第一，成交手数（含方向）。一般主动买入成交的，系统会显示为红色数字，箭头朝上；反之，主动卖出成交的，系统则会显示为绿色数字，箭头朝下。比如，有一笔资金入场买入了卖 1 位置的委托卖单，则系统就会显示红色数字，并且箭头朝上。

第二，成交笔数。也就是说，在该价位成交的这一单中，包含了多少卖单或买单。比如，刚才的主动买入资金买入了 100 手。在卖 1 位置排队的卖盘中，

13:29	220.88	10	↓	7
13:29	220.88	39	↓	29
13:29	220.88	22	↑	12
13:30	220.80	13	↓	10
13:30	220.88	4	↑	4
13:30	220.87	28	↑	22
13:30	220.80	20	↓	10
13:30	220.82	12	↑	9
13:30	220.82	8	↑	8
13:30	220.82	32	↑	18
13:30	220.80	16	↓	11
13:30	220.82	41	↑	23
13:30	220.84	10	↑	6

细 诊 K 指 财 绩 价

图 1-7 五粮液（000858）实时成交信息（2021.9.30）

第一个投资者挂了 50 手的卖单，第二个投资者挂了 30 手的卖单，第三个投资者挂了 20 手的卖单。那么，在成交手数位置就会显示 100，并且方向向上，在成交笔数上就会显示 3 笔。

借助成交笔数数据，投资者可以看出当前的成交是以散户卖出为主还是以主力卖出为主。一般来说，主力的买单或卖单都比较大，散户则小得多。

五、资讯平台区

资讯平台区，在分时图界面和 K 线图界面都可以看到。该功能可以为投资者操盘过程提供各类决策参考。同时，股票交易软件服务商不同，资讯平台的项目也有所不同。同花顺软件提供的资讯平台如图 1-8 所示。

尽管各个交易软件的资讯平台有所不同，但大体上都会包括这样 4 部分内容。

第一，个股新闻。该板块会提供及时的，与个股或板块有关的新闻信息、文章、政策或各类统计数据等。很多股票盘中的异动，也会与个股突发消息有关，如利

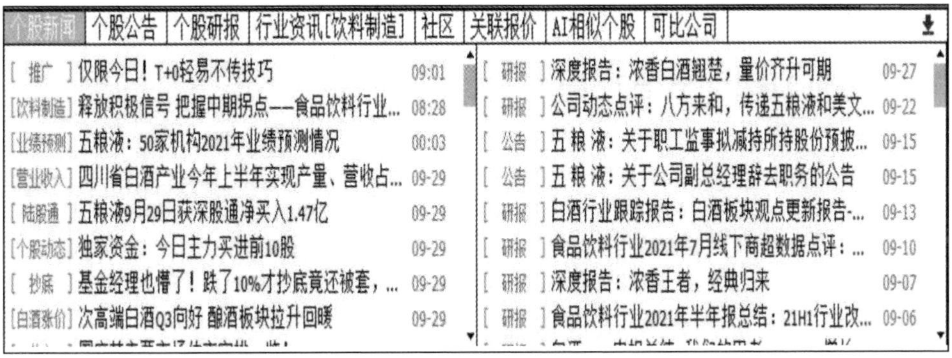

图 1-8　五粮液（000858）资讯平台（2021.9.30）

好消息或利空消息等。当然，其中有一部分可能是市场的传言、谣言。

第二，个股公告。这部分信息为企业发布的官方信息，可靠性相对较高。比如发布的年报、季报，召开的董事会、股东大会，分红、扩股等信息。也可能会就盘中出现的传闻或对证监会的一些问询进行回应等。

第三，个股研报。这是一些专门对个股展开研究的证券公司研究人员发布的与个股有关的研究报告，其中可能含有对个股收益情况、股价估值的预测等。

第四，行业资讯。这是一个涵盖与个股所处行业有关的新闻、信息汇总的板块，也会包括一些行业研究机构发布的行业研究报告等。

总之，个股新闻和个股公告，是投资者在看盘过程中需要重点关注的项目，尤其面对突发性消息，要有一定的应急之策。

第二节
看盘常用的交易术语

本节介绍投资者日常看盘过程中需要使用的各类术语。

一、大盘、上证指数、深证成指、创业板指、科创 50

1. 大盘

大盘即大盘指数，主要指上证指数和深证成指两个指数。相对于深证成指，上证指数更具代表性，因而大家通常所说的大盘多指上证指数。

2. 上证指数（000001）

上证指数即上海证券综合指数，又称上证综指，是对上海证券交易所上市的所有股票价格通过加权计算处理后得出的指数。上证指数的样本股是上海证券交易所全部上市股票，包括 A 股和 B 股，从总体上反映了上海证券交易所上市股票价格的变动情况，该指数自 1991 年 7 月 15 日起正式发布，基日指数定为 100 点。

3. 深证成指（399001）

深证成指即深证成份股指数，是深圳证券交易所编制的一种成份股指数，是从深圳证券交易所上市的所有股票中抽取具有市场代表性的 40 家上市公司的股票作为计算对象，并以流通股为权数计算得出的加权股价指数，综合反映深圳证券交易所上市 A、B 股的股价走势。该指数以 1994 年 7 月 20 日为基日，基日指数定为 1000 点。2015 年 5 月，深证成指的成份股总数已经由 40 家增加为 500 家。

4. 创业板指（399006）

创业板指，也是深圳证券交易所编制的一种成份股指数，是从深圳交易所上市的所有创业板股票中，抽取具有代表性的100家上市公司的股票作为计算对象，并以流通市值为权数计算得出的加权股价指数。

创业板指在样本满100只后实施季度定期调整，实施时间定于每年1月、4月、7月、10月的第一个交易日，通常在实施日前一月的第二个完整交易周的第一个交易日公布调整方案。

5. 科创50（000688）

上海证券交易所发布的指数体系中，反映科创板整体走势的指数为“上证科创板50成份指数”，简称“科创50”。科创50指数由50只在上海证券交易所科创板上市的市值大、流动性好的证券构成。

“科创50”指数是2020年7月23日发布的，以2019年12月31日为基日，基点为1000点，每季度调整一次。

二、大盘股、中盘股、小盘股

1. 大盘股

大盘股或称权重股，泛指盘子较大、流通市值较高的股票。这些股票价格涨跌对大盘股指升降的影响非常大。随着股市流通资金的不断增加，对大盘股的定义也不断变化，典型的大盘股有中国石油、中国石化、工商银行等。

2. 小盘股

小盘股，是与大盘股相对的概念，是指流通市值较小的股票。

3. 中盘股

中盘股，是指股本总数介入小盘股和大盘股之间的股票。

三、集合竞价、连续竞价

1. 集合竞价

集合竞价是指对一段时间内接收的买卖申报一次性集中撮合的竞价方式。目前，A 股的开盘价和收盘价都是通过集合竞价获得的。

2. 连续竞价

连续竞价，是与集合竞价相对的一个概念，即指对申报的每一笔买卖委托，由电脑交易系统按照以下两种情况产生成交价：最高买进申报与最低卖出申报相同，该价格即为成交价格；买入申报高于卖出申报时，申报在先的价格即为成交价格。目前，在每个交易日的 9:30—11:30、13:00—14:57，都属于连续竞价阶段。

四、现手、总手、换手率、量比

1. 现手

现手是指某只股票即时成交量。手，是股票交易中基本的批量计量单位。沪深 A 股市场上，最少交易量为 1 手，每手为 100 股。

投资者的账户中若因配股、送股等产生不足 1 手的股票数量，可选择一次性卖出（不得对少于 1 手的股票分拆卖出），但不得买入低于 1 手的股票。

当然，也有一些特例：

（1）科创板市场，最小交易单位为 200 股，可以以 1 股为单位递增。超过 200 股后，可以买入零股，如 205 股。卖出股票时，不足 200 股的部分可以一次性卖出，但不能分批卖出。

（2）北京证券交易所上市的股票，最小交易单位为 100 股，可以以 1 股为单位递增。超过 100 股后，可以买入零股，如 105 股。卖出股票时，不足 100

股的部分可以一次性卖出，但不能分批卖出。

2. 总手

总手是指从开盘到即时的总成交量。收盘后，总手数为当天的总成交手数。

3. 换手率

换手率是指从开盘到即时的总成交量与可流通总股本量之间的比率。

其具体计算公式如下：

换手率 = 当日从开盘到即时的总成交量 / 可流通总股本量 ×100%

换手率显示了股票交易的活跃程度。换手率越高，说明交易越活跃。

4. 量比

量比用于衡量当日成交量与最近 5 个交易日平均成交量的变化程度。量比越大，说明成交越活跃，放量明显；反之，则说明缩量明显。

五、内盘、外盘、盘口

1. 内盘

内盘是以买入方的报价成交的股票数量，表示的是主动性卖盘的数量。内盘越多，说明卖方实力越强大，股价上升阻力较大。

2. 外盘

外盘是以卖出方的报价成交的股票数量，表示的是主动性买盘的数量。外盘越多，说明买方越积极，股价未来上升的可能性较大。

3. 盘口

盘口是指股票交易中，个股买入和卖出档位的挂单信息。目前，大多数交易软件提供的都是 5 档买卖挂单信息，如图 1-9 所示。

图 1-9　五粮液（000858）盘口挂单信息（2021.9.30）

六、委买手数、委卖手数、委比、委差

1. 委买手数

委买手数是指委托买入股票的数量。通常情况下，股票交易软件给出的委买手数为当前盘口 5 档买盘的挂单总数。

2. 委卖手数

委卖手数是指委托卖出股票的数量。通常情况下，股票交易软件给出的委卖手数为当前盘口 5 档卖盘的挂单总数。

3. 委比

委比是反映某一时刻买卖盘相对强度的指标。

委比的计算公式为：

委比 =(委买手数－委卖手数)/(委买手数 + 委卖手数)×100%

委比数值为 +100% 时，说明市场上只有买盘没有卖盘，买盘极为强势，股票处于涨停位置。

委比数值为 -100% 时，说明市场上只有卖盘没有买盘，卖盘极为强势，股票处于跌停位置。

委比数值为 0 时，说明市场上买盘和卖盘暂时处于均衡状态。

4. 委差

委差是指委买量与委卖量之间的差值。

委差的计算公式为：

委差 = 委买手数 − 委卖手数

七、主力、机构、庄家、游资、牛散

这是市场上典型的几路大资金，对股价走势影响较大。

1. 主力

主力即主要力量，在股市中，主要是指一些资金量较大的机构或大户。这些大资金能够对股价甚至市场的运行方向起到较大的引领作用。

2. 机构

机构是主力的核心力量，通常是指一些金融机构，包括基金、券商、保险、财务公司等。这些金融机构持有的资金量较大，其交易行为往往对股市有较大的影响。

3. 庄家

庄家是指能影响金融证券市场行情的大户投资者。庄家通常占有单只股票较大的流通股份，一般持有流通股份数在 30% 以上甚至更多。庄家是针对单只股票而言的，很多机构投资者或资金量较大的散户，都有可能成为某只股票的庄家。庄家一般会长期驻守一只或几只股票，并循环地通过吸筹、拉升、洗盘、派筹获利。

4. 游资

游资也叫热钱，是短期投机性资金。按照标准的定义，游资或热钱是指迅速移向能提供更好回报的任何国家的流动性极高的短期资本。随着股市向外资开放的力度逐渐增加，国际热钱也在加速向国内股市流动。

游资或热钱，往往是市场上短线炒作概念股、热门股的主要力量。这些资金并不追求长线投资价值，也对坐庄个股毫无兴趣，只是在个股出现利好时短线介入，并快速拉升个股，待股价上涨至高位，迅速获利了结。快进快出是游资的主要操作特点。

5. 牛散

牛散，本质上也是散户，属于资金量非常大的散户。这些散户常常以其巨大的持仓量能够进入上市公司前十大流通股股东行列。同时，牛散作为散户的一类，操盘风格兼具机构与游资的特征，对个股股价走势影响较大。

八、北上资金、南下资金

在A股市场上，是不允许外国资金直接入场交易股票的，港股通开通后，很多国外资金可以借道香港市场进出A股市场。因此，这里所说的北上资金与南下资金，都是相对香港市场而言的。

1. 北上资金

北上资金是指借道香港股票市场流入沪深A股市场的资金。北上资金净流入，说明有新的增量资金进入A股市场。北上资金净流出，则说明有新的资金从A股市场流出。

北上资金中有相当大一部分为外资，因而北上资金的流入与流出，常常被看成外资对A股市场未来走势的一个态度。外资看好A股，北上资金就会呈现净流入状态；反之，则会呈现净流出状态。

正因如此，北上资金的流入与流出状况，常常成为投资者预测股市未来走势的一个风向标。

2. 南下资金

南下资金，是与北上资金相对的概念，是内地 A 股市场流入香港股市的资金。

九、空头、多头、空翻多、多翻空

1. 空头

空头是指预判未来股市会下跌的投资者。对未来持悲观态度，坚定地看空未来走势的投资者又被称为“死空”。

2. 多头

多头，与空头相对，是指预判未来股市会上涨的投资者。对未来持乐观态度，坚定地看多未来走势的投资者又被称为“死多”。

3. 空翻多

空翻多是指原来看空股市，对未来走势持悲观立场的投资者开始转变态度，对未来走势变得乐观起来，转而成为“多头”。

4. 多翻空

多翻空是指原来看多股市，对未来走势持乐观立场的投资者开始转变态度，对未来走势变得悲观起来，转而成为“空头”。

十、利好、利空、诱多、诱空

1. 利好

利好是指能够引起股价或股市上涨的因素，例如印花税下调、某只股票业绩超预期等。

2. 利空

利空是指能够引起股价或股市下跌的因素，例如银行加息、某只股票遭到处罚等。

3. 诱多

诱多是指主力或庄家刻意制造股价上涨的假象，引诱其他投资者买入股票，其后股价不涨反跌的情况。

4. 诱空

诱空是指主力或庄家刻意制造股价下跌的假象，引诱其他投资者卖出股票，其后股价不跌反涨的情况。

十一、建仓、补仓、清仓、满仓、空仓、斩仓

仓位是投资者对持有股票数量的形象称呼。

1. 建仓

建仓是指买入股票。

2. 补仓

补仓是指继续买入持有的股票。

3. 清仓

清仓是指卖出持有的全部股票。

4. 满仓

满仓是指全部资金都用于买入股票。

5. 空仓

空仓是指没有买入任何股票。

6. 斩仓

斩仓是指买入股票后，股价开始下跌，为避免股价继续下跌而卖出持有的股票。

十二、套牢、解套、割肉、浮盈、浮亏

1. 套牢

套牢是指投资者买入股票后，该股价格大幅下跌，使投资者面临卖出即大幅亏损的情况。这时，很多投资者会选择一直持股，直至股价重新回到买入价位。因而，套牢大多数投资者的价位往往成为密集套牢区，股价后市突破该区域会非常困难。

2. 解套

解套是指投资者被套牢后，股价重新回到套牢价位以上的情况。

3. 割肉

割肉是指投资者被套牢后，依然选择亏损卖出股票的情况。

4. 浮盈

浮盈是指投资者买入股票后，股价位于买入价以上，出现未兑现盈利的情况。

5. 浮亏

浮亏是指投资者买入股票后，股价位于买入价以下，出现未兑现亏损的情况。

第三节 借助炒股软件拓展看盘视野

在传统的看盘功能基础上，各类炒股软件大大拓宽了投资者的看盘视野。投资者利用炒股软件看盘时，需要善加利用这些功能。

本节介绍几种同花顺软件在看盘方面的功能，供读者参考。

一、超级盘口

超级盘口是同花顺软件的一个经典功能。从本质上来说，这是一种盘口异动的回溯功能。

收盘后，投资者可以使用本功能回顾某只股票当天的盘口动态。该功能支持回顾当日每一秒钟的成交价格与数量信息。投资者选中某只股票或者查看某只股票其他分析信息时，可以点击【分析】|【超级盘口】进入该页面，也可以使用快捷键“Ctrl+T”进入。如图 1–10、图 1–11 所示。

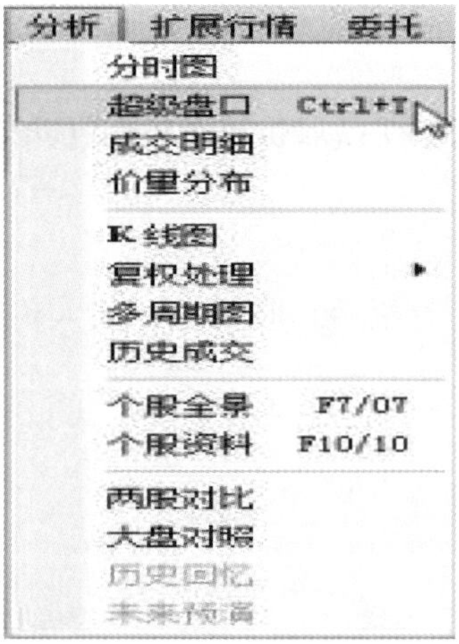

图 1–10 进入【超级盘口】

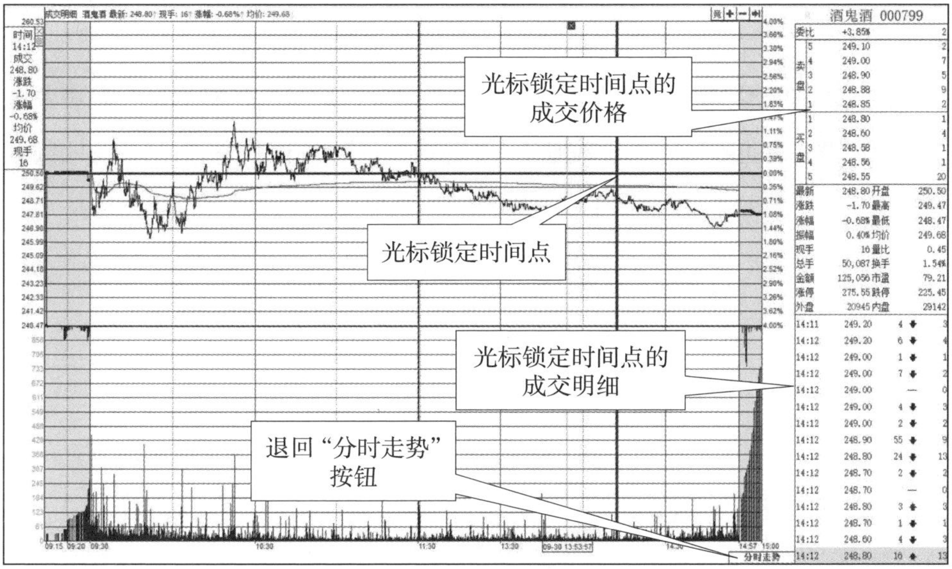

图 1-11 【超级盘口】界面

进入【超级盘口】页面后，可以用鼠标移动光标所在的位置，来查看当日任一时间点的成交信息。右侧的成交价格和成交数据都是随着光标的移动而改变的。投资者想要重新回到【分时图】界面时，只需点击【超级盘口】页面右下方的【分时走势】按钮。

对于投资者来说，超级盘口功能有如下两项价值。

第一，帮助投资者回顾每个交易细节。通常情况下，收盘之后，投资者只能通过分时走势图来查看个股交易信息，但分时走势图描述的是一种“过程信息”，即只提供了股价大致的走势、成交量的大致情况，不够详细和精确。

第二，研判股价与成交量异动关键环节。投资者看盘时，若发现某一时段某只股票的股价和成交量有异常，可以借助超级盘口功能回顾该时段的详细交易信息，尤其是大单成交信息，研判股价异动背后的成交情况。

二、成交明细

成交明细可以向投资者提供每笔交易的时间、数量、价格信息。投资者选中某只股票或者查看某只股票其他分析信息时，可以点击【分析】|【成交明细】进入该页面。如图 1-12、图 1-13 所示。

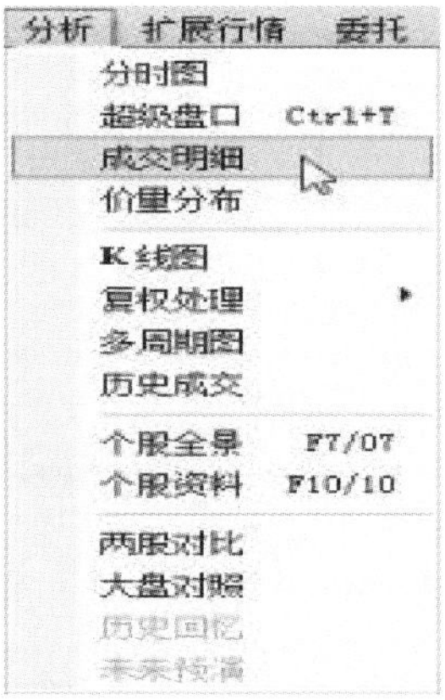

图 1-12 进入【成交明细】界面

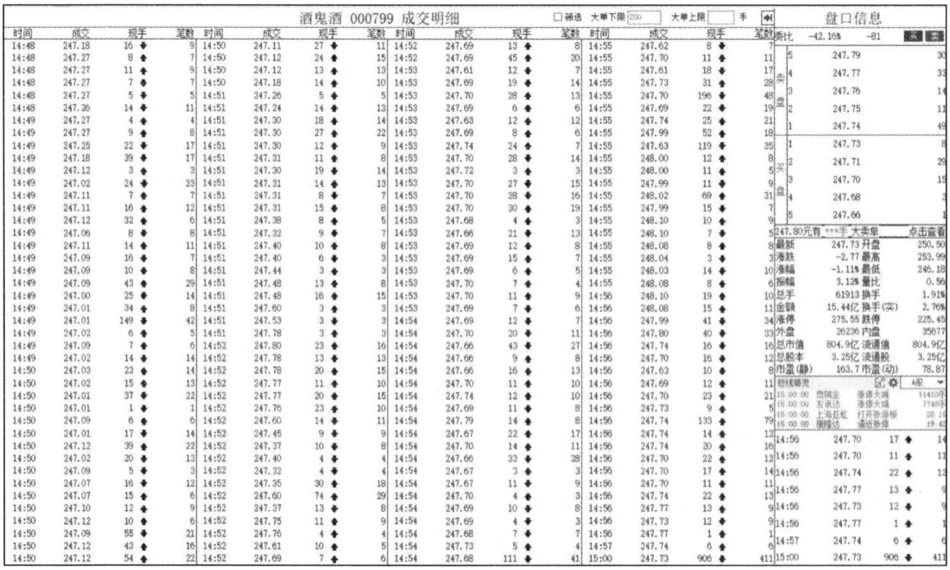

图 1-13 【成交明细】界面

通过向下或向上滚动鼠标，投资者可以反复查看当天该股的详细成交明细。成交明细功能的作用，与超级盘口有些类似，也是帮助投资者查看当天交易细节的一种方法。查看成交明细时，特别要重视大单尤其是超级大单，仔细确认这些大单出现的时间、价格等信息。

在成交明细页面，投资者可通过双击鼠标回到个股分时走势图页面。

三、价量分布

价量分布以价格为核心，向投资者展示了全天交易的价格、成交量分布信息。某些程度上，这与筹码分布相似。投资者选中某只股票或者查看某只股票其他分析信息时，可以点击【分析】|【价量分布】进入该页面，如图 1–14、图 1–15 所示。

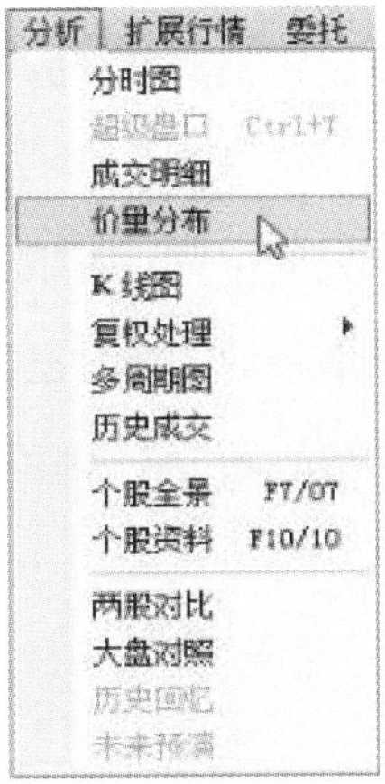

图 1–14　进入【价量分布】界面

对于投资者来说，价量分布功能包括但不限于如下两项价值。

第一，掌握当天筹码分布情况。某一价位以及相近价位的成交占比较高，就是当天的密集成交区，该成交区对股价未来走势可能会产生阻力或支撑作用。也就是说，若当天股价最终收盘价位于密集成交区的上方，则说明未来股价上涨的

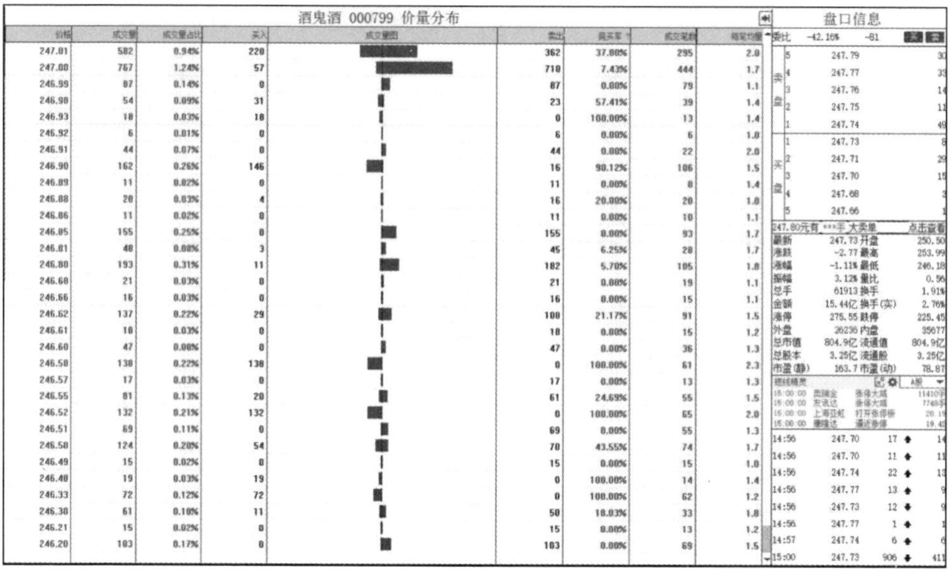

图 1-15 【价量分布】界面

可能性较大；反之，若收盘价位于密集成交区的下方，则说明未来股价下跌的可能性较大。

第二，可以了解自己筹码所处的位置。若当天投资者进行了交易操作，那么通过这张“价量分布图”，可以清晰地了解自己的成交价格在当天整个成交价格中所处的位置。若买价低于大多数成交价格，则意味着未来获利的概率会高一些；反之，则低一些。

四、涨幅排名

点击【报价】|【涨幅排名】，即可进入涨幅排名页面，如图 1-16 所示。

本功能可以让投资者及时掌握股市最新的涨幅排名信息。在同花顺软件中，涨幅排名包括沪深 A 股涨幅排名、上海 A 股涨幅排名、深圳 A 股涨幅排名、上海 B 股涨幅排名、深圳 B 股涨幅排名、上海债券涨幅排名、深圳债券涨幅排名、上海基金涨幅排名、深圳基金涨幅排名、中小板涨幅排名、创业板涨幅排名、港

图 1-16 进入涨幅排名页面

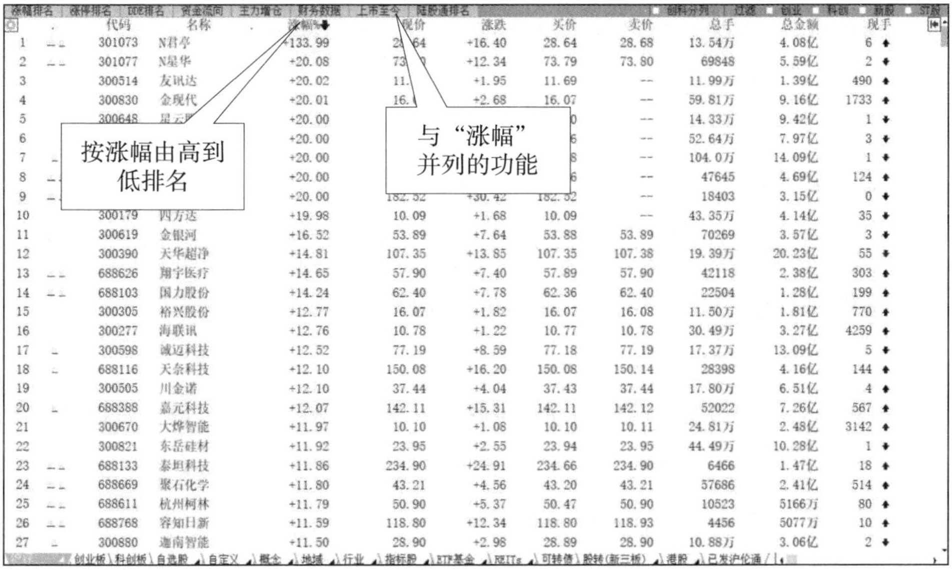

图 1-17 沪深 A 股涨幅排名

股涨幅排名等。点击相应的按钮，可以查看相应的排名信息。例如，点击【报价】|【沪深 A 股涨幅排名】，即可看到如图 1-17 所示的排名信息。

与前文介绍的“沪深指数”功能相同，系统给出了各只股票的价格、涨跌、主力净量、总手、现手、开盘、收盘等信息。投资者若想查看这些股票的某类信息排名，可用鼠标点击信息名称，若名称后面出现“↓”图标，表示该类信息存在由高到低排名；若名称后面出现“↑”图标，表示该类信息存在由低到高排名，图 1–17 中给出的就是沪深 A 股按照“涨幅”自高到低的排名顺序。

对于短线投资者来说，“涨幅”排名是一个非常有用的功能，它可以帮助投资者迅速发现短线暴涨股。例如，有些善于追击涨停板的短线投资者，非常喜欢在开盘之后跟踪涨幅排名情况，一旦发现某些股票出现异动，便可结合相关分析信息迅速介入。这一技巧将在后面进行详细讲解。

投资者打开涨幅排名页面，会发现该页面与“涨幅”并列的几个功能项，即【DDE 排名】、【资金流向】、【主力增仓】和【财务数据】。点击这些功能项，就会进入相关功能的排名页面。

五、主力大单

本功能提供每笔成交金额在 100 万元以上的主力大单异动数据，能够帮助投资者准确捕捉主力投资目标。点击【报价】|【主力大单】即可进入该页面，如图 1–18、图 1–19 所示。

有时候，投资者按照给出的操作步骤进入主力大单页面后，就会发现其实自己进入的是同花顺的短线精灵页面。在短线精灵页面，不仅有“主力大单”数据，还有“涨停”“跌停”“快速拉升”“快速打压”等数据。短线精灵是滚动显示股价和成交量出现异动的股票的一种工具，投资者可以从中及时把握投资机会，规避投资风险。当然，若投资者不希望出现这些多余功能，只想获得主力大单数据，则可通过对短线精灵的设置来实现。

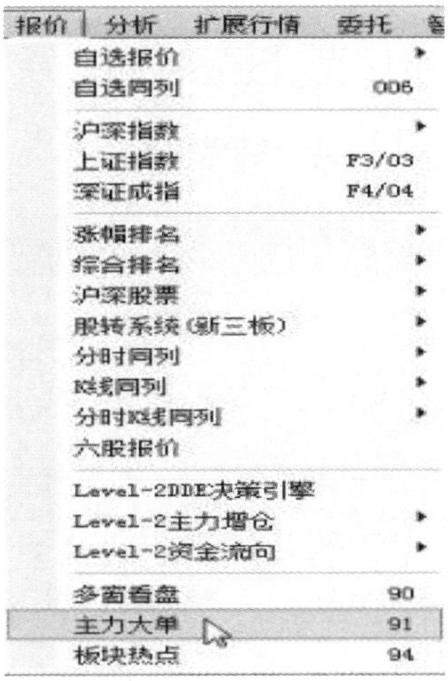

图 1-18 进入主力大单页面

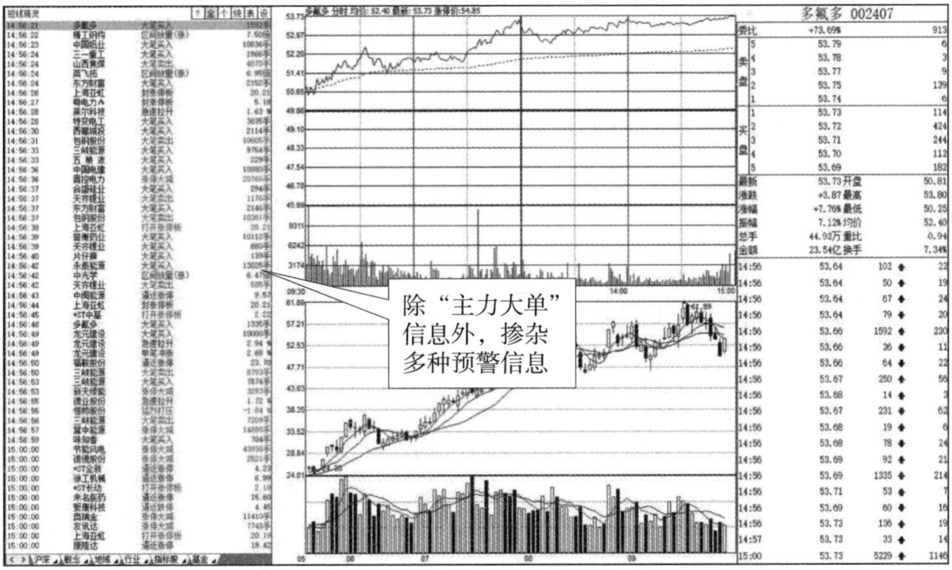

图 1-19 短线精灵—主力大单

第一步：点击【短线精灵】右上角设置按钮中的【设】，如图 1-20 所示。

第二步：在弹出的【短线精灵预警设置】对话框中，将【走势异动】栏目下所有项目前的【√】去掉，如图 1-21 所示。

图 1-20　短线精灵【设】

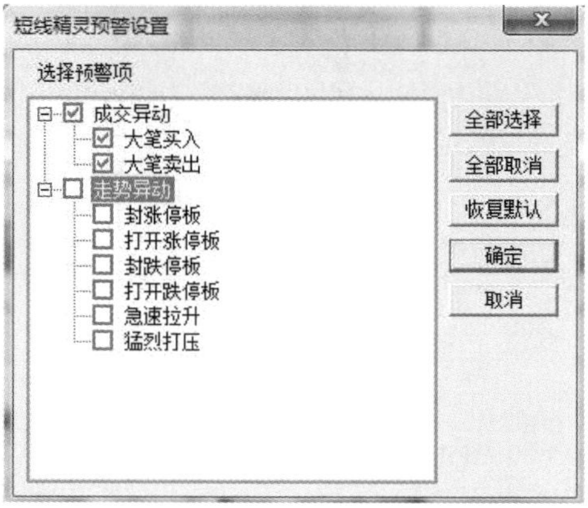

图 1-21　短线精灵【选择预警项】

第三步：点击【短线精灵预警设置】对话框中【确定】按钮，退出同花顺软件，并重新进入。此后，再点击【报价】|【主力大单】进入该页面，如图 1-22 所示。

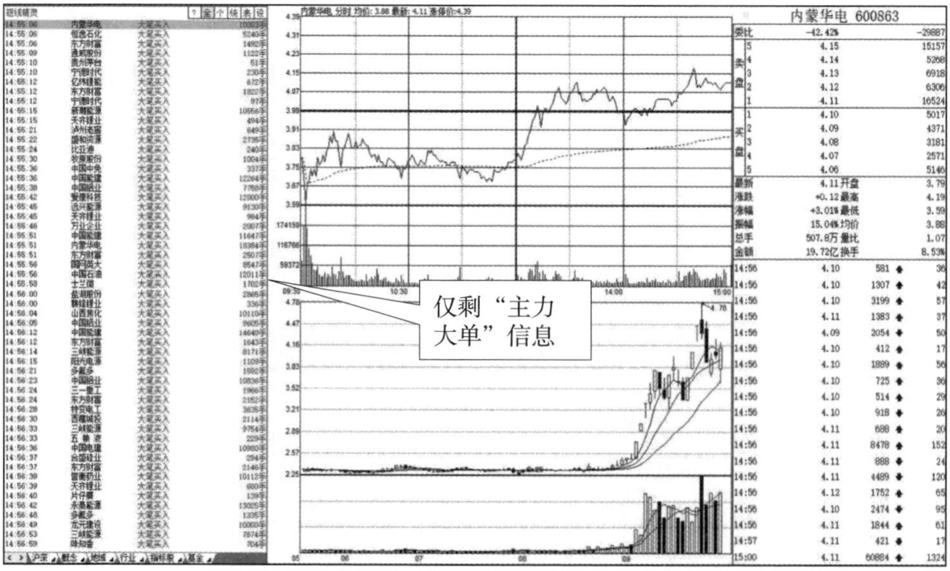

图 1-22　重新设置后的【短线精灵—主力大单】

无论是散户还是软件系统，都是通过大单数据来追踪主力动向的。因而，当这些大单出现时，投资者就需要特别留心。要想准确预判股价未来的方向，必须先判断大单的出现是主力吸筹、打压，还是派筹。

六、板块热点

本功能可以为投资者提供各板块涨幅或资金流向排名信息，以便投资者追踪热点板块和热点个股。点击【报价】|【板块热点】即可进入该页面，如图 1–23、图 1–24 所示。

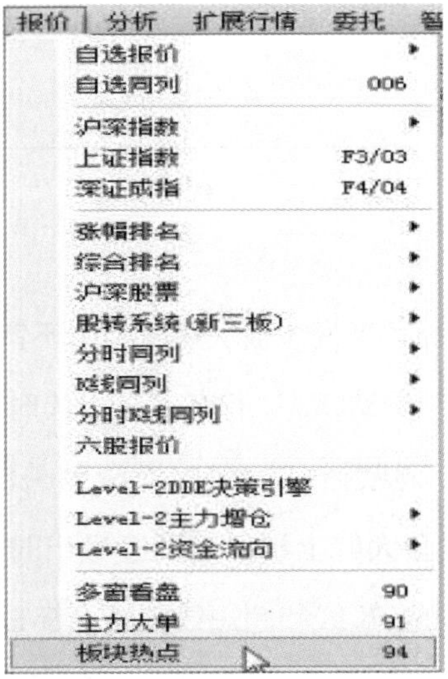

图 1–23　进入【板块热点】

投资者运用【板块热点】时，需要注意以下两点。

第一，系统默认给出的是当日市场热点板块的涨幅排名情况，图 1–24 给出的就是 2021 年 9 月 30 日市场热点概念板块的涨幅情况。从当日的市场热点来看，PVDF 概念、盐湖提锂、鸿蒙概念分列涨幅榜的前三名。

第二，通过点击【板块名称】，可以查看各个热点板块内各只股票的涨幅排名情况。图 1–24 的“PVDF 概念”中，昊华科技、联创股份等股票属于涨幅前

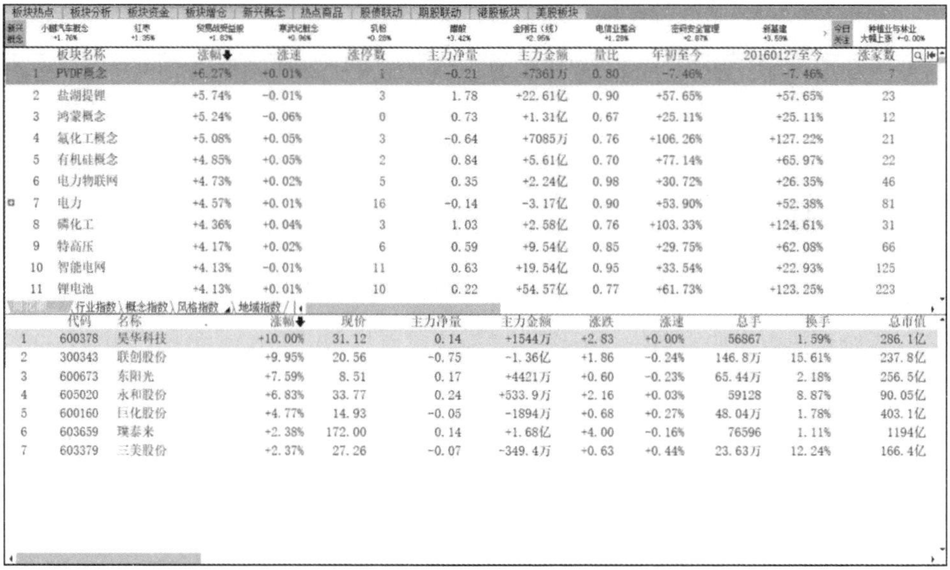

板块热点 | 板块分析 | 板块资金 | 板块增仓 | 新兴概念 | 热点商品 | 股债联动 | 期股联动 | 港股板块 | 美股板块

	板块名称	涨幅	涨速	涨停数	主力净量	主力金额	量比	年初至今	20160127至今	涨家数
1	PVDF概念	+6.27%	+0.01%	1	-0.21	+7361万	0.80	-7.46%	-7.46%	7
2	盐湖提锂	+5.74%	-0.01%	3	1.78	+22.61亿	0.90	+57.65%	+57.65%	23
3	鸿蒙概念	+5.24%	-0.06%	0	0.73	+1.31亿	0.67	+25.11%	+25.11%	12
4	氟化工概念	+5.08%	+0.05%	3	-0.64	+7085万	0.76	+106.26%	+127.22%	21
5	有机硅概念	+4.85%	+0.05%	2	0.84	+5.61亿	0.70	+77.14%	+65.97%	22
6	电力物联网	+4.73%	+0.02%	5	0.35	+2.24亿	0.98	+30.72%	+26.35%	46
7	电力	+4.57%	+0.01%	16	-0.14	-3.17亿	0.90	+53.90%	+52.38%	81
8	磷化工	+4.36%	+0.04%	3	1.03	+2.58亿	0.76	+103.33%	+124.61%	31
9	特高压	+4.17%	+0.02%	6	0.59	+9.54亿	0.85	+29.75%	+62.08%	66
10	智能电网	+4.13%	-0.01%	11	0.63	+19.54亿	0.95	+33.54%	+22.93%	125
11	锂电池	+4.13%	+0.01%	10	0.22	+54.57亿	0.77	+61.73%	+123.25%	223

行业指数 | 概念指数 | 风格指数 | 地域指数

	代码	名称	涨幅	现价	主力净量	主力金额	涨跌	涨速	总手	换手	总市值
1	600378	昊华科技	+10.00%	31.12	0.14	+1544万	+2.83	+0.00%	56867	1.59%	286.1亿
2	300343	联创股份	+9.95%	20.56	-0.75	-1.36亿	+1.86	-0.24%	146.8万	15.61%	237.8亿
3	600673	东阳光	+7.59%	8.51	0.17	+4421万	+0.60	-0.23%	65.44万	2.18%	256.5亿
4	605020	永和股份	+6.83%	33.77	0.24	+533.9万	+2.16	+0.03%	59128	8.87%	90.05亿
5	600160	巨化股份	+4.77%	14.93	-0.05	-1894万	+0.68	+0.27%	48.04万	1.78%	403.1亿
6	603659	璞泰来	+2.38%	172.00	0.14	+1.68亿	+4.00	-0.16%	76596	1.11%	1194亿
7	603379	三美股份	+2.37%	27.26	-0.07	-349.4万	+0.63	+0.44%	23.63万	12.24%	166.4亿

图 1-24 【板块热点】

两名的股票。

对于短线或超短线投资者来说，板块热点是个不错的功能。通常情况下，市场资金关注的方向总是处于轮动状态。例如，某一段时间可能关注“盐湖提锂”，另一段时间可能又关注“鸿蒙概念”了。当资金关注某一板块时，板块内的股票，尤其是龙头股必然会大幅上涨。当资金撤出时，板块内的股票就会随之下跌。正因如此，市场上很多短线和超短线投资者都是踩着板块轮动的节奏来操作股票的。

七、主力增仓

点击【报价】|【主力增仓】，即可进入【主力增仓】功能，如图 1-25 所示。

本功能是通过盘口成交数据解析主力资金进出，针对个股股性的差异化，对盘中个股和板块主力动向做出深入的分析和研判，帮助投资者在盘中及时把握主力资金动向，做出更准确的投资决策。

增仓占比：大单净额 / 总成交额。

今日排名：该股今日 (大盘连续交易日) 大单净比在沪深 A 股中的排名。

2 日排名：该股 2 日 (大盘连续交易的 2 日) 大单净比在沪深 A 股中的排名。

3 日排名：该股 3 日 (大盘连续交易的 3 日) 大单净比在沪深 A 股中的排名。

5 日排名：该股 5 日 (大盘连续交易的 5 日) 大单净比在沪深 A 股中的排名。

10 日排名：该股 10 日 (大盘连续交易的 10 日) 大单净比在沪深 A 股中的排名。

点击【报价】|【主力增仓】，可以查看主力动向，如图 1–25、图 1–26 所示。

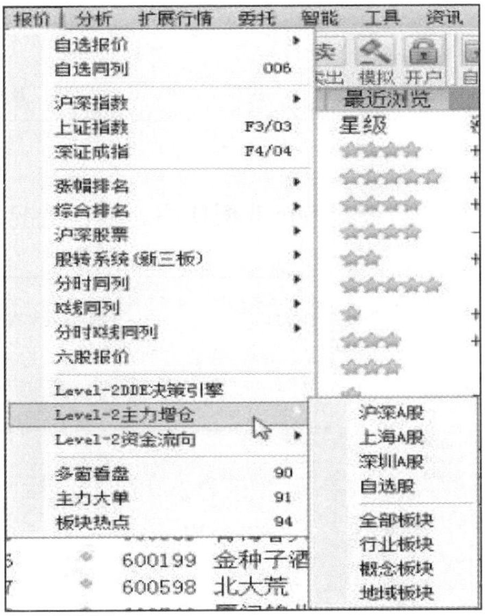

图 1–25　进入【主力增仓】

投资者可以用鼠标点击 2 日涨幅右上方的 ，来看 3 日涨幅、5 日涨幅排名信息。投资者也可以通过【报价】|【主力增仓】栏目下的【上海 A 股】、【深圳 A 股】、【创业板】，分别查看各个市场的主力资金动向。

投资者还可通过【报价】|【主力增仓】栏目下的【全部板块】、【行业板块】、【地域板块】，分别查看各个板块的主力资金动向。例如，投资者可通过【报价】

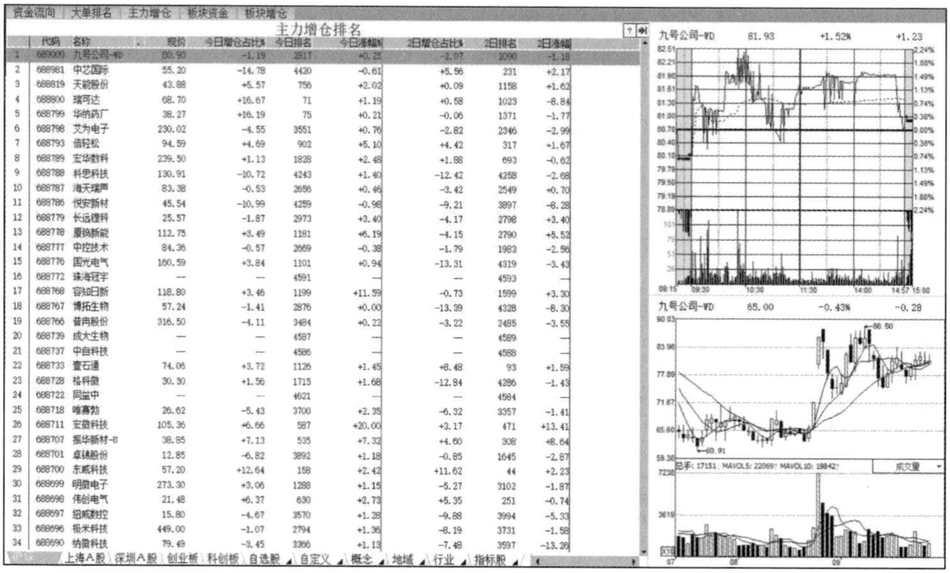

图 1-26 【主力增仓】

|【主力增仓】|【行业板块】查看各行业板块主力增仓情况，如图 1-27 所示。

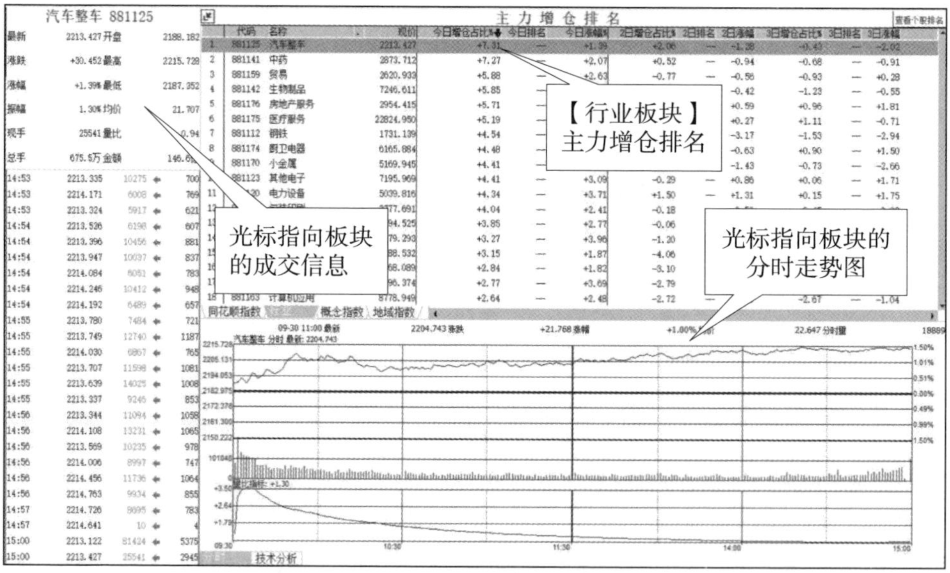

图 1-27 【行业板块】主力增仓

从某种意义上说，股市的涨跌是由这些主力资金推动的。相比散户，主力可以获得更多、更及时可靠的信息，而且资金量也比较大，因而主力持续对某一板块或某只个股增仓时，往往意味着该板块或该股票可能会被拉升。

八、资金流向

点击【报价】|【资金流向】，即可进入【资金流向】功能。

本功能通过资金流入与流出统计，向投资者展示资金流向情况。本功能特别将大单流入与流出、中单流入与流出情况做了统计，便于投资者跟踪主力动向。投资者可通过点击【报价】|【资金流向】|【沪深 A 股】查看沪深股市的资金流向，如图 1-28 所示。

	代码	名称	涨幅%	现价	净流入	实时大单统计 流入	流出	净额	净额占比%	总额
1	300750	宁德时代	+4.62	525.73	15.81亿	39.25亿	21.31亿	17.95亿	+20.64	60.56亿
2	002594	比亚迪	+5.72	249.51	12.99亿	18.12亿	7.75亿	10.37亿	+18.77	25.87亿
3	600111	北方稀土	+6.80	44.27	8.80亿	15.25亿	8.41亿	6.84亿	+12.83	23.65亿
4	300014	亿纬锂能	+5.52	99.03	8.11亿	12.64亿	5.79亿	6.85亿	+18.61	18.43亿
5	002714	牧原股份	+1.96	51.90	6.80亿	12.05亿	8.80亿	3.25亿	+6.71	20.85亿
6	000568	泸州老窖	+4.77	221.58	6.76亿	18.74亿	11.39亿	7.35亿	+11.75	30.14亿
7	601012	隆基股份	+1.74	82.48	5.88亿	11.77亿	6.80亿	4.97亿	+12.24	18.58亿
8	002460	赣锋锂业	+6.52	162.94	5.74亿	13.80亿	8.02亿	5.78亿	+11.89	21.82亿
9	000792	盐湖股份	+5.80	29.93	5.56亿	9.04亿	4.33亿	4.71亿	+15.40	13.38亿
10	000858	五 粮 液	+0.32	219.39	5.51亿	20.16亿	16.64亿	3.51亿	+4.80	36.80亿
11	600436	片仔癀	+6.37	378.20	5.29亿	11.77亿	5.28亿	6.49亿	+18.46	17.06亿
12	002466	天齐锂业	+5.81	101.58	5.22亿	24.56亿	20.87亿	3.69亿	+4.50	45.44亿
13	600010	包钢股份	+2.92	3.17	5.02亿	10.13亿	5.61亿	4.51亿	+14.94	15.74亿
14	002407	多氟多	+7.76	53.73	4.87亿	5.69亿	2.47亿	3.22亿	+13.69	8.16亿
15	600905	三峡能源	+4.39	7.37	4.74亿	15.99亿	12.63亿	3.36亿	+5.40	28.62亿
16	000425	徐工机械	+9.73	6.99	4.50亿	5.75亿	2.25亿	3.50亿	+18.77	8.00亿
17	000155	川能动力	+7.08	28.75	4.49亿	5.90亿	3.21亿	2.68亿	+11.13	9.11亿
18	000661	长春高新	+3.50	274.66	4.46亿	5.64亿	3.04亿	2.60亿	+10.84	8.68亿
19	601919	中远海控	+4.47	17.28	4.21亿	8.74亿	7.93亿	8139.90万	+2.07	16.67亿
20	002176	江特电机	+6.61	23.40	4.19亿	7.33亿	5.67亿	1.65亿	+5.15	13.00亿
21	600096	云天化	+2.97	24.28	3.68亿	6.79亿	5.71亿	1.08亿	+3.18	12.51亿
22	300339	润和软件	+9.18	30.10	3.61亿	5.86亿	3.99亿	1.87亿	+7.04	9.85亿
23	002709	天赐材料	+10.00	152.12	3.53亿	10.12亿	6.32亿	3.80亿	+11.54	16.44亿
24	603259	药明康德	+1.80	152.80	3.50亿	6.74亿	4.06亿	2.68亿	+10.27	10.79亿
25	600570	恒生电子	+4.62	57.28	3.28亿	1.75亿	7950.17万	9580.97万	+8.35	2.55亿
26	300059	东方财富	+2.05	34.37	3.18亿	15.24亿	11.66亿	3.58亿	+7.50	26.90亿
27	601877	正泰电器	+3.95	56.60	3.17亿	6.09亿	3.09亿	3.00亿	+15.22	9.19亿
28	600338	西藏珠峰	+10.00	35.30	3.15亿	4.65亿	1.83亿	2.82亿	+18.80	6.48亿
29	300760	迈瑞医疗	+2.92	385.42	3.00亿	5.10亿	2.89亿	2.21亿	+11.91	7.99亿
30	000591	太阳能	+2.44	12.57	2.91亿	13.61亿	12.40亿	1.20亿	+1.91	26.01亿
31	000762	西藏矿业	+6.75	55.39	2.81亿	8.41亿	6.72亿	1.69亿	+4.87	15.13亿
32	000938	紫光股份	+5.95	24.94	2.77亿	1.20亿	8905.05万	3140.72万	+3.65	2.10亿

图 1-28 【资金流向】

当然，投资者也可以按照本方法专门查看【上海 A 股】、【深圳 A 股】、【自选股】、【全部板块】、【行业板块】、【地域板块】、【概念板块】的资金流向。

资金流入大于流出，净流入为正值，说明买盘占据优势地位，股价当前或未来上升的可能性较大；反之，说明下跌的可能性较大。在资金流入与流出数据中，大单和中单的数据相对更为重要，因为大单为主力运作的可能性较大，中单也存在主力故意拆分大单的可能性。

第二章

影响盘面走势的因素

大盘和个股的走势，总会受到各方面因素的影响，而且大盘对个股、个股对个股的走势也会产生一定的影响。

第一节 影响大盘走势的因素分析

大盘指数是由市场上很多权重股构成的，因而大盘指数的走势很少会受某只个股走势的影响，其更多地是与整个市场的投资情绪有关。能够对整个市场投资情绪产生影响的因素大致包括这样三类，如图 2-1 所示。

一、外部环境：国际局势与外围市场

资本市场是一个能够反映各类信息的市场，外部环境也属于这些信息的一部分，而且是非常重要的一部分。

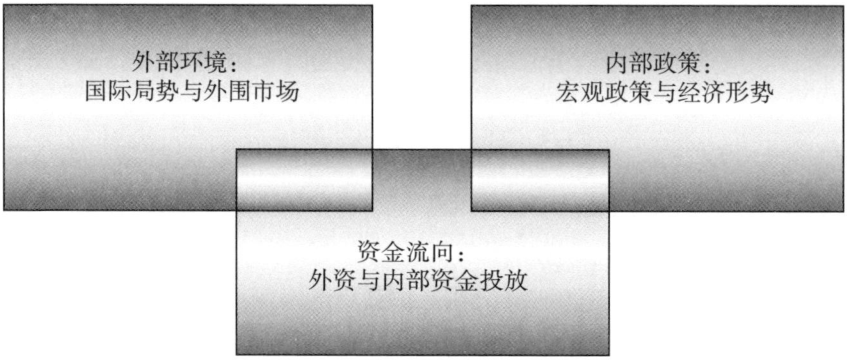

图 2-1 大盘走势影响因素

外部环境中，需要关注以下三类信息。

第一，国际政治经济局势，特别是一些较大规模的军事冲突或可能引起军事冲突的事件，都可能引发资本市场的担忧情绪。最近几年，中美竞争、美俄关系、中东问题都成为扰动国际局势的重要因素。

第二，国际经济局势，包括一些重大的全球性经济问题，如疫情导致的全球供应链异常、大宗商品价格暴涨、中美贸易冲突、全球性通货膨胀等。

第三，外围股市情况。这是一个非常直接且易于观察的影响因素。由于我国经济规模逐步增加，A 股的独立性也在增强，其受欧美股市的影响逐步下降。当然，若欧美股市出现异常大幅下跌，A 股在开盘阶段也会受到很大的压力。因此，开盘前，投资者需要对国际股市的走势情况有所了解。

目前，所有炒股软件都提供了查看全球股指走势的功能。例如，投资者可点击同花顺【扩展行情】|【全球】|【全球重要指数】查看相关信息。

在全球重要指数页面，道琼斯和纳斯达克指数是美国股市的重要指数，也是投资者需要重点关注的指数信息。由于时差的关系，每天我国股市开盘时，美国股市前一交易日刚刚收盘，因而实质上大家看的是美国股市前一交易日的行情。通常情况下，美国股市涨跌幅度不大时，对我国股市几乎没有什么影响，若其出现暴涨或暴跌，往往会对我国股市产生一定的影响。

比如，2021 年 9 月 20 日和 21 日两个交易日，美国股市出现了大幅下跌走势。受此影响，香港股市、日本股市都出现了大幅下跌行情。A 股市场由于正值中秋休市，20 日和 21 日都没有开市，因此 22 日开盘备受国内外投资者的关注。图 2-2 所示为上证指数 2021 年 9 月 22 日的走势情况。

休市几个交易日后，2021 年 9 月 22 日，A 股终于迎来了节后开市。如投资者的普遍预期那样，在外围市场暴跌的影响下，A 股出现大幅低开。不过，其后，上证指数出现了振荡走高的态势，这从侧面反映出 A 股市场已经具备了一定的独立性。

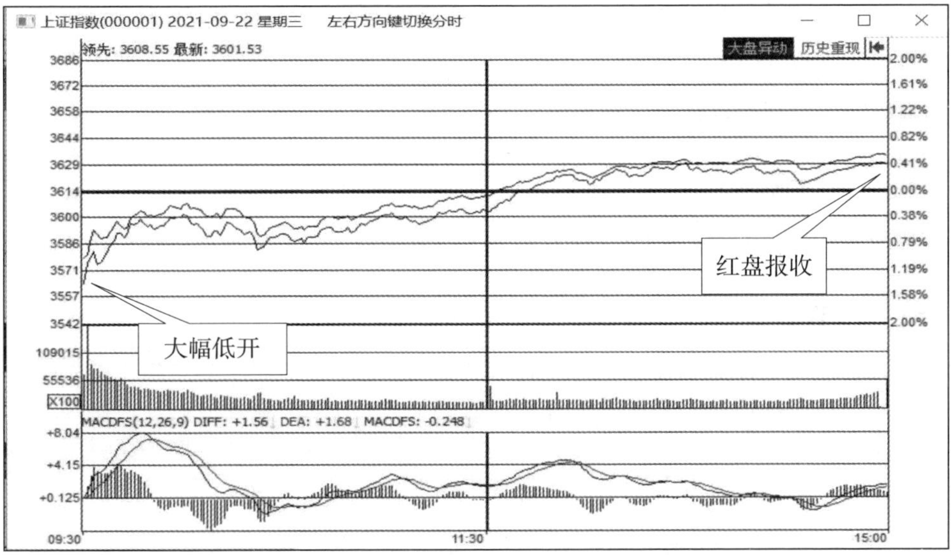

图 2-2 上证指数（000001）分时走势图（2021.9.22）

二、内部政策：宏观政策与经济形势

内部政策对大盘构成影响的因素，主要包括宏观政策和经济形势两个方面。

1. 宏观政策

目前阶段，我国政府发布的一些政策对市场的指导作用是比较强的。当证券市场投机气氛越来越浓厚时，政府会发布一些政策，抑制过度投机行为；同样，当证券市场出现萧条时，政府会发布一些政策鼓励投资行为。

除了一些专门针对股市的政策会对证券市场产生影响之外，政府出台的一系列针对国民经济发展运行的政策，会对某些行业、某些上市企业构成一定的利好，从而促使证券市场上的某一板块、某只股票出现异动，进而带动大盘指数出现异动。

目前，对我国股票市场有重要影响的政策包括以下两个方面。

第一，国家发布的一些全局性、宏观性经济政策。这些政策要么对整个国民经济产生重要影响，要么对股票市场中的诸多行业产生重要影响。

第二，国家发布的一些针对权重股、重要行业的经济政策。由于大盘指数是由权重股经过加权处理得到的。因而，这些政策对权重股以及相关产业造成的实质性影响，会间接促使大盘指数出现异动。

2. 经济形势

股市被称为宏观经济的“晴雨表”。一般来说，股市的走势应该与经济基本面相似，然而在现实中，股市走势很难做到与经济步调一致。

尽管如此，国家统计局或其他经济数据统计机构发布的一些经济指标数据，仍可能会对市场产生一定的扰动作用，比如 GDP 数据、就业数据、采购经理人指数等。

三、资金流向：外资与内部资金投放

资金面是影响大盘走势最直接的因素。若场外资金持续流入，大盘上涨的可能性就会增加；反之，场内资金持续流出，大盘下跌的可能性就会增加。

对资金面能够产生影响的因素包括以下 4 个方面。

1. 央行的货币政策

一般情况下，当中央银行执行宽松的货币政策即“放松银根”时，就会引起货币投放量增加，从而促使市场上的资金量增多，股市出现上涨的可能性就会增大；反之，当中央银行执行紧缩的货币政策即“紧缩银根”时，就会引起货币投放量减少，从而促使市场上的资金量减少，股市出现下跌的可能性就会增大。

判断中央银行执行的是宽松的货币政策还是紧缩的货币政策，主要依据以下三点。

第一，存款准备金率。存款准备金是指金融机构为保证客户提取存款和资金清算需要而准备的在中央银行的存款，中央银行要求的存款准备金占其存款总额的比例就是存款准备金率。

当中央银行提高各个金融机构的存款准备金率时，意味着收缩银根，市场上的资金供应量会减少。反之，当中央银行降低各个金融机构的存款准备金率时，意味着放松银根，市场上的资金供应量会增加。

第二，央行基准利率。基准利率是人民银行公布的商业银行存款、贷款、贴现等业务的指导性利率。存款利率暂时不能上下浮动，贷款利率可以在基准利率基础上上下浮动 10%。

当中央银行提高基准利率时，意味着紧缩银根，也就意味着更多的投资者愿意把钱放到银行储蓄起来，从银行贷款的人会减少，也就减少了市场上流动的货币量。反之，当中央银行降低基准利率时，意味着放松银根，也就意味着更多的投资者愿意把钱从银行取出来做投资，从银行贷款的人会增加，也就增加了市场上流动的货币量。

第三，其他因素。除了存款准备金率和央行基准利率之外，对股市资金量构成影响的因素还包括中央银行的再贴现率以及外汇进出情况。

中央银行提高再贴现率，意味着收紧银根，市场资金供给量将减少；降低再贴现率，意味着放松银根，市场资金供给量将会增加。

外汇进出同样会对股市的资金供给量造成影响。以美元为例，当贸易存在顺差或者热钱持续流入时，即美元持续流入时，央行需要付出人民币来换美元，相当于释放了人民币的流动性；当贸易存在逆差或者热钱流出时，即美元持续流出时，央行需要付出外汇购进人民币，相当于回收了人民币的流动性。

2. 外资的流入与流出

目前，随着港股通的开通，很多外资会借道港股通进出 A 股市场，即大家通常所说的北上资金。

港股通开通后，北上资金整体上呈现出较大规模的流入，这从侧面说明外资看好 A 股市场。不过，外资流入 A 股达到一定的限度后，势必会出现较大的流入与流出现象，这种流动会对大盘走势产生一定的影响。特别是市场上很多投资者都将北上资金看成一个重要的风向标，这就使得北上资金的进出对 A 股的影响产生了一定的放大效应。

3. 两市融资余额

融资余额，是指未偿还的融资总金额，即开通融资融券业务后，投资者使用融资购买股票的总金额。两市融资余额反映了市场上投资者的投资情绪变化。一般来说，两市融资余额增加，说明市场上投资者偏向于做多，更愿意积极买入股票；反之，若两市融资余额减少，则说明市场上投资者偏向于卖股还款。

4. 新增投资者开户数

新增投资者，往往意味着新的活水进入市场，也就为市场提供了增量资金。新增投资者开户数持续增加，说明市场对新的投资者具有较大吸引力，这些投资者愿意将钱带入市场，这就为股市走高奠定了基础，提供了必要的增量资金。

第二节 个股走势影响因素分析

从长远来看，个股走势固然会受到股票基本面的影响，但从短线特别是日内波动角度来看，则受主观情绪、资金进出的影响较大。主观情绪、资金进出又与大盘指数、相关股票、个股利空利好消息等因素有关。

一、大盘指数走势

股票大盘一般受大盘股、权重股的影响较大，而大盘走势又反过来对个股特别是中小盘股票产生较大影响。毕竟，大盘走势对投资者的情绪、短线资金的进出会产生直接影响。若大盘上扬，即使个股下跌，很多投资者也认为这些股票在大盘上涨的带动下会出现上攻，因而愿意入场做多；反之，若大盘不振，个股则很难走出独立行情。

当然，在大盘下跌过程中，也会有一些股票出现上涨行情，这些股票往往都是一些庄家集中控盘的股票。不过，大多数股票会受到大盘的影响。

下面来看一下上证指数的走势。

如图 2-3 所示，2021 年 9 月 16 日，上证指数开盘之后，指数出现振荡下跌走势，预示当天大盘将会走低，这对个股走势会造成非常不利的影响。有些股票开盘之后就随大盘一路走低，虽然有些个股试图向上拉升，但最终无法抗拒大盘下跌带来的影响重新下跌。

再来看一下东阿阿胶的走势。

如图 2-4 所示，东阿阿胶的股价开盘后一路上攻，预示当天该股有走强的可能。此时，看一下大盘指数就可以发现，上证指数开盘之后一路走低，这就给东阿阿胶的上涨蒙上了一层阴影。投资者看到大盘持续下跌时，可以趁东阿阿胶

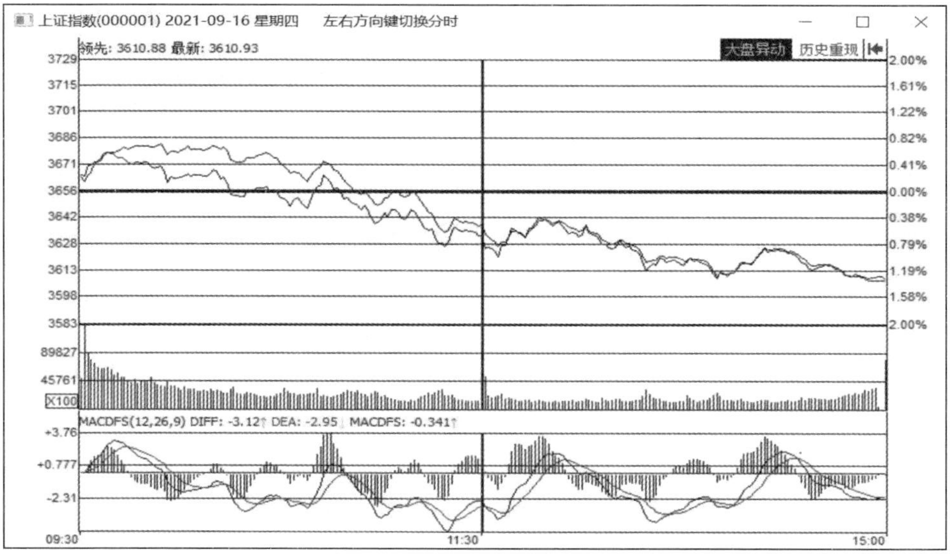

图 2-3 上证指数（000001）分时走势图（2021.9.16）

股价上攻之机卖出股票，以获取该股短时间逆大盘上涨带来的利润。

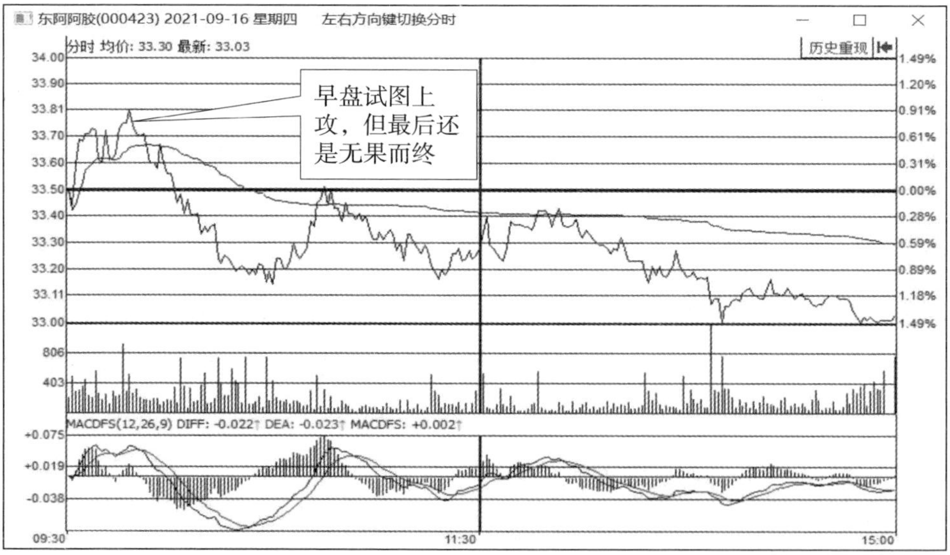

图 2-4 东阿阿胶（000423）分时走势图（2021.9.16）

二、相关股票走势

一般情况下，同一板块内的股票走势往往具有联动效应，即板块内一只股票走高时，其他股票往往会随之走高，即使上涨幅度没有第一只股票涨得高，也会有一个比较理想的上涨幅度。这种现象在龙头股上表现得更加明显。如果一个板块内的龙头股出现上涨，那么，其他股票就会闻风而动。

为什么龙头股的上涨或下跌会对同一板块内的股票产生影响？首先，利好或利空消息出现时，受其影响的往往是一类股票，也就是同一板块内的股票都会受相同的利好或利空消息影响，先上涨或下跌的股票属于板块内的领涨或领跌品种，这样其他股票跟随上涨或下跌是顺理成章的事。其次，龙头股票上涨之后，会引来市场资金的关注，这时龙头股票上涨比较多了，为了降低风险，很多资金会买入与龙头股票处于同一板块内的股票，从而带动相关股票上涨。下跌时同理。

2021年8月下旬，市场上“工业母机”概念风起云涌。青海华鼎为“工业母机”概念的典型龙头股票，秦川机床则为相同概念的跟涨股票。

先来看一下青海华鼎的股价走势情况。

如图2-5所示，2021年8月26日，青海华鼎的股价开盘后一路拉升，盘中经历了一波不大的回调之后，即封住了涨停板，由此可见，庄家十分看好该股其后的走势。由于该股早早地封上了涨停板，就让想买入该股的投资者犯了难，因为即使在涨停板上买入该股也未必能够成交。这时，投资者可以买入与青海华鼎同属“工业母机”概念的秦川机床的股票。

再来看一下秦川机床的股价走势。

如图2-6所示，秦川机床的股价以低于前一交易日收盘价的价格开盘，随后股价一路上涨。在青海华鼎上攻的影响下，秦川机床的股价第一次上攻出现回调。此时，投资者应该注意，该股回调遇到均价线后受到了足够的支撑，没有跌

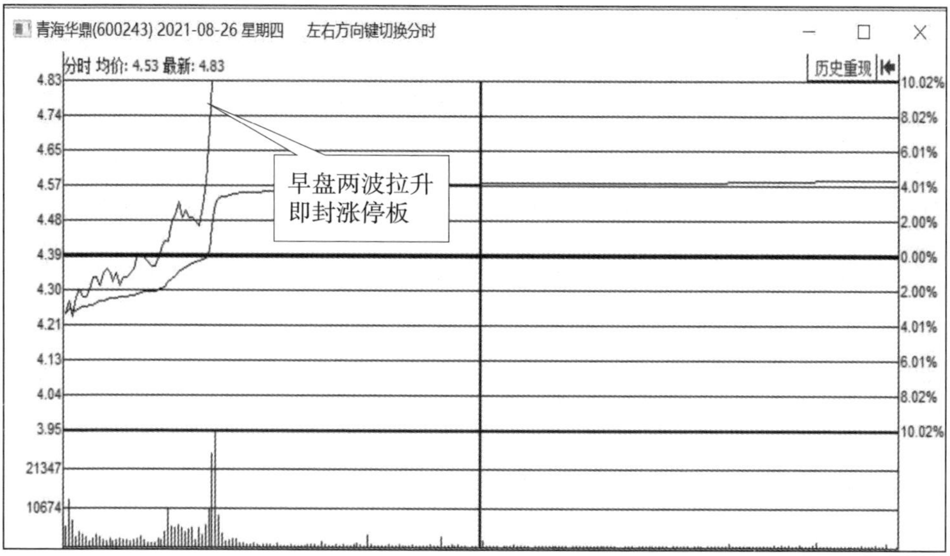

图 2-5 青海华鼎（600243）分时走势图（2021.8.26）

破均价线。此后，青海华鼎直线冲击涨停，该股同步上攻，投资者可以积极追涨买入该股。

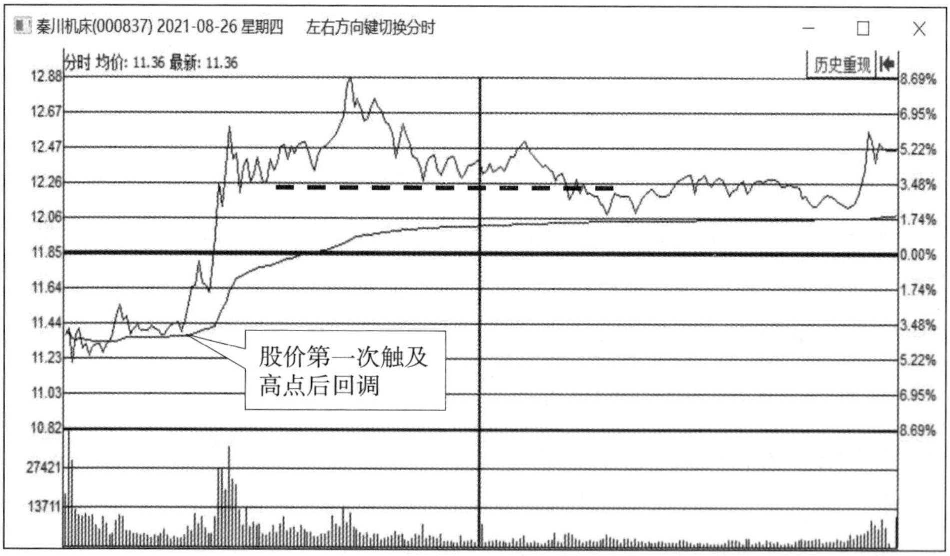

图 2-6 秦川机床（000837）分时走势图（2021.8.26）

通过相关股票的走势寻找目标股时，投资者一定要注意以下两个问题。

其一，不是所有的同板块股票都会产生连锁反应。也就是说，不能看到一只股票涨停，就立即买入同板块的股票，一定要仔细分析股票涨停的原因，若同板块内的股票也具有这一因素即可买入。

其二，买入时机的选择。投资者一定要等股价启动后再买入目标股，不能过早介入，以免被深套其中。

三、个股利空利好消息

个股的利空利好消息会对股价涨跌造成直接的影响。这类利好消息包括企业获得大订单，业绩取得突飞猛进的增长，获得政府补贴，研发出具有竞争力的新产品，大股东增持，等等；利空消息包括遭遇法律纠纷，业绩下滑，产品退市，大股东减持，等等。这些利空或利好消息归纳起来有两类：一是对企业业绩有直接影响的消息；二是对企业业绩预期有重要影响的消息。事实上，越是对企业业绩预期有影响的消息，对股价的影响往往越显著。

比如，2021 年 9 月 30 日开盘前，市场传闻安琪酵母将要上调部分产品的出厂价。由于安琪酵母在市场上具有垄断性优势，其产品涨价势必会促使企业净利润提升，因此 9 月 30 日开盘后，该股股价直接高开。

如图 2–7 所示，安琪酵母在利好消息的刺激下，直接以涨停开盘，但其后涨停板并未封死，出现了“炸板”现象。一般来看，后市该股存在回调的可能较大。也就是说，股票出现“炸板”情况后，一般不宜再入场。不过，该股高开从另一方面印证了利好消息对个股股价的刺激作用。

总之，投资者应该养成每天盘前或盘后阅读股市新闻的习惯，这些股市新闻中往往含有对个股的利好或利空消息。当然，股市中没有绝对的对应关系，一些看似利空的消息，也许会转化为股价上涨的动力；一些看似利好的消息，也许会转化为股价下跌的原因，这就需要投资者仔细研判，细细揣摩。

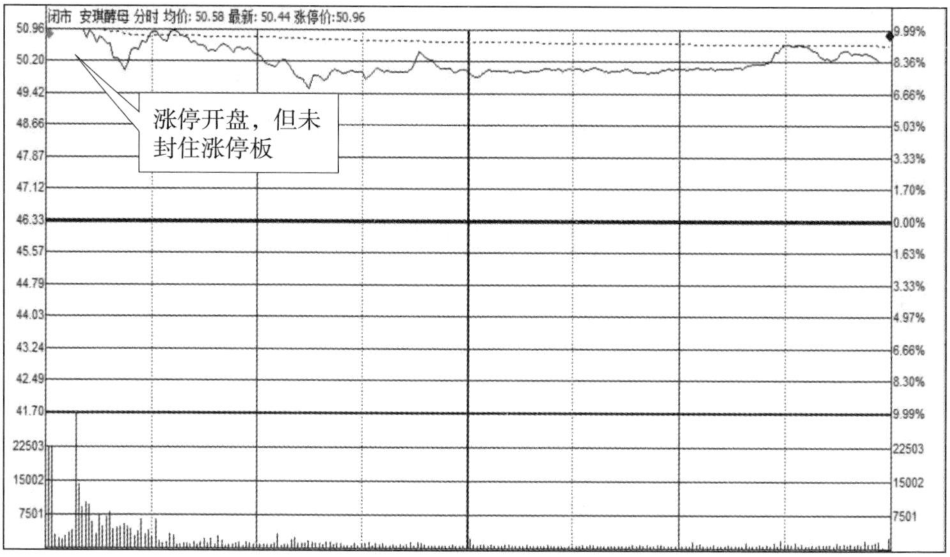

图 2-7 安琪酵母（600298）分时走势图（2021.9.30）

第二篇

看盘实操

大盘看盘实操篇，涵盖了看盘所需的各类技能、技巧、工具与方法。

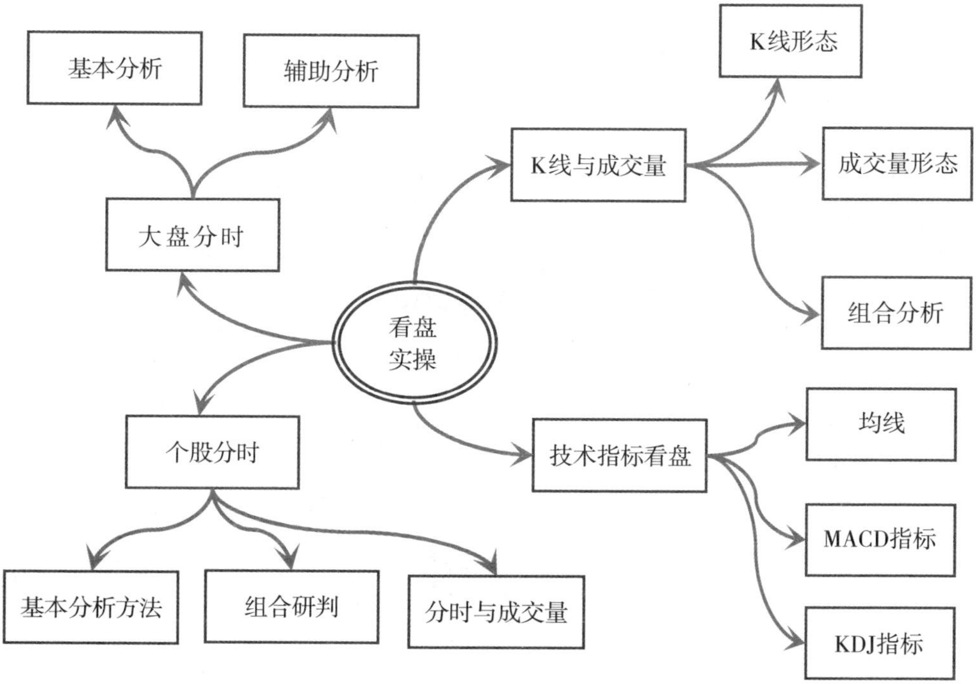

看盘实操知识导图

第三章

大盘分时看盘基础

大盘是投资者日常看盘需要关注的一个非常重要的领域。由于目前深证成指的走势与上证指数是保持一致的，因此，投资者通常所说的大盘，主要指的是上证指数。如图 3-1 所示。

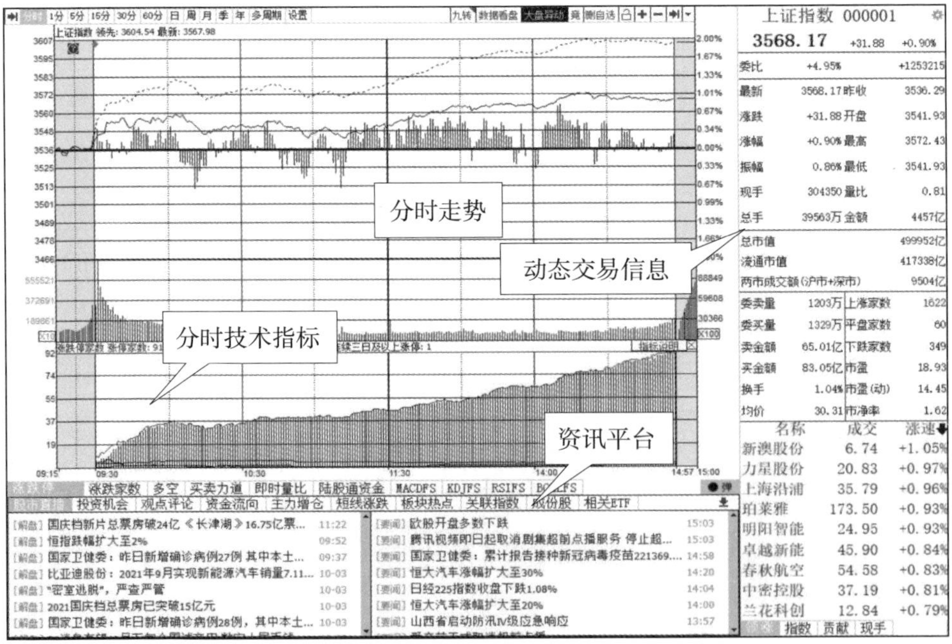

图 3-1　上证指数（000001）分时走势图（2021.9.30）

从图中可以看出，大盘指数的分时图结构与个股的分时图十分相似，包括了分时走势区、分时技术指标区、资讯平台区、动态交易信息区等。大盘盘面结构中，没有个股的盘口与实时成交区，但动态交易信息区所占的面积更大。

第一节 大盘分时走势基本分析方法

大盘分时看盘的重心在分时走势区。大盘分时走势区由上证指数线、领先指数线、成交量线、红柱线和绿柱线等共同组成，如图 3-2 所示。

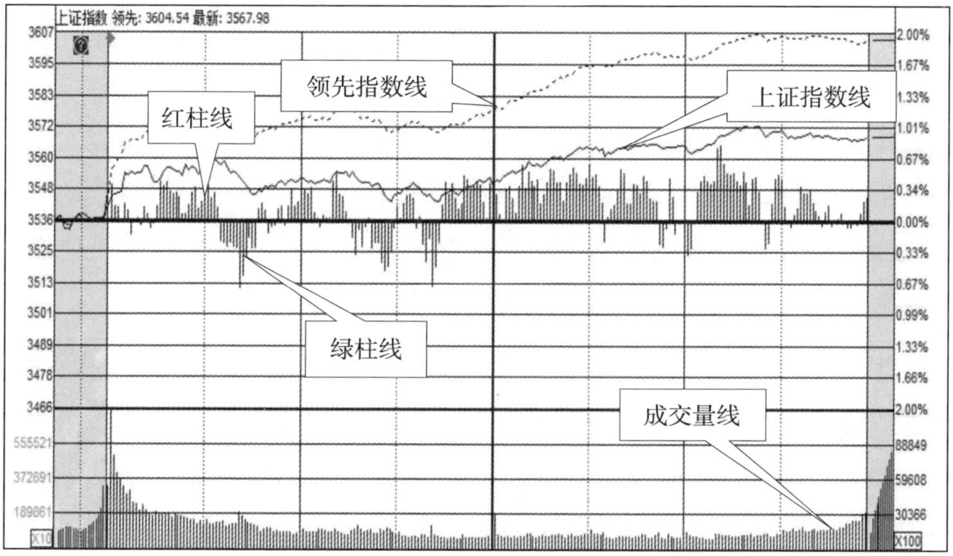

图 3-2　上证指数（000001）分时走势图（2021.9.30）

一、上证指数线与领先指数线

上证指数线标示的点位就是通常所说的大盘点位，其走势情况直接影响了大家对股市、个股走势的判断。

上证指数线是以样本股的发行股本数为权数进行加权计算得到的，因此，一些大盘股（权重股）对该线的走势影响很大。领先指数线是没有经过加权处理的，受大盘股影响较小，因而更能反映一些小盘股的走势特点。

其实，通常所说的大盘股与小盘股并没有明确的界定，随着入市资金量的逐渐增加，股票市值不断抬升，大盘股的确认门槛也在逐渐上升。因此，这种大盘股和小盘股的区分，更多地是一种相对的概念。

上证指数线与领先指数线所处的位置不同，说明大盘股与小盘股涨跌情况不同，因而对后市的影响各有差异。一般情况下，这两条线在不同位置代表的意义如下。

第一，当指数上涨时，若上证指数线上升较快，领先指数线上升较慢，则说明大盘股在领涨，反之，则说明小盘股在领涨。

第二，当指数下跌时，若上证指数线下跌较快，领先指数线下跌较慢，则说明大盘股在领跌，反之，则说明小盘股在领跌。

第三，若上证指数线与领先指数线黏合在一起，则说明整个市场是一种普涨或普跌的格局，并且上涨或下跌的幅度较大，上涨或下跌的家数也较多。

第四，若上证指数线在领先指数线的上方，则说明大盘股的走势强于小盘股，反之，则说明小盘股的走势强于大盘股。

第五，上证指数线与领先指数线出现相反的走势，说明市场资金关注点存在分歧。若上证指数线在上方，则说明市场资金比较青睐大盘股，反之，则说明市场资金比较青睐小盘股。

上证指数线与领先指数线的变动，反映了市场资金关注热点的变动与资金操作的重点。通过观察这种变化，投资者可以确定选股的方向。

例如，在图 3-2 中，领先指数线一直强于上证指数线，并且两条指数线全天位于前日收盘点位上方，这种走势说明市场极度强势，小盘股引领整个市场的上升攻势，这是市场走强的典型表现。

二、红柱线与绿柱线

柱状线是指大盘分时图中间位置持续向上或向下拉长的线。当柱状线位于中间横轴（前日收盘点位）上方时，该柱状线呈红色；反之，当柱状线位于中间横轴下方时，该柱状线呈绿色。在黑白图形中，投资者需要清楚：柱状线位于中间横轴上方的是红柱线，说明多方强势；柱状线位于中间横轴下方的是绿柱线，说明空方强势。

红柱线表示买盘强于卖盘，当红柱线逐渐变长时，表示买盘逐渐增强。绿柱线表示卖盘强于买盘，当绿柱线逐渐变长时，表示卖盘逐渐增强。

红柱线与绿柱线表示的都是瞬间买盘与卖盘的对比情况，并不是说大盘上涨时，所有时间买盘都强于卖盘。在大盘加速上涨时，会出现明显的红柱线增多的情况，而在大盘上涨中途出现盘整时，也会出现红柱线变短或绿柱线变长的情况。

红柱线与绿柱线的长度不同，代表的含义也有所差别。

第一，当红柱线变长时，说明买盘较踊跃，大盘上涨的力度也较强；反之，当红柱线变短时，说明买盘不济，大盘上涨的力度在减弱。

第二，当绿柱线变长时，说明卖盘较踊跃，大盘下跌的力度也较强；反之，当绿柱线变短时，说明卖盘不济，大盘下跌的力度在减弱。

例如，在图 3-2 中，红柱线与绿柱线呈现出以下三个特征：第一，在开盘初期，红柱线逐渐增加，绿柱线逐渐减少，说明大盘指数处于上升态势；第二，经过开盘阶段的一阵拉升之后，红柱线逐渐增多，表示买盘逐渐增多，市场表现为强势，指数也出现了一波上涨；第三，从整个交易日走势来看，红柱线明显多于绿柱线，并且上午的红柱线明显增多，说明市场卖盘不济，买盘强势，指数看涨。

三、大盘指数线与量线的协调配合

量价配合是量价关系中非常重要的一项原则，在分时图领域同样适用。成交量线的长度持续增加，说明资金流入流出量增加。成交量线呈红色，并且逐渐拉长，说明资金流入量持续增加；反之，成交量线呈绿色，并且逐渐拉长，则说明资金流出量持续增加。

当大盘指数线处于上升态势时，量线同步拉长，说明大盘指数上行有足够的资金支持，未来走势向好。反之，大盘指数线处于上升态势时，量线并未同步拉长，说明大盘指数的上行缺少足够的资金支持，未来走势并不乐观。

如图 3-3 所示，2021 年 5 月 25 日，上证指数线在上午时段出现了上攻走势，大盘指数线与成交量线出现了明显的协调走势。即上证指数线振荡上升时，成

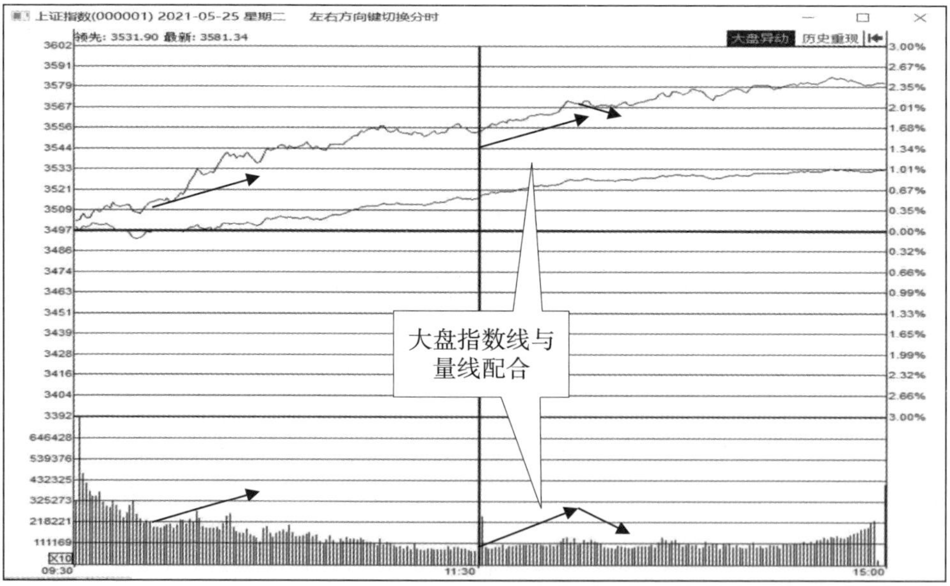

图 3-3　上证指数（000001）指数线与成交量线的配合（2021.5.25）

交量线同步上升；反之，上证指数线出现回调时，成交量线同步萎缩。在 5 月 25 日当日，上证指数线与成交量线上升的情况占据多数，并且幅度较大，而两者下行的时间较短，并且幅度较小，因此，可以认定当日大盘指数和成交量以上升为主。

四、上证指数与深证成指叠加分析

上证指数与深证成指叠加分析，有助于投资者了解沪深两市走势的强弱以及协调程度。大多数时间内，上证指数和深证成指的走势趋于一致，即上证指数上涨时，深证成指也会上涨；反之亦然。

不过，在上交所上市的企业中，大中型国企居多，在深交所上市的企业中，中小企业和创投类企业偏多，这就使得某些时段两者会有所差别。例如，中小企业行情向好时，深证成指的涨幅会较大；国企改革概念被热炒时，上证指数的涨幅会较大。

当然，随着科创板登陆上交所，上证指数的代表性更趋多元化。以宁德时代为代表的科技股成为深证成指中的超级权重股后，深证成指与上证指数的走势存在偏离的基础，但由于整个 A 股市场会受到相同大环境的影响，因此两者之间的偏离不会太大。

投资者可通过两种途径进行沪深指数的对比: 其一, 点击【报价】|【沪深指数】|【沪深指数对比】，即可看到两幅指数图；其二，通过右击鼠标，在上证指数或深证成指页面选择【添加品种】|【叠加指定品种】，然后选择【深证成指】或【上证指数】，即可完成添加。

如图 3–4 所示，2021 年 9 月 30 日，上证指数线的走势形态与深证成指基本相同，涨跌也算同步，不过，深证成指的涨幅明显高于上证指数。观察深证成指与领先指数线的走势可以发现，两者的走势更为接近。这可以印证之前对上证指数与领先指数的分析，即当日市场上，中小盘股票属于领先市场上涨的主要力量。

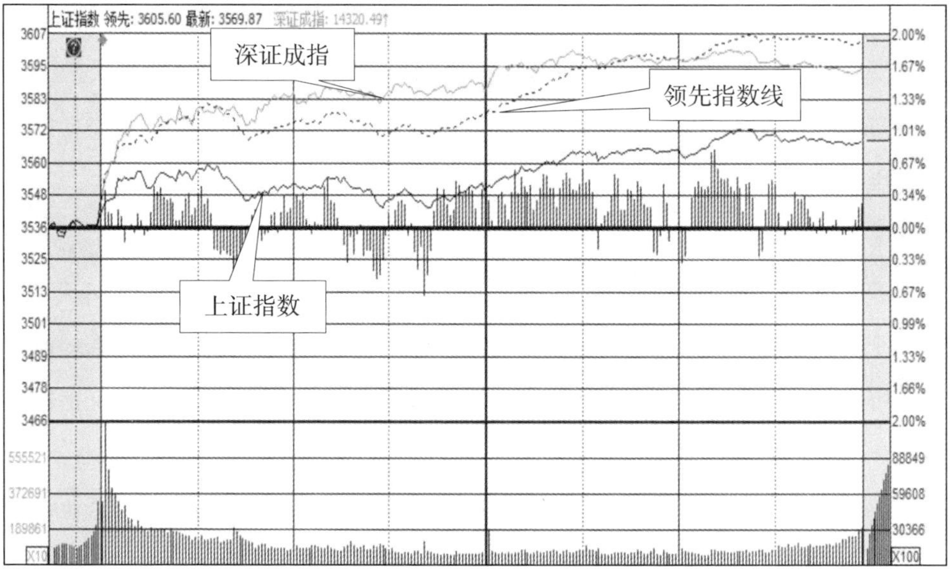

图 3-4 上证指数（000001）与深证成指（399001）叠加对比（2021.9.30）

第二节 大盘分时走势辅助分析

每种炒股软件给出的分析工具有所不同，本节以同花顺炒股软件为例，介绍几种常用的大盘技术分析指标。

一、从涨跌停家数看多空强势

涨停与跌停，是股价走势的两个极端。市场上涨停的家数越多，说明市场越强势；反之，市场上跌停的家数越多，说明市场越弱势。因此，一些股票交易软件的大盘技术指标平台区，提供了涨跌停家数这一指标。

如图 3-5 所示，在技术指标平台中，“涨跌停家数”为系统默认的首选技术指标。市场上大部分投资者非常关心涨停与跌停情况，在该技术指标中，涨停家数和跌停家数分别用两条曲线代表，指标中的柱线则表示涨停与跌停之差。

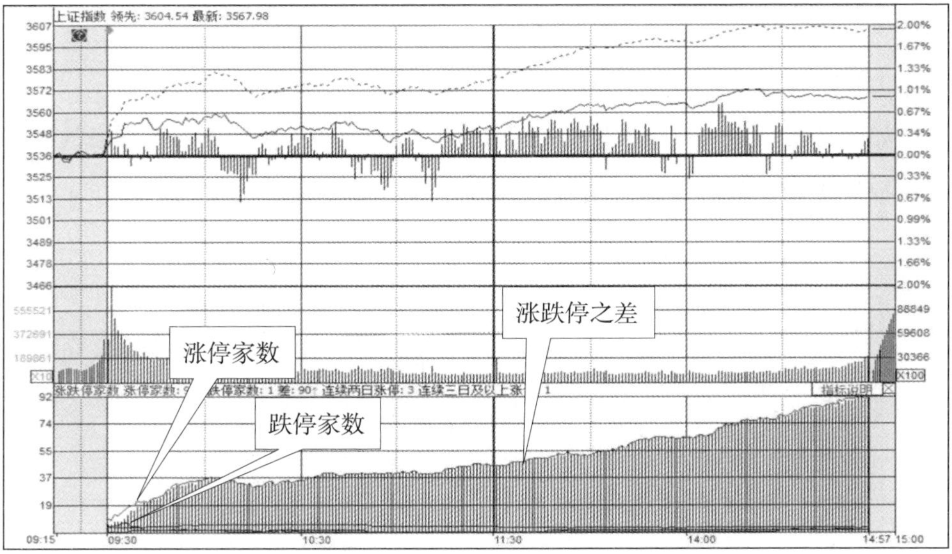

图 3-5　上证指数（000001）涨跌停家数（2021.9.30）

其交易含义如下。

第一，若涨停家数多于跌停家数，并且柱线越来越长，则说明市场热点较多，资金参与热情较高，市场较为强势，比较适合短线参与。

第二，若涨停家数少于跌停家数，并且柱线越来越长，则说明市场热点较少，资金参与热情不高，市场较为弱势，不适合短线参与。

从图中可以看出，2021 年 9 月 30 日当日，涨停家数明显多于跌停家数，并且到了下午之后，涨停与跌停家数之差越来越大，说明当日股市走势越来越强，这种环境比较有利于进行短线操作。

二、从涨跌家数看市场走势

上涨家数是指当时股票价格高于前一交易日收盘价的股票家数。下跌家数是指当时股票价格低于前一交易日收盘价的股票家数。与此相对应，还有平盘家数这一概念。平盘家数是指当时股票价格与前一交易日收盘价相同的股票家数。

上涨家数与下跌家数的多少，反映了市场的景气程度。

如图 3-6 所示，在技术指标平台中，“涨跌家数”指标中的上涨家数和下跌家数分别用两条曲线代表，指标中的柱线则表示涨停与跌停之差。

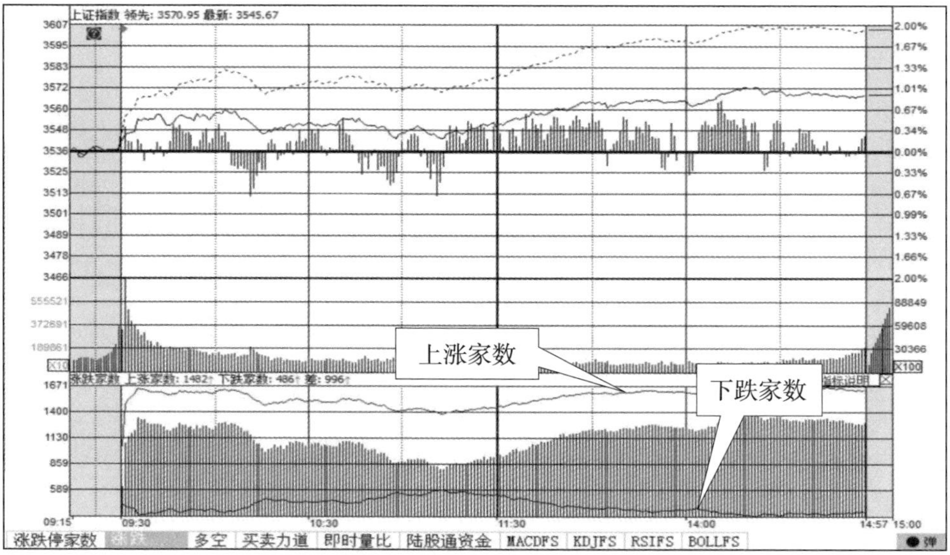

图 3-6　上证指数（000001）与【涨跌家数】（2021.9.30）

其交易含义如下。

第一，当上涨家数远远超过下跌家数时，说明市场气氛非常活跃，短期有进一步上涨的可能，适合投资者进行短线操作。

第二，当下跌家数远远超过上涨家数时，说明市场气氛非常不好，短期还有进一步下跌的可能，投资者最好采取观望的态度。

从图中可以看出，截至收盘时段，上涨家数为 1482 家，下跌家数为 486 家，说明上涨家数远远多于下跌家数，市场处于强势行情。大盘指数未来上涨的可能性大于下跌的可能性，此时投资者可积极入场做多。

三、从多空指标看买卖实力对比

多空指标是通过外盘与内盘数量的对比，也就是委买量与委卖量经过一系列对比而获得的一个技术指标。从本质上来说，这一指标反映的是市场上委买量和委卖量的对比情况。

前文讲过委买、委卖的定义。通过查看大盘多空数据，投资者可以研判市场多空双方的力量。

具体分析方法如下。

第一，多空指标数值大于 0，即委买量大于委卖量时，说明买方占据主动地位，资金流入意愿较强，大多数投资者比较看好后市走势。

第二，多空指标数值小于 0，即委买量小于委卖量时，说明卖方占据主动地位，资金流出意愿较强，大多数投资者比较看空后市走势。

第三，多空线走势反映了多空力量对比情况。指标线越高，说明多方实力越强；反之，指标线越低，则说明空方实力越强。

如图 3-7 所示，2021 年 9 月 30 日，上证指数多空指标在多数时间内都运行于 0 线上方，说明大盘全天走势较强。其实，从当日的委买量与委卖量的对比情况，大家就可以看出这一点，截至收盘时段，委买量为 1329 万手，委卖量为 1203 万手。委买量大于委卖量，说明大盘指数处于资金流入状态，走势较强。

四、从买卖力道看即时多空实力对比

从某种意义上来说，买卖力道指标与多空指标存在诸多相似之处。买卖力道指标给出的即时委买量与委卖量的数值，实质上反映的还是多空实力对比情况。

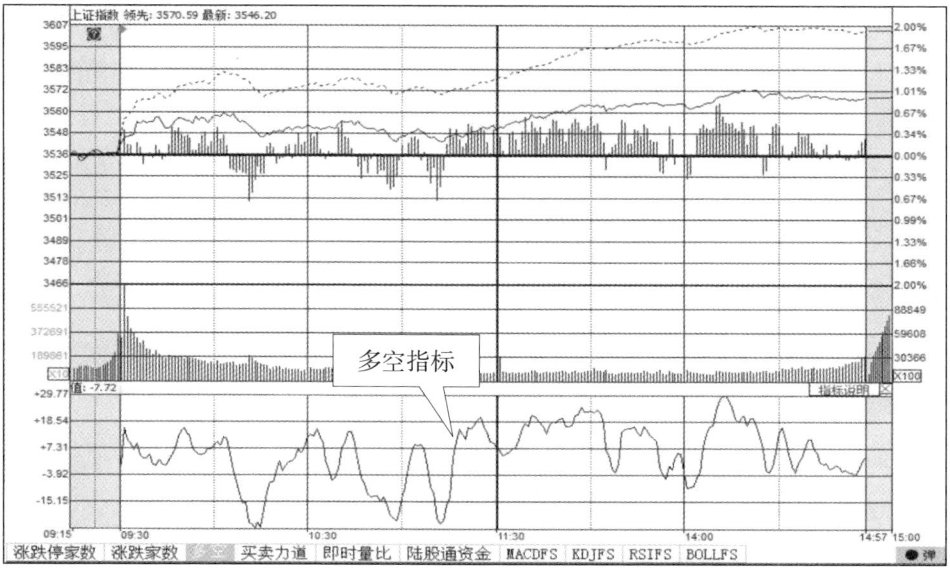

图 3-7 上证指数（000001）多空指标（2021.9.30）

如图 3-8 所示，在技术指标平台中，买卖力道指标中的委买量和委卖量分别用两条曲线代表，指标中的柱线则表示委买量与委卖量之差。

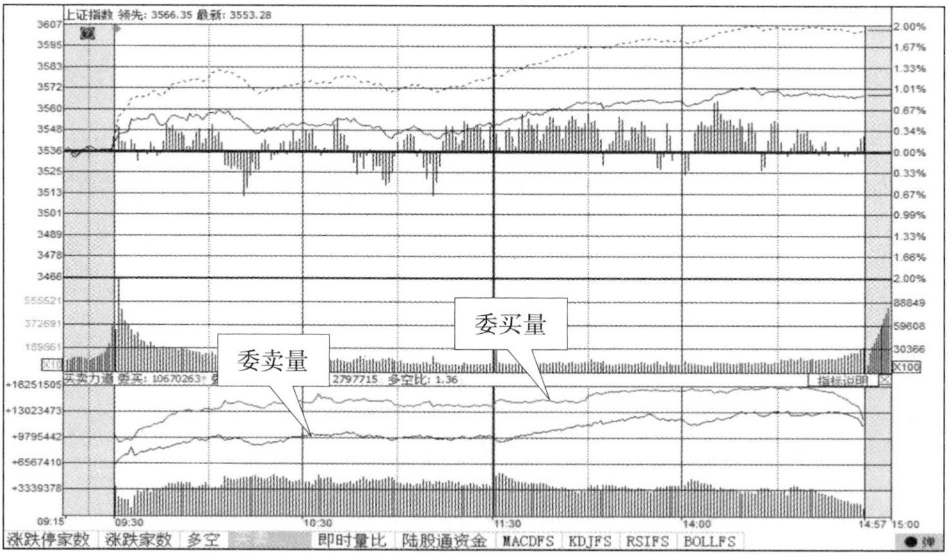

图 3-8 上证指数（000001）买卖力道指标（2021.9.30）

其交易含义如下。

第一，委买量大于委卖量时，说明买方占据主动地位，资金流入意愿较强，大多数投资者比较看好后市走势。

第二，委买量小于委卖量时，说明卖方占据主动地位，资金流出意愿较强，大多数投资者比较看空后市走势。

第三，柱线走势反映了多空力量对比情况。委买量线位于上方，并且柱线越来越高，说明多方实力较强；反之，委买量线位于下方，并且柱线越来越高，说明空方实力较强。

五、从短线涨跌看主力动向

短线涨跌功能提供了最近5分钟涨幅最大和跌幅最大的几只个股。这个排名，一方面有利于投资者捕捉个股投资机会；另一方面，通过对涨幅榜和跌幅榜的整体分析，可以判断大盘短线的运行状态。投资者点击大盘分时图下方【指标平台】中的【短线涨跌】，即可调出该功能，如图 3-9 所示。

通过【短线涨跌】，可以实现如下两项功能。

第一，大盘短线振荡情况分析。若进入沪深市场 5 分钟涨幅与跌幅排名的股票波动幅度较大，则说明大盘振荡较为激烈；反之，则说明大盘走势比较平稳。大盘振荡激烈，意味着多空争斗比较激烈，市场很可能在选择突破方向。

第二，大盘短线异动分析。若进入沪深市场 5 分钟涨幅榜的股票涨幅较大，而进入跌幅榜的股票跌幅较小，甚至出现上涨的情况，则说明大盘短线出现了快速上升行情；反之，则说明大盘出现下跌走势。

当然，投资者可以调整短线涨跌的时间间隔，即点击“周期”，在下拉菜单中选择所需的时间间隔（系统给出了 1 分钟、3 分钟、10 分钟、30 分钟可供选择）即可。

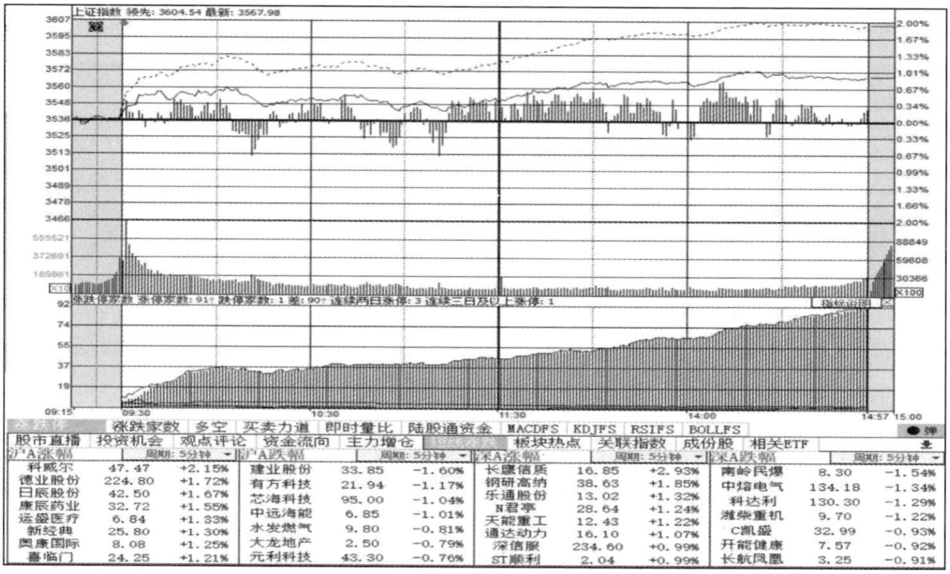

图 3–9 【指标平台】|【短线涨跌】（2021.9.30）

大盘分时图下方的技术指标栏目，通常还会提供 MACDFS、KDJFS、RSIFS、BOLLFS 等指标曲线。这些技术指标更多地用于分析个股分时走势，其分析方法后面的章节会进行详细介绍。

第四章

个股分时看盘基础

分时走势线是指每个交易日 9:30 开盘后，在分时图区域显示的股价动态走势线。

如图 4-1 所示，2021 年 9 月 30 日，股价开盘后，分时线绝大部分时间运行于均价线上方，并且分时线上攻时成交量线同步拉长，显示该股股价全天振荡走高。

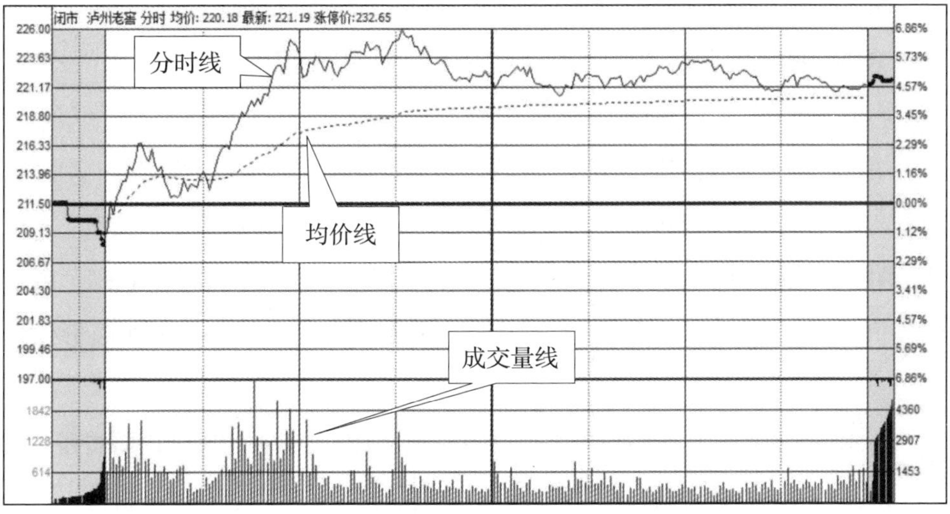

图 4-1 泸州老窖（000568）分时走势图（2021.9.30）

第一节
分时线与均价线基本分析

分时线与均价线走势以及相互位置关系，是分时图研判的核心，也是整个看盘的中心环节。

一、均价线：股价走势强弱分界线

在分时图中，均价线反映了当日成交的平均价格，本质上就是一根股价走势强弱的分界线。分时线则直接反映了即时的股价运行情况。

分时线与均价线之间存在如下关系。

第一，股价线运行在均价线上方时，说明当天买入的投资者大部分处于盈利状态，股价走势较强。

第二，股价线运行在均价线下方时，说明当天买入的投资者大部分处于亏损状态，股价走势较弱。

第三，基于均价线的特殊性，很多投资者在日内操盘过程中，都会将其看成一条重要的操盘指导线。股价运行于均价线上方，则可积极入场；反之，股价运行于均价线下方，则要离场。

第四，前日收盘价是均价线、分时线的辅助参考线。若分时线运行于均价线上方，并且这两条线全部运行于前日收盘价上方，更可印证股价走势趋强。

第五，若股价线与均价线同步振荡上升，并且回调的低点越来越高，则说明股价处于上升趋势；反之，若振荡反弹的高点越来越低，则说明股价处于弱势。

第六，股价线与均价线自下而上突破前日收盘价，则说明股价由弱转强；反之，则说明股价由强转弱。

图 4-1 泸州老窖的案例中，2021 年 9 月 30 日当日，该股股价分时线全天绝大部分时间运行于前日收盘价和均价线上方，这是一种典型的强势进攻形态，投资者择机做多获利的概率较大。

下面再来看一下格力电器的案例。

如图 4-2 所示，2021 年 9 月 30 日，格力电器的股价开盘之后一路下跌，分时线全天大部分时间位于均价线下方，并且均价线与分时线都位于前日收盘价下方，说明股价走势极弱。同时，均价线对分时线有很强的阻力作用，股价几次反弹到均价线附近，都因为均价线的阻力作用而重新下跌。其后，虽然分时线偶尔向上突破均价线，但很快又回到均价线下方。下午开盘以后，分时线与均价线距离越来越大，说明股价有加速下跌的可能。

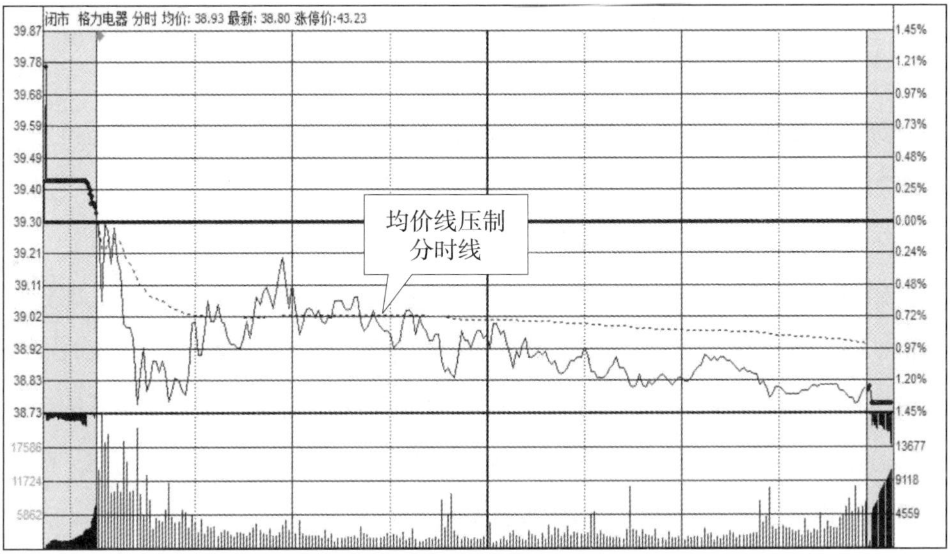

图 4-2　格力电器（000651）分时走势图（2021.9.30）

二、助力：均价线助涨与助跌

正是由于均价线有多空分界线的功能，使得很多投资者都将均价线看成重要的短线操盘作业线。股价运行于均价线上方时，可积极买入；股价运行于均价线下方时，尽量选择离场。这就使得均价线具有了一项重要的功能：助涨与助跌。

1. 均价线的助涨功能

股价分时线运行于均价线上方时，说明市场上当日买入的投资者大部分处于盈利状态，这种状态有助于刺激更多投资者入场买入，从而推动股价进一步上涨。

其操作要点如下。

第一，开盘后，股价分时线某一时刻开始运行于均价线上方，并且出现振荡上升状态，这容易吸引更多投资者入场买入。

第二，随着股价分时线上升，均价线呈现振荡上扬态势，有利于股价进一步走高。

第三，股价在上升过程中偶有回调，但跟均价线还有一段距离时就被拉升，这更加强化均价线的助涨效果。

下面来看一下宏微科技的案例。

如图 4-3 所示，宏微科技的股价开盘之后一路上涨，分时线全天大部分时间位于均价线上方。除了在开盘阶段，分时线与均价线有所纠缠外，大部分时间分时线与均价线都保持一定的距离，并且这种距离越拉越大。观察均价线的运行态势可知，此时均价线一直向右上方倾斜，是典型的看涨形态。由此可见，随着均价线向右上方倾斜，股价上涨势头越来越强。

2. 均价线的助跌功能

股价分时线运行于均价线下方时，说明市场上当日买入的投资者大部分处于亏损状态，这种状态会让更多投资者离场观望，从而推动股价进一步下跌。

其操作要点如下。

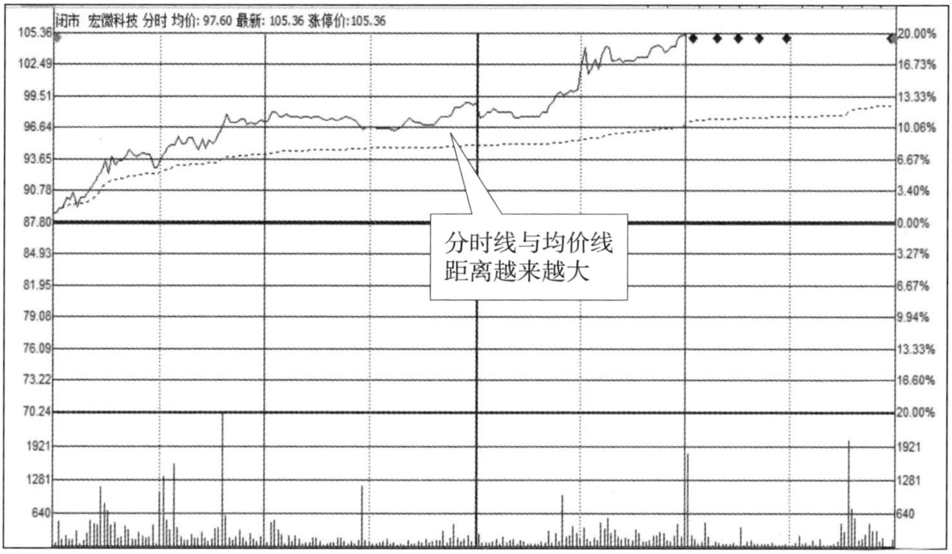

图 4-3　宏微科技（688711）分时走势图（2021.9.30）

第一，开盘后，股价分时线某一时刻开始运行于均价线下方，并且出现振荡下跌状态，这容易阻止投资者入场，更多人选择观望。

第二，随着股价分时线下跌，均价线呈现振荡下行态势，这将促使股价进一步走低。

第三，股价在下跌过程中偶有反弹，但跟均价线还有一段距离时就被向下打压，更加强化均价线的助跌效果。

下面来看一下恒立液压的案例。

如图 4-4 所示，恒立液压的股价开盘之后一路下跌，分时线全天大部分时间位于均价线下方。除了在开盘阶段分时线与均价线有所纠缠外，大部分时间分时线与均价线都保持了一定的距离，并且这种距离越拉越大。观察均价线的运行态势可知，此时均价线一直向右下方倾斜，是典型的看跌形态。由此可见，随着均价线向右下方倾斜，股价下跌势头越来越强。

尾盘阶段，虽然分时线有反攻的意愿，但仍因均价线压制而再度下行。

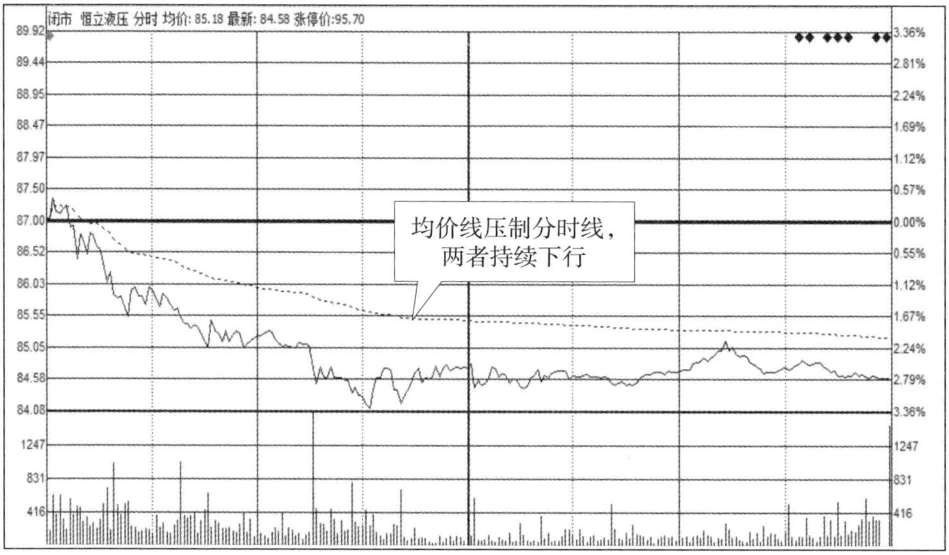

图 4-4　恒立液压（601100）分时走势图（2021.9.30）

三、突破：分时线与均价线位置变换

前面介绍，均价线实质上就是多空力量对比的分界线，分时线与均价线位置发生变换，意味着股价运行趋势可能发生改变。

一般来说，分时线对均价线的突破分为两类：其一，自上而下突破，即分时线跌破均价线；其二，自下而上突破，即分时线向上突破均价线。

1. 分时线向上突破均价线

当分时线运行于均价线下方时，说明该股走势较弱。某一时刻，若股价自下而上放量突破均价线，则说明股价有短期走强的可能，这是股价运行趋势转变的典型信号。

其具体操作要点如下。

第一，分时线突破均价线前，已经出现了某种缓和态势，并且均价线处于放平或略向右上方倾斜态势。

第二，分时线向上突破均价线时，若成交量线同步拉长，则说明成交量与股价配合良好，股价继续上攻的可能性较大。

第三，若分时线突破前跌幅较大，则存在主力诱多的可能。其后，分时线可能会反向重新下跌。因此，股价处于弱势行情时，宜慎重行事。

下面来看一下片仔癀的案例。

如图 4-5 所示，2021 年 9 月 30 日，片仔癀的股价高开高走后出现回调走势。其后，分时线跌破均价线，均价线对分时线构成了一定的阻力。临近 11:00 时，分时线突然启动上攻，并放量向上突破均价线，这说明该股股价有企稳的迹象。此后，该股股价上升至高位水平，一直没有再跌破均价线。

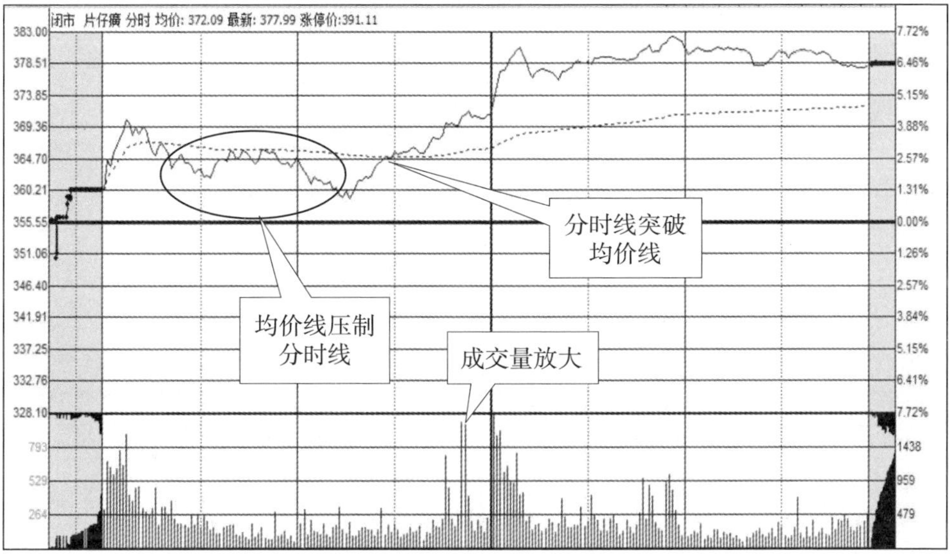

图 4-5　片仔癀（600436）分时走势图（2021.9.30）

2. 分时线向下跌破均价线

当分时线运行于均价线上方时，说明该股走势较强。某一时刻，若股价自上而下跌破均价线，则说明股价有短期走弱的可能，该信号属于股价线走势强弱转换的一个分界点。

其具体操作要点如下。

第一，若均价线出现放平或向右下方倾斜态势，说明股价整体走势开始变弱。

第二，分时线向下跌破均价线时，并不需要成交量放大相配合。不过，若成交量同步放大，则可增强股价下跌信号的准确性。

第三，若个股前期跌幅较大，还要注意防范主力诱空的可能。

下面来看一下海康威视的案例。

如图 4-6 所示，2021 年 9 月 30 日，海康威视的股价高开平走，向下、向上试探几次后，与均价线纠缠在一起。下午时段，股价大幅上攻，给人一种即将拉升的感觉。不过，均价线并未出现明显的上攻迹象。

其后，分时线振荡下跌，并一举跌破均价线，带动成交量放大。与此同时，均价线同步拐头向下，说明该股股价有继续下跌的可能。

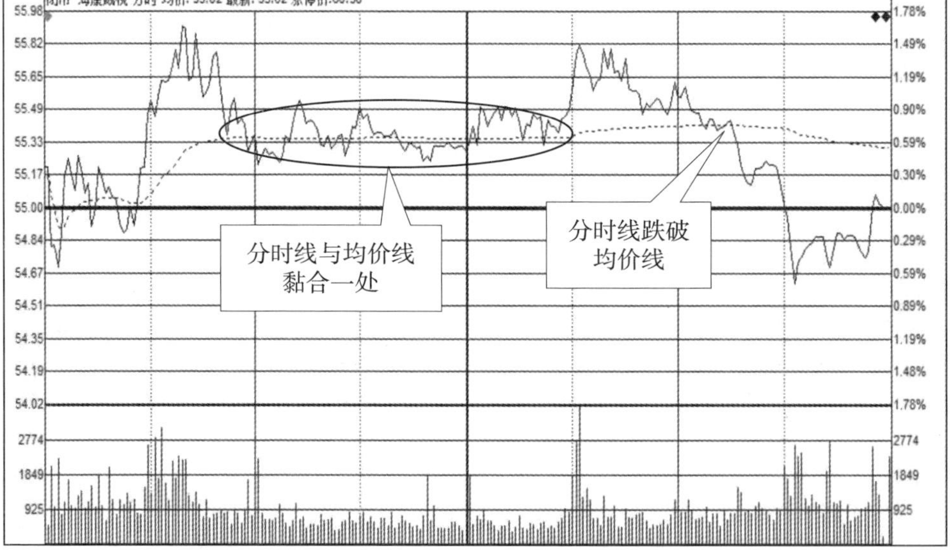

图 4-6　海康威视（002415）分时走势图（2021.9.30）

四、支撑与阻力：强者恒强，弱者恒弱

因均价线对股价具有一定的助涨、助跌作用，因而股价向均价线靠拢时，总会受到一定的外力，促使股价重归原有的运行轨道。股价位于均价线上方时，均价线就会对股价形成一定的支撑；反之，股价位于均价线下方时，均价线就会对股价形成一定的阻力。

1. 分时线向下遇均价线支撑

分时线运行于均价线上方，说明股价走势较强。此后，分时线上冲后出现回落，并且回落至均价线附近时，因受均价线支撑再度上涨，说明均价线对分时线的支撑有效，未来股价看涨，可考虑加仓买入。

投资者执行买入操作时，应注意这样 4 点。

第一，股价回调时，成交量出现萎缩态势；分时线遇均价线支撑再度上攻时，成交量若能同步放大，则说明股价与成交量配合良好，未来看涨。

第二，若分时线多次回调至均价线位置都遇到支撑再度上攻，则说明均价线对分时线的支撑较强。

第三，分时线回调时，若均价线仍向右上方倾斜，则说明股价整体走势良好，股价继续上涨的可能性较大。

第四，分时线回调至均价线位置偶尔跌破均价线，但很快又回到均价线上方，仍可认定均价线的支撑有效。

下面来看一下宁波精达的案例。

如图 4-7 所示，2021 年 9 月 30 日，宁波精达的股价以高于前一交易日收盘价的价格开盘后出现了一波拉升。此后，分时线很快出现回落，但分时线回落至均价线位置时，因受均价线支撑重新上涨（期间偶尔跌破均价线，但迅速回到均价线上方）。接着，分时线与均价线同步向上运行。其后，分时线再次回调至均价线位置，并再次因均价线支撑而上涨，说明均价线对分

时线具有很强的支撑能力，未来股价向好的可能性较高，投资者可考虑追涨买入。

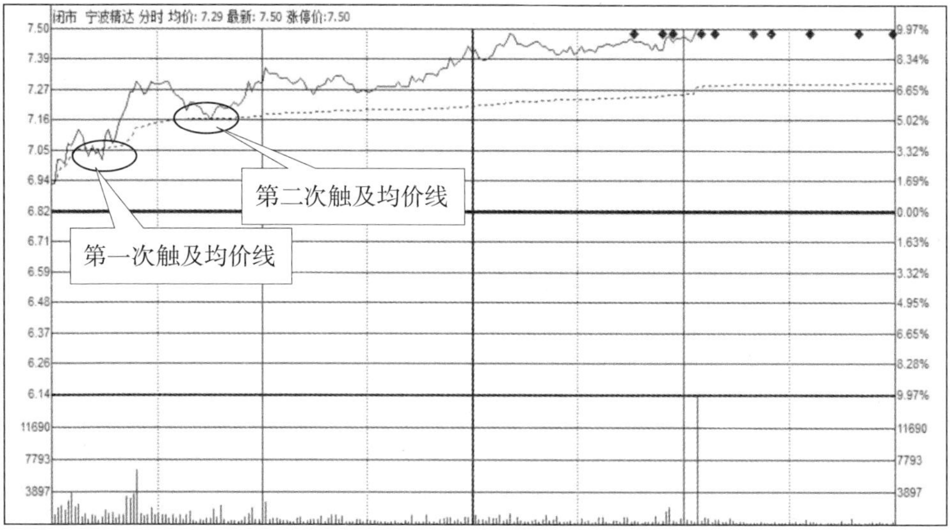

图 4-7 宁波精达（603088）分时走势图（2021.9.30）

2. 分时线向上遇均价线阻力

分时线运行于均价线下方，说明股价走势较弱。此后，分时线下跌一段时间后出现反弹，并且反弹至均价线附近时，很多人将其看成较佳的出货良机，因而股价下行。这说明均价线对分时线的阻力有效，未来行情看跌。

投资者执行卖出操作时，应注意这样 4 点。

第一，股价反弹时，成交量若没有明显的放大态势，则分时线突破均价线的概率相对较小。

第二，分时线若多次反弹至均价线位置，均因遇到阻力再度下跌，则说明均价线对分时线的阻力较强。

第三，分时线反弹时，若偶尔向上突破均价线，但很快又回到均价线下方，则视同突破无效，均价线对分时线的阻力仍然有效。

第四，分时线反弹时，若均价线仍向右下方倾斜，则说明股价整体走势较差，股价继续下跌的可能性较大。

下面来看一下奥翔药业的案例。

如图 4-8 所示，2021 年 9 月 30 日，奥翔药业的股价以高于前一交易日收盘价的价格开盘，此后分时线很快出现回落，并且分时线一直运行于均价线的下方，足见股价走势之弱。该股当日开盘期间，分时线曾数次出现反弹走势，不过当分时线反弹至均价线位置时，均因受到均价线阻力而重归下跌通道。由此可见，均价线对分时线的阻力之强。

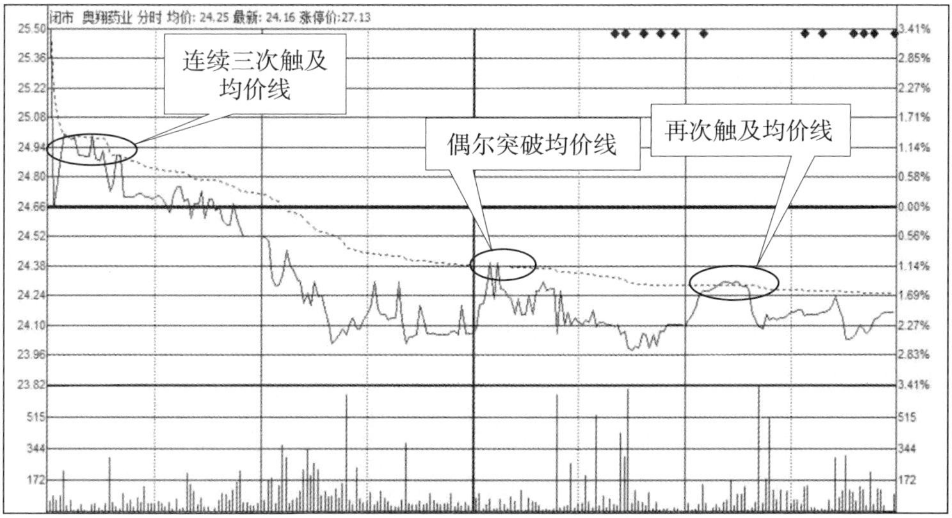

图 4-8　奥翔药业（603229）分时走势图（2021.9.30）

日常看盘操作中，分时线一直是最为核心的看盘内容。盘中时段，分时线的走势形态、波动幅度对短线投资者来说具有重要的影响。同时，分时线的波动，与成交量线放大和萎缩密切相关。

第二节 分时线与成交量线的配合

看盘过程中，分时线与成交量线的配合情况，也是投资者需要重点关注的项目。常规的量价理论，在分时线与成交量线方面同样适用，即分时线上攻往往需要成交量线放大相配合，分时线下行，则不需要成交量线放大配合。当然，分时线下行时，若成交量线出现放大，则可能会加速下行走势。

一、量价齐升：分时线、量线同步拉升

股价上扬需要成交量放大相配合，这一点在分时图领域同样适用。若分时线与成交量线同步上扬，则意味着此时出现了量价齐升形态，属于典型的看涨形态。

其操盘要点包括以下两项。

第一，分时线温和向上放量，突破均价线或其他重要阻力位（尤其是一些较强的阻力位，含均价线位置）时，可以看成一个较佳的买点。

第二，分时线放量上攻前，若曾出现缩量回调走势，并且遇到均价线或其他重要支撑再度上升，也可以看成一个较佳的加仓点或买入点。

如图 4-9 所示，2021 年 7 月 30 日开盘后，光环新网的股价出现一波拉升后回调。分时线跌破均价线后，再度跌破前日收盘价，给人一种股价走弱的感觉。

9:53 左右，该股分时线突然崛起，快速向上突破了前日收盘价和均价线，并且成交量线同步出现快速拉升态势，这是典型的量价齐升形态，属于看涨信号。

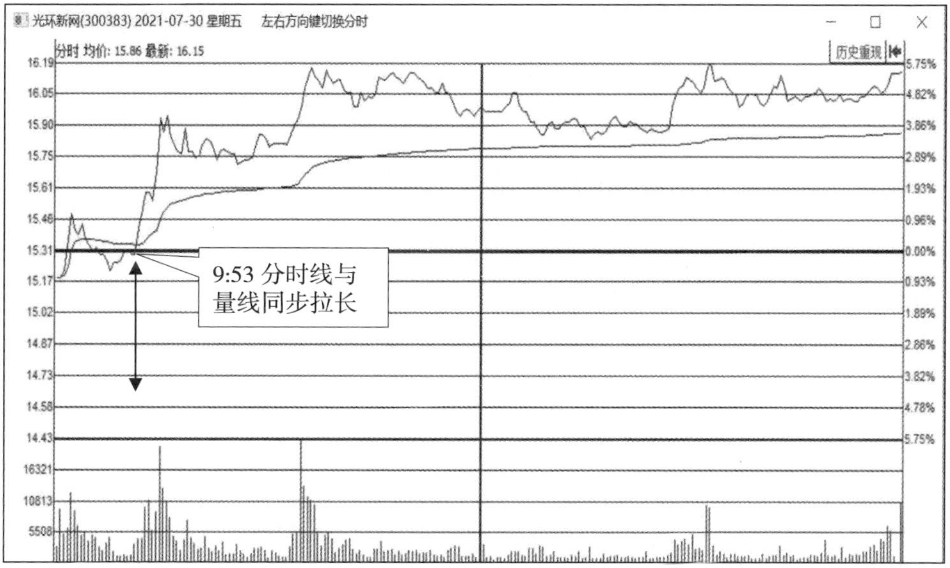

图 4-9 光环新网（300383）分时走势图（2021.7.30）

二、价涨量缩：分时线上攻与量线萎缩

价涨量缩，也是股价与成交量配合的常见形态。出现该形态存在两种可能：其一，多空双方对股价继续上攻比较认可，因而主力不需要放量就可以拉升股价，甚至主力已经完成了锁仓；其二，在操盘过程中，主力采取“诱多”的手法，因主力控盘较高，根本不需要多少资金就可以将股价向上拉升，从而吸引散户入场。

基于以上分析，投资者遇到这种情况时，还需结合整个股票的走势情况进行分析。

该形态出现后，投资者的操作要点包括以下两项。

第一，若分时线上涨，成交量线并未拉升，投资者要保持警惕，不宜轻易入场。

第二，若主力已经掌握了绝大部分筹码，则分时线上攻时，成交量线无须放大，股价就可以被拉升至高点。因此，该种形态出现时，投资者必须结合其他技术分析方法，分析主力手中的筹码情况。若不能准确判断主力已经掌握大部分筹码，投资者则应避免操作。

如图 4-10 所示，2021 年 5 月 26 日开盘后，安琪酵母的股价出现了振荡上攻走势。该股分时线呈现双顶形态，给人一种短期筑顶的感觉。分时线双顶形成过程中，分时线每次上攻时，成交量线并未出现明显拉长，说明该股量价配合不理想，未来上涨的可能性不大。投资者必须保持谨慎，不可轻易入场。

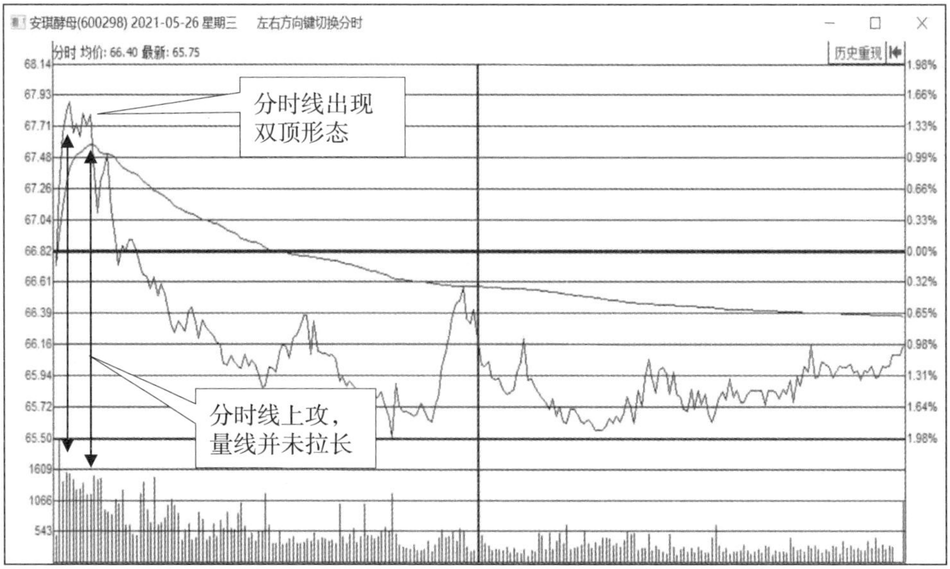

图 4-10 安琪酵母（600298）分时走势图（2021.5.26）

三、价跌量增：分时线下挫与量线拉长

通常情况下，股价走低并不需要成交量相配合。如果股价走低时，成交量同步放大，则可能加快股价下跌的步伐。当然，这要具体问题具体分析，一般股价在下跌初期出现价跌量增的情况是非常危险的，往往意味着下跌将要加速；股价在下跌的末期出现量增情况，则意味着恐慌盘杀出，股价未来有反转向上的可能。

分时线出现价跌量增形态时，操盘要点包括以下两项。

第一，分时线下挫时，成交量同步放大，说明市场对股价下跌存在一定的共识，并且跟风卖出者众多。

第二，分时线下挫，成交量放大后，若股价能够重新恢复上涨，并且向上突破了之前的下跌起始线，则股价存在企稳反弹的可能。

如图 4-11 所示，2021 年 8 月 27 日开盘后，华兰生物的股价出现了横盘振荡走势。在整个上午时段，该股股价的表现波澜不惊。

下午时段，该股分时线在振荡运行过程中突然出现下挫形态，并且分时线下挫时成交量线同步拉长，说明该股存在价跌量增情况，属于较为明显的卖出信号。投资者若持有该股，可考虑尽早出货。

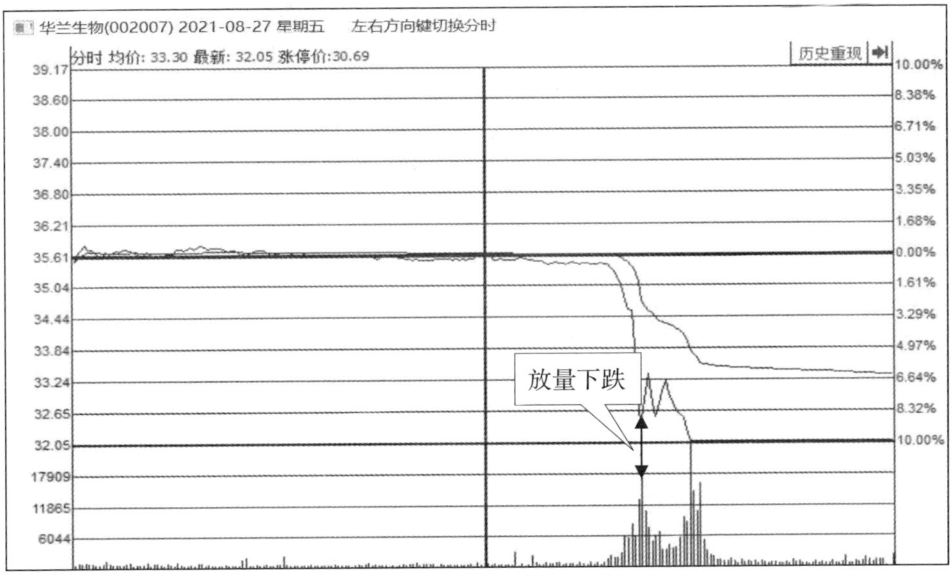

图 4-11 华兰生物（002007）分时走势图（2021.8.27）

四、量价齐跌：分时线、量线同步下降

股价分时线调整或下行时，成交量同步萎缩，属于正常的量价形态。通常情

况下，股价在上升途中出现回调时，经常会出现这类调整走势。

其操盘要点包括以下两项。

第一，股价经过一段时间上升后出现调整，分时线下挫时，成交量线同步萎缩。这说明股价处于良性上攻通道，若股价分时线在某一支撑位获得支撑，则可考虑积极入场做多。

第二，股价处于下跌通道，并且分时线与成交量线同步下挫，则说明股价下行趋势还将延续，投资者不宜入场。

先来看一下华东医药的分时图。

如图 4-12 所示，2021 年 4 月 21 日，华东医药的股价早盘低开后一路振荡走高。分时线向上拉升时，成交量线同步放大；分时线下挫时，成交量线同步走低，这属于典型的量价配合形态，预示着股价将进一步走高。

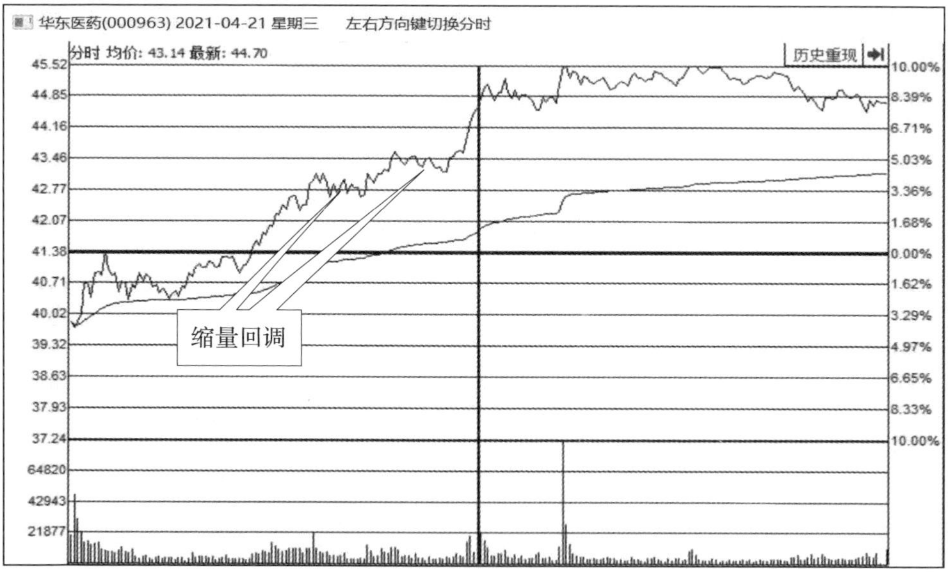

图 4-12 华东医药（000963）分时走势图（2021.4.21）

下面再来看一下沃森生物的案例。

如图 4-13 所示，2021 年 9 月 8 日开盘后，沃森生物的股价先出现了一波快速拉升走势，其后分时线出现回落。伴随着分时线的回落，成交量线同步拉升，属于股价即将下跌的信号。其后，该股股价跌破了均价线。

此后，分时线曾几度拉升。不过，分时线上升至均价线附近时，均因受均价线阻力重新下跌。此时，伴随分时线下行，成交量线出现萎缩，属于正常的量价形态，未来股价有很大可能会延续下跌走势。

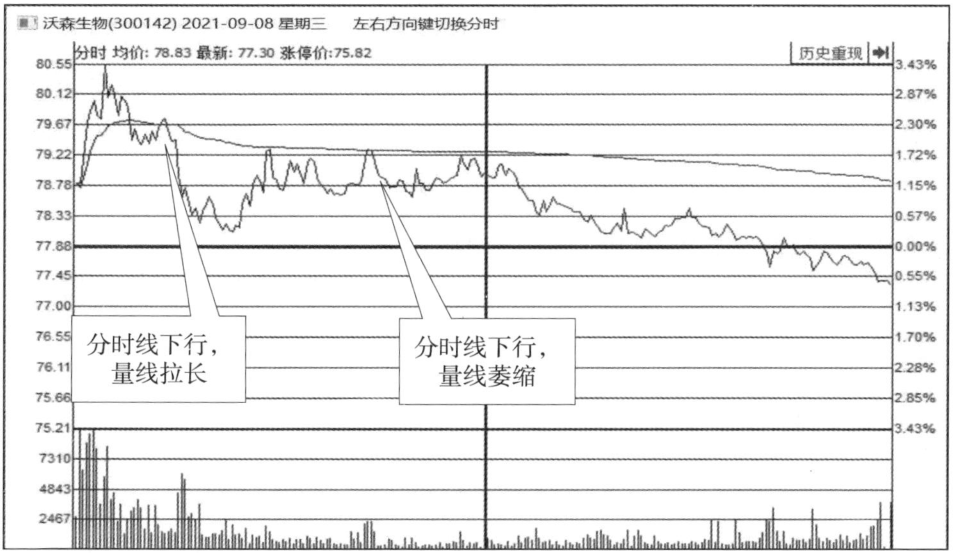

图 4-13 沃森生物（300142）分时走势图（2021.9.8）

第三节 分时线组合研判方法

将分时线与大盘指数线、其他股票分时线或个股多日分时线组合分析，可以提升分时线预测股价走势的准确性。

一、分时线与大盘叠加对比分析

有比较才会有发现。单从个股走势来看，一只股票走势的强弱，可能让人有一种无所适从的感觉。如果能够将个股走势与大盘指数走势进行对比，就不难发现个股走势的强弱了。其实，从长期来看，个股走势都会与大盘走势基本一致。而从短期来看，个股走势与大盘走势会出现一定的分歧。利用分时走势对比看个股走势强弱，就是从短线的角度来分析个股走势强弱。

以同花顺软件为例，使用大盘看盘方法中讲述的上证指数与深证成指叠加的方法，投资者可以完成分时线与大盘走势线的叠加操作。或者，可以点击分时图右上方【叠】，并在下拉菜单中选择【指定品种】，在弹出的对话框中选择【上证指数】或【深证成指】即可，如图 4-14、图 4-15 所示。

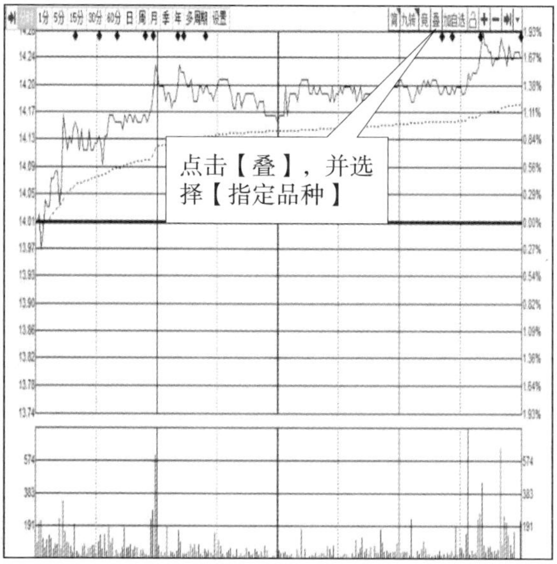

图 4-14　添加叠加品种操作

利用分时走势对比看个股走势强弱时，要注意以下两点。

第一，当一只股票的分时走势强于大盘指数时，说明该股走势强于市场上的大多数股票，这类股票就属于短期的强势股。

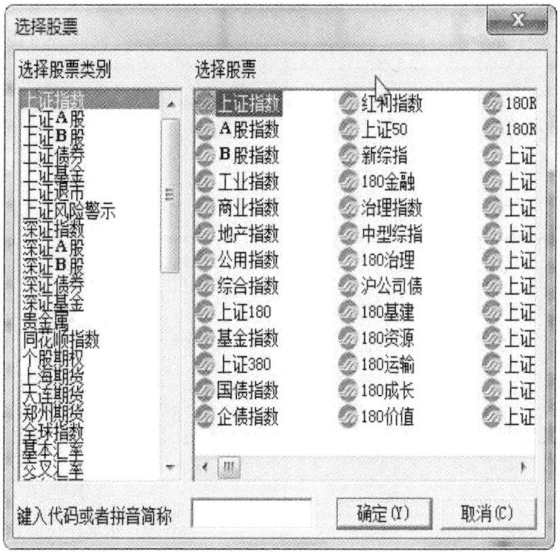

图 4-15 【选择股票】对话框

第二，当一只股票的分时走势弱于大盘指数时，说明该股走势弱于市场上的大多数股票，这类股票就属于短期的弱势股。

对投资者而言，进行走势对比分析的目的就是找到短期强势股，抛弃短期弱势股。

先来看一下格尔软件的走势。

图 4-16 展示的是格尔软件的股价走势与上证指数走势的对比图。从图中可以看出，格尔软件早盘低开之后迅速上冲，并一路振荡上涨，而上证指数的走势尽管保持在高位运行，但格尔软件的走势更强，并且其与上证指数之间的距离越来越大，说明格尔软件的股价走势越来越强于上证指数。也就是说，如果投资者选择短线投资品种，那么格尔软件是一个不错的选择。

二、叠加对比股票走势

通过叠加对比法，最能直接看出两只股票走势的强弱。投资者在看盘过程中，可以多使用一些这类对比手法，来分析哪只股票的走势更强。

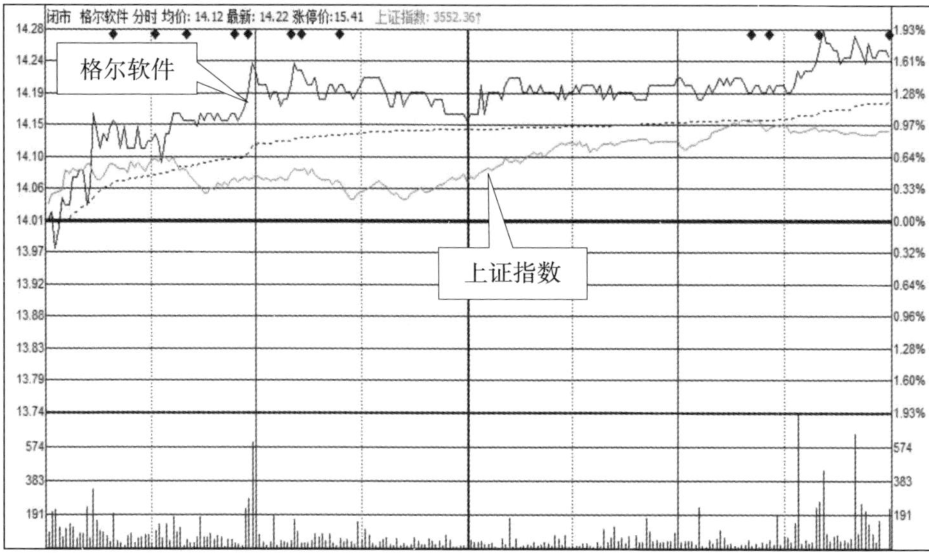

图 4-16 格尔软件（603232）与上证指数（000001）分时走势对比（2021.9.30）

使用叠加对比法前，需要确定主要的目标股票和标杆股票，即在拟交易的目标股票存在强于对比股票的能力时，才能入场买入。

应用该技巧时，投资者需要注意这样两点。

第一，叠加对比股票走势时，若目标股票的分时线一直强于标的股票，则说明该股票可能属于强势股。

第二，两只股票的分时线，开盘后一直处于黏合状态，或并未表现出明显的强弱，不过，在盘中的某一时段，某只个股突然启动，并表现出明显强于其他股票的走势，则说明该股就是投资者要找的强势股。

2021 年 9 月 30 日，早盘开盘后，白酒板块逐渐显露出强势特征。假如投资者想要买入泸州老窖，则可考虑以白酒行业中的领头羊贵州茅台作为参照。

图 4-17 展示的是白酒板块泸州老窖与贵州茅台的分时走势对比图。从图中可以看出，泸州老窖早盘低开之后逐渐企稳，并很快与贵州茅台分时线黏合一处。

10:00 以后，随着大盘的上涨，泸州老窖和贵州茅台的分时线同步上攻，泸州老窖的分时线明显强于贵州茅台。基于对两只股票开盘时段分时线走势的分析可知，泸州老窖跟贵州茅台的开盘情况基本相同，10:00 之后明显强于贵州茅台。由此可见，泸州老窖的股价分时走势大大强于贵州茅台。

投资者若选择短线股票，那么泸州老窖是一个不错的选择。

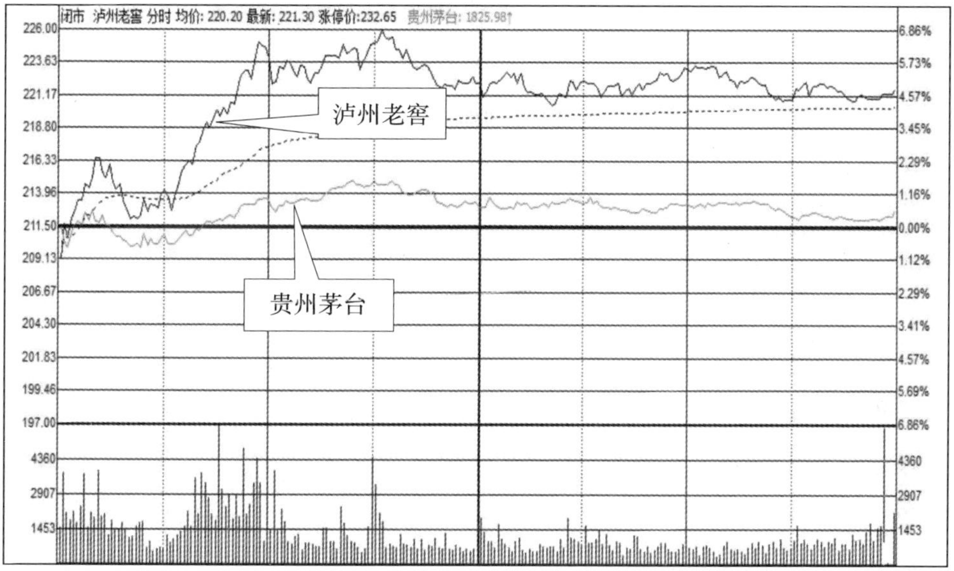

图 4-17　泸州老窖（000568）与贵州茅台（600519）分时走势对比（2021.9.30）

三、多日分时线研判股价走势

按照目前的交易制度，每日的交易时间为 4 个小时，也就是说，系统给出的分时走势只是个股当日 4 个小时的走势情况。对于很多短线投资者来说，4 个小时的分时线并不能清晰地反映出股价运行的趋势与规律，而 K 线图提供的信息量又太少了。

投资者若将多日分时走势图合并至一张图上，股价运行趋势就会更加容易找到。具体操作方法为：每点击一次分时图右上方的【+】，系统就会增加一日的

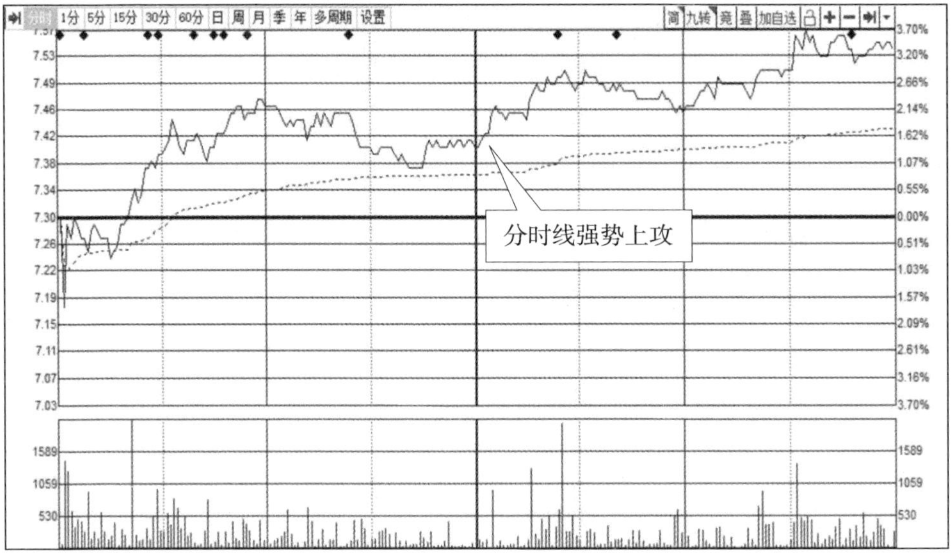

图 4-18　汇源通信（000586）分时走势图（2021.9.30）

分时走势图，如图 4-18、图 4-19 所示。

从图 4-18 中可以看出，2021 年 9 月 30 日，汇源通信的股价出现了强势上升形态，这是典型的看涨形态。出于安全考虑，投资者可以适当扩展研判的周期，将分时图扩展为 5 日分时图，如图 4-19 所示。

通过图 4-19 可以看出如下两点。

第一，多日分时走势图的研判方法与单日分时走势图的研判方法相同，重点观察这样几点：其一，分时线运行趋势；其二，分时线与均价线的关系；其三，成交量与分时线的配合。

第二，通过多日分时走势图，投资者更容易看清今日股价运行的趋势，也会对股价明显的趋势改变有所警觉。如图 4-18 所示，单独观察该日的分时线，可能认为股价波动较大，存在短线上攻的可能。可是，将分时线扩展为 5 日线后（图 4-19）就可以发现，此时该股股价仍处于低位盘整期，未来走势仍具有很大的不确定性。

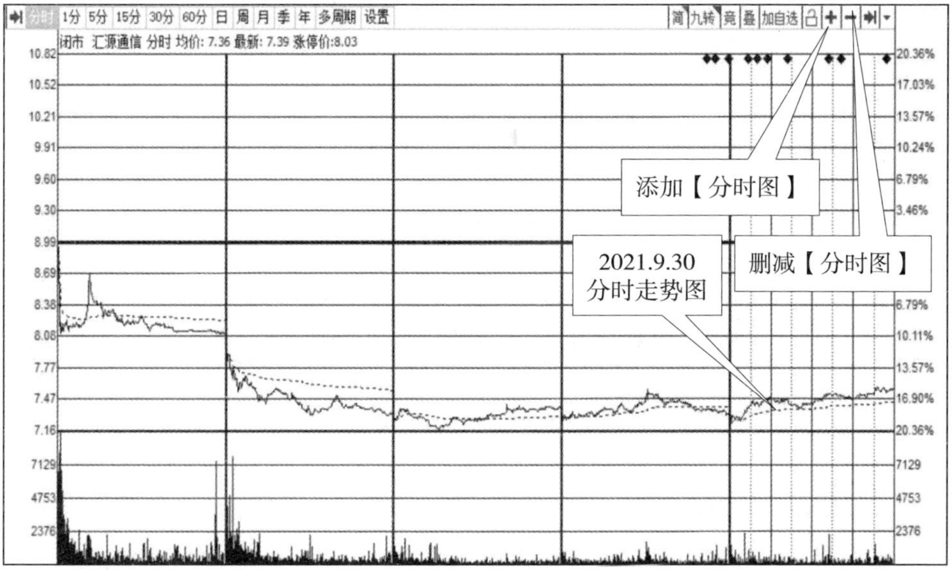

图 4-19 汇源通信（000586）5 日分时图

第五章

K 线与成交量组合看盘技术

K 线图自从被引入股市以来，以其简洁、清晰、实用等特性，为广大投资者所青睐，目前已经成为股市投资最常用的技术分析工具。不过，单纯依靠 K 线发出的信号判断行情走势，总是存在准确性的问题。因此，越来越多的投资者倾向于将 K 线形态与成交量结合分析。相对而言，主力在 K 线形态上造假比较容易，可以通过故意拉升或打压制造出某些经典形态，但成交量难以造假，毕竟成交量是“真金白银”堆积起来的。

正因如此，大家在看盘时，最好能够将 K 线与成交量结合，通过成交量的放大与萎缩来佐证 K 线信号的有效性。

第一节 K 线基本形态

K 线图是看盘的核心项目，是由一根一根的 K 线组合而成的。要想看懂 K 线图，乃至将 K 线与成交量相结合，首先要了解什么是 K 线，以及 K 线的一些经典形态。

K 线由于其图形形状貌似一根一根的蜡烛，所以也被称为蜡烛图。因为这些蜡烛有“黑白”之分，因而也叫阴阳线。关于 K 线的发明者，已经无从考证，目前只知道这是早在德川幕府时期，就在日本米市上使用的一种价格分析工具。

一、K 线的构成及含义

K线是柱状的线条，由影线和实体组成，它能够把某一周期内开盘价、最高价、最低价和收盘价的市场情况直观地表现出来。K 线上影线的顶端代表这一交易周期的最高价，下影线的末端代表这一交易周期的最低价，实体的上下两端分别代表这一交易周期的开盘价和收盘价，如图 5-1 所示。

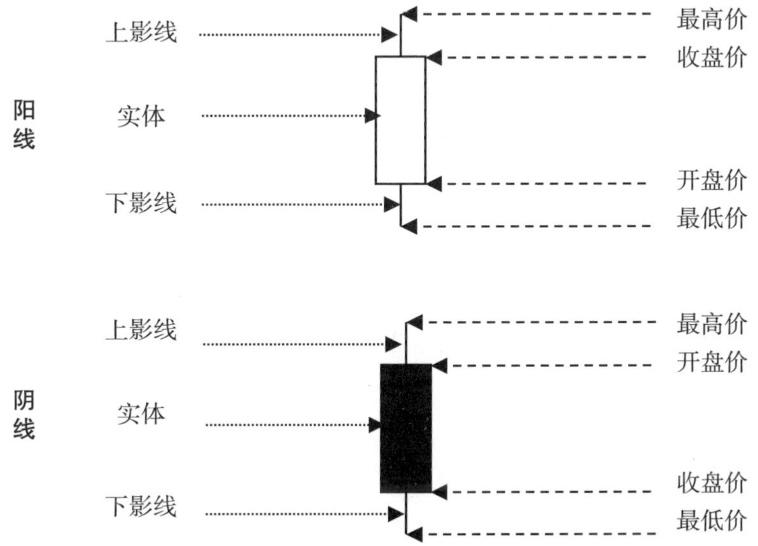

图 5-1　K 线的基本形态

1. 开盘价

开盘价，又称开市价，是指某种股票在证券交易所每个交易周期开盘后第一笔交易的成交价格，是买卖双方相互交战的楚河汉界。目前，国内股票市场采用集合竞价的方式来确定每天的开盘价。

2. 最高价

最高价是指某种股票在每个交易周期从开盘到收盘交易过程中产生的最高价格。

3. 最低价

最低价是指某种股票在每个交易周期从开盘到收盘交易过程中产生的最低价格。

4. 收盘价

收盘价是指某种股票在每个交易周期最后一笔交易的成交价格。收盘价是当前行情的标准，又是下一个交易周期开盘价的依据，代表了买卖双方力量对比结果，可据此预测未来的市场行情。不过，目前 A 股市场的收盘价和开盘价一样，都是通过集合竞价产生的，也就是说，从 14:57 开始集合竞价，至 15:00 产生收盘价。

二、阳线与阴线

根据开盘价与收盘价之间的关系，K 线又分为阴线、阳线两种。

1. 阳线

阳线是某一交易周期内的收盘价高于开盘价的 K 线。阳线实体的上端表示收盘价，下端表示开盘价，实体的长短代表收盘价相对开盘价的涨幅大小，如图 5-2 所示。

阳线的基本描述如下。

第一，通常表示为红色实体柱、白色实体柱或黑框空心，本书采用的是黑框空心形态。

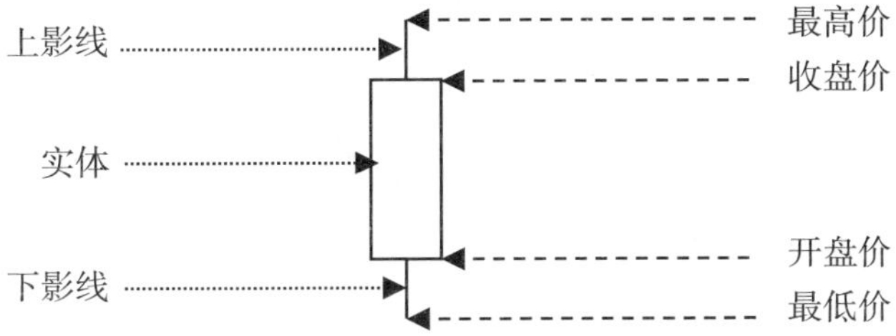

图 5-2　阳线的基本形态

第二，收盘价高于开盘价，股价表现为上涨趋势，实体长度代表收盘价与开盘价之间的价差。

第三，上影线的长度表示最高价和收盘价之间的价差，下影线长度则代表开盘价和最低价之间的价差。

第四，一般而言，阳线表示买盘较强，卖盘较弱。

2. 阴线

阴线是某一交易周期内收盘价低于开盘价的 K 线。阴线实体的上端表示开盘价，下端表示收盘价，实体长短代表收盘价相对开盘价的跌幅大小，如图 5-3 所示。

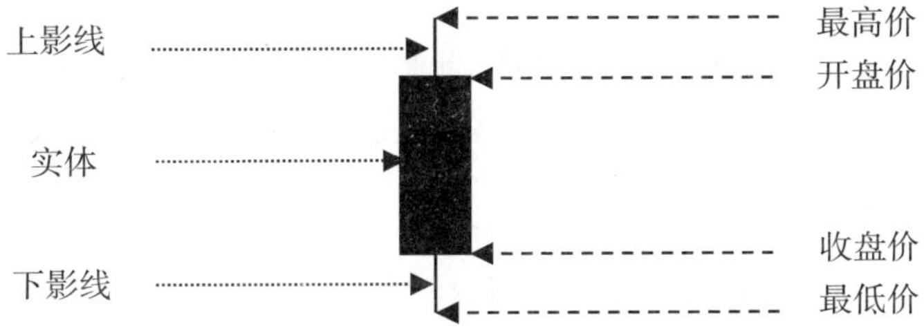

图 5-3　阴线的基本形态

阴线的基本描述如下。

第一，通常表示为绿色实体柱、蓝色实体柱或黑色实体柱，本书采用的是黑色实体柱形态。

第二，收盘价低于开盘价，股价表现为下跌趋势，实体长度代表开盘价与收盘价之间的价差。

第三，上影线的长度表示最高价和开盘价之间的价差，下影线的长度则代表收盘价和最低价之间的价差。

第四，一般而言，阴线表示卖盘较强，买盘较弱。

根据K线的计算周期，可将其分为分时K线、日K线、周K线、月K线、年K线等，本书为了说明方便，大多使用一个交易日为标准的时间框架，相应的K线图为日K线图。日K线能够反映股价或大盘的短期和中期趋势，而周K线、月K线和年K线常被投资者用来分析和判断股市的中长期行情。此外，众多炒股软件提供的分时K线，如5分钟线、15分钟线、30分钟线、60分钟线等，则对股票的短线操作具有非常重要的参考意义。

由于目前我国股市执行"T+1"和涨跌停板交易制度，这就使得分时K线图的作用大打折扣，而日K线图的作用更加凸显。

三、K线的分类及其交易含义

根据收盘价与开盘价之间的波动范围（收盘价与开盘价之差的绝对值跟开盘价的比值），可以将日K线进行分类。一般情况下，阳线分为大阳线、中阳线和小阳线；相应地，阴线分为大阴线、中阴线和小阴线，如表5-1所示。

收盘价与开盘价之间的波动范围公式：

$$\text{波动范围（a）}=\frac{|\text{收盘价}-\text{开盘价}|}{\text{开盘价}}\times 100\%$$

由于大盘和ST股票涨跌幅都较小，而创业板和科创板的涨跌停板幅度都已经变更为20%，所以区分其K线大小时，一般会将波动范围适当地缩小或放大。比如，某ST股票某日的开盘价为2.00元，收盘价为2.08元，其波动幅度为4%，大于3%，则该日形成的K线应该被看作大阳线。同理，创业板和科创板的大阳

表 5-1 实体长度不同的阳线和阴线的分类

波动范围（a）	阳线	阴线
$a > 6\%$	 大阳线	 大阴线
$3\% < a \leqslant 6\%$	 中阳线	 中阴线
$0 < a \leqslant 3\%$	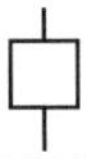 小阳线	 小阴线

线和大阴线的标准也要放大一些，比如 8% 或 9%。实际上，即使创业板和科创板的涨跌幅放大至 20%，也很少有股票的日波动范围超过 10%。因此，阳线和阴线的判断标准也不可能同比例放大。

同时，投资者研判具体股票时，还要考虑这些股票的历史波动情况。有些大盘股历史上日波动幅度都比较小（2% 以内），而某一交易日出现 5% 左右的涨幅或跌幅，这时就可以按照大阳线或大阴线的标准来分析。

总之，本书给出的阳线与阴线的区分标准，只能为投资者分析判断股价波动提供参考，投资者不能过于机械地运用。

1. 大阳线、中阳线与小阳线

大阳线、中阳线与小阳线，三者的差异主要表现在实体长度上，这种差异对投资者有如下启示。

第一，实体越长，看涨信号越强。

阳线的出现，说明市场上多头呈强势，将引导股价向上运行。阳线实体越长，说明股价未来看涨意味越浓。

第二，实体越长，主力吸筹越多。

从低价启动的大阳线，其运行空间较大，主力为抬升股价需要付出的资金也会较多，当然，主力已经充分吸筹的除外。主力吸筹明显，说明其对未来股价走势非常乐观，股价未来上涨的可能性很大。

第三，实体短，说明多空势均力敌或主力比较犹豫。

2. 大阴线、中阴线与小阴线

第一，实体越长，看跌信号越强。

阴线的出现，说明市场上空头呈强势，将引导股价向下运行。阴线实体越长，说明未来看跌的意味越浓。

第二，实体越长，主力出货越明显。

从高价启动的大阴线，其运行空间较大，主力派发筹码的空间也较大。若主力出货，则说明其对未来股价走势非常悲观，股价未来下跌的可能性很大。

第三，实体短，说明多空势均力敌或主力比较犹豫。

K 线实体的长短，还与股票流通股本量的大小、主力控盘程度有关。如果股票的流通股本量较小，那么其波动范围必然较大，留在 K 线图上的 K 线实体也较长。主力控盘程度高的股票，其实体长短完全与主力当日是否参与交易有关：若主力不参与交易，则可能股价波动范围很小，即实体很短；反之，则可能会很长。

第二节
成交量常见形态：缩量与放量

缩量与放量，是最典型、最常见的两种成交量形态，也是大家研判 K 线形态有效性的一个重要辅助指标。

一、缩量与股价的上升、下降

缩量是指成交量逐期缩减的一种组合形态，如图 5-4 所示。

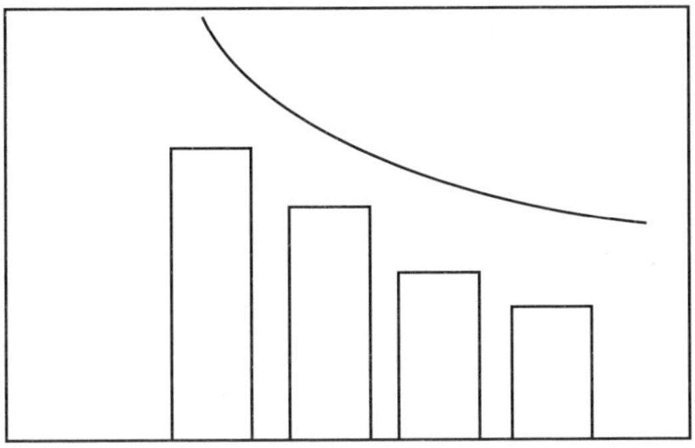

图 5-4 缩量形态

出现缩量，表明大部分人交易意愿不强，持有股票者不愿意卖出，或持币者不愿入场。在上升和下跌趋势中，缩量形态出现的时机不同，意义也有所不同。

1. 上升趋势中缩量

上升趋势中缩量，称为量缩价涨、价升量减或缩量上涨，是指在成交量萎缩的情况下，股价反而大幅上涨的量价背离现象。

通常情况下，股价上涨时，成交量萎缩属于一种非良性量价形态。缩量出现在上升趋势的前期还是后期，其含义有所不同。

（1）上升趋势前期缩量

股价上升启动前期，若成交量出现缩量状态，说明主力控盘较高，散户卖出意愿不强。该时段的缩量上升，很可能是主力锁仓拉升形成的，未来股价继续上攻的概率极高。

如图 5-5 所示，2020 年 11 月底，智飞生物的股价自底部区域启动了上攻走势。在连续多个交易日小幅反弹的基础上，股价拉出了多个中阳线、大阳线。11 月 30 日，该股放量收出中阳线，此后随着股价上涨，成交量逐步萎缩。12 月 3 日，该股再度收出中阳线，此后股价上升，成交量再度萎缩。这说明主力控盘程度较高，未来继续走高的可能较大，投资者可考虑追涨买入。

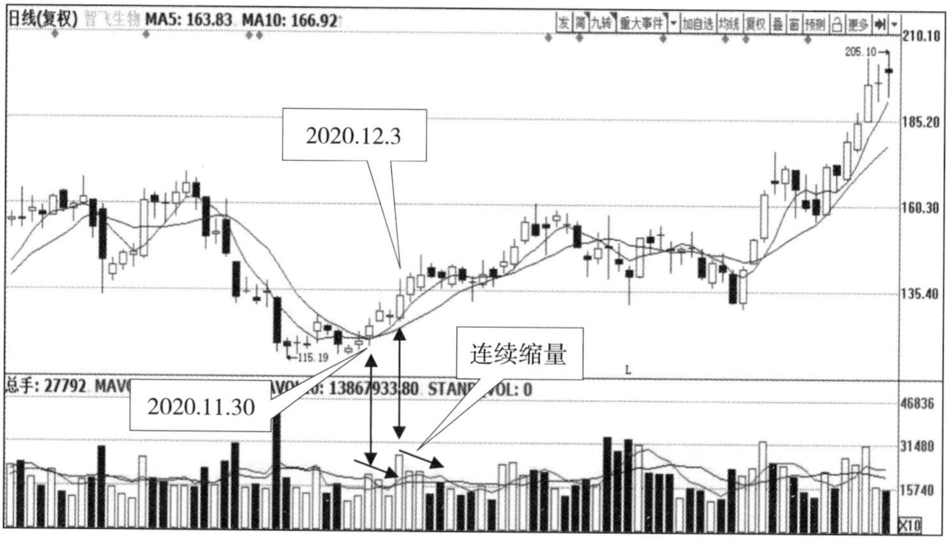

图 5-5　智飞生物（300122）缩量上升走势图

（2）上升趋势末期缩量

经过一段较长时间的上涨之后，股价往往已经处于高价位区间，此时，如果股价不断创出新高，而成交量未能跟上，那么就在技术面上形成了量缩价涨的背离现象。这通常是行情难以持续的反转信号，投资者应保持警觉。投资者最适宜的操作是趁势减仓，如果由于贪心而死捂着股票不放，则很有可能会被套在顶峰上。

如图 5-6 所示，2021 年 5 月 6 日—5 月 17 日，经过一番急速上涨之后，康泰生物的股价出现量缩价涨现象，说明上涨动力正在逐渐耗尽，后市有回落的可能。在此期间，持股者应该主动减仓，将部分获利锁定，而持币者仍应以观望为宜。

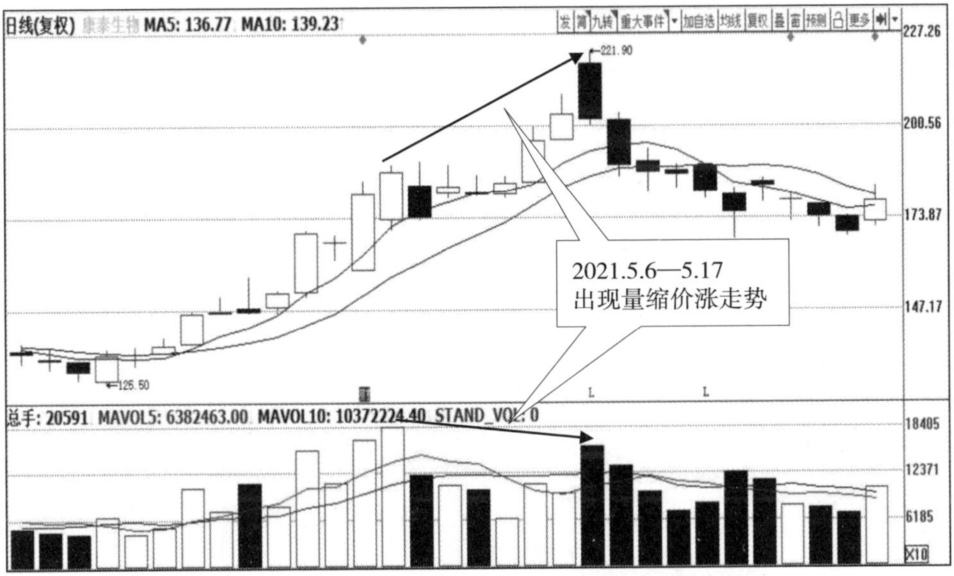

图 5-6　康泰生物（300601）上涨末期缩量走势图

2. 下降趋势中缩量

下降趋势中缩量，称为量缩价跌或量价齐跌，是指在成交量萎缩的同时，股价同步下跌的量价配合现象。量缩价跌多出现在下跌行情中，也可能出现在上涨行情的回调过程中。成交量是股价上涨的原动力，在原动力不足的情况下，股价通常会随之下跌。量缩价跌代表股价与成交量的方向同步，是量价关系的常态，说明多方力量减弱，并且人气涣散，所以做多者不宜马上介入，应保持观望。

（1）下降趋势前期缩量

在下跌初期或途中，如果股价走势因成交量递减而下跌，是十分正常的现象，表示股价将持续下跌。通常在下跌之后，上方卖压减轻，股价会进入短暂的反弹周期，但是整体向下的趋势基本是确定的。所以，看到这种走势后，投资者最好离场观望。

如图 5-7 所示，2021 年 5 月 11 日，国药股份的股价收出放量阴线。其后，该股开启一波下跌行情。下跌初期的 5 月 11 日—6 月 1 日，该股出现量缩价跌走势，说明众多投资者都看淡后市。看到这样的走势后，投资者最好离场观望。

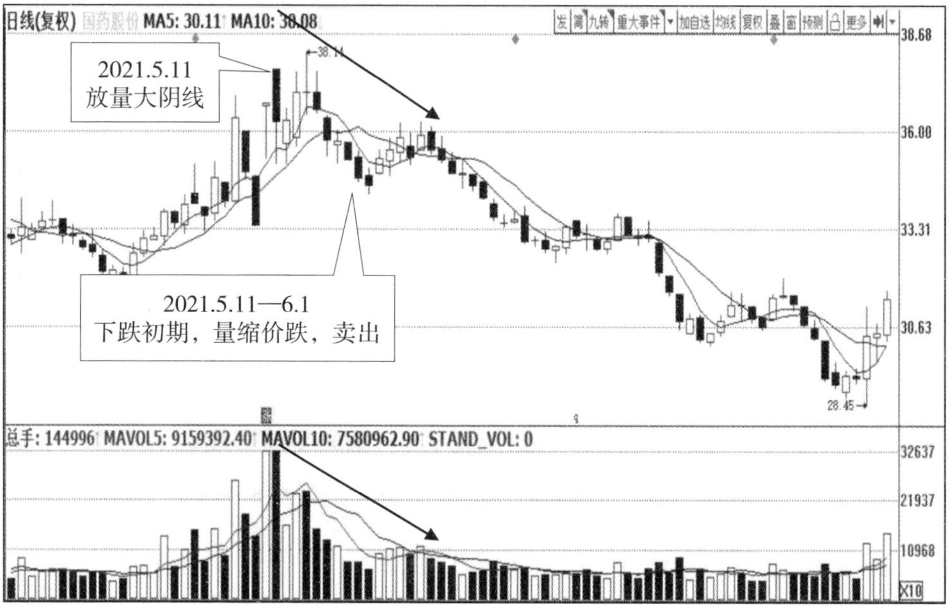

图 5-7　国药股份（600511）缩量下跌走势图

（2）下降趋势末期缩量

在低价位区域或股价经过较长时间下跌之后出现量缩价跌，表明空方力量正在逐渐减弱，是止跌回升的先兆。在深度下跌之后，量价关系有可能演化成“地量见地价”。此时，持币投资者应该加大关注力度，而持股投资者不宜再卖出股票。若未来出现放量上涨行情或其他买入信号，投资者可以适度建仓或补仓。

如图 5-8 所示，2021 年 1 月 27 日—2 月 5 日，经过一段时间的下跌之后，辽宁能源的股价出现了量缩价跌走势。需要注意的是，成交量逐步递减的同时，股价却呈现急速下跌的状态。这种缩量急跌很有可能是止跌反弹的先兆，投资者要密切关注。果然，2021 年 2 月 8 日，该股低开高走，当天投资者可积极买入。

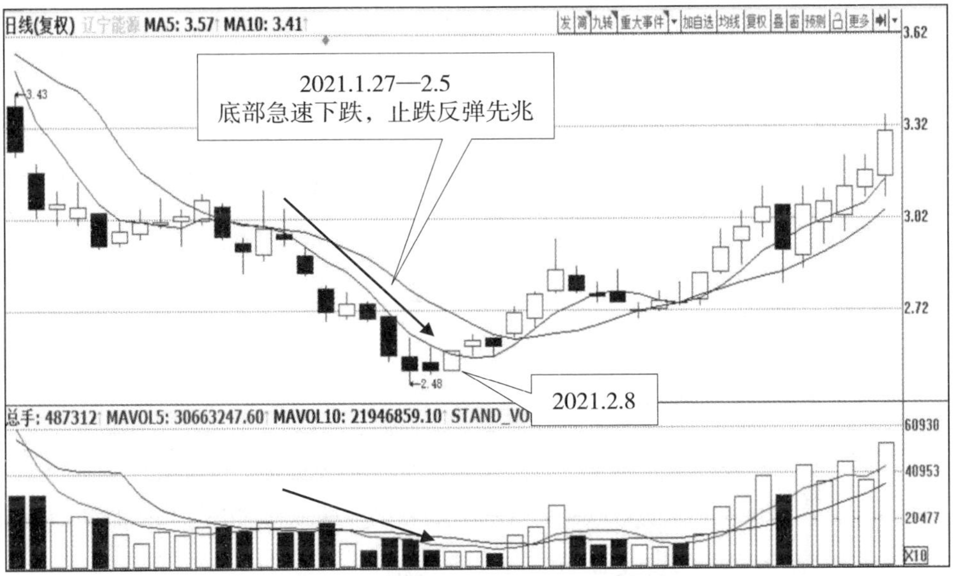

图 5-8　辽宁能源（600758）量缩价跌走势图

二、放量与股价的上升、下降

放量是指成交量逐期放大的一种组合形态，如图 5-9 所示。

出现放量，表明大部分人交易意愿较强，持有股票者愿意卖出，持币者也愿意入场。在上升和下跌趋势中，放量形态出现的时机不同，意义也有所不同。

1. 上升趋势中放量

上升趋势中放量，称为量增价涨、量价齐升或放量上涨，是指在成交量放大

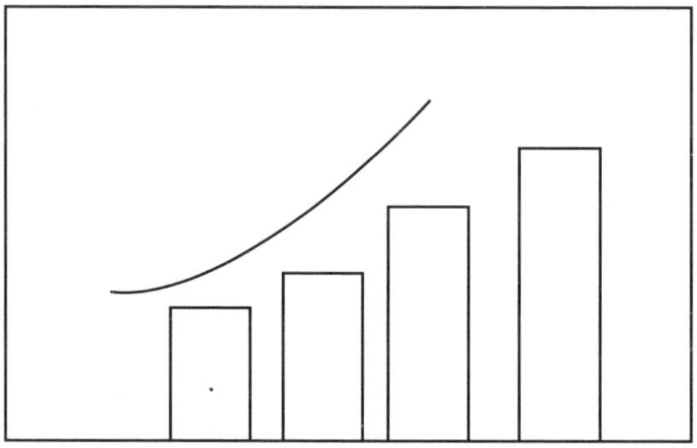

图 5-9　放量形态

的同时股价同步上涨的量价配合现象。量增价涨为市场行情的正常特性，这种量价关系多出现在上涨行情中，并且大部分出现在上涨初期或上涨途中，表示股价将继续上涨。不过，当这种现象出现在高位时，投资者应提高警惕。

通常情况下，股价上涨时，成交量放大属于一种良性量价形态。放量出现在上升趋势的前期还是后期，其含义有所不同。

（1）上升趋势前期的放量

在上涨初期或上涨途中出现量增价涨，说明市场上多方力量强劲，投资者可及时跟进，大胆追涨。一般情况下，短期的量增价涨现象发出的是短期看涨信号，而长期的量增价涨现象发出的则是长期的看涨信号。

如图 5-10 所示，2021 年 7 月中旬，川能动力的股价从底部回升时出现了量增价涨走势，表明多方已经逐渐占据主导地位，投资者可以考虑买入。之后，该股进入了短暂盘整期。盘整结束后，该股重新呈现量增价涨态势。

（2）上涨行情末尾时放量

量增价涨现象出现在高价位区域或是大幅上涨之后，极有可能是庄家在对敲出货。如果市场过于狂热，则有可能演化成“天量见天价”，这时，持币的投资者不宜介入，持股的投资者应该轻仓观望。

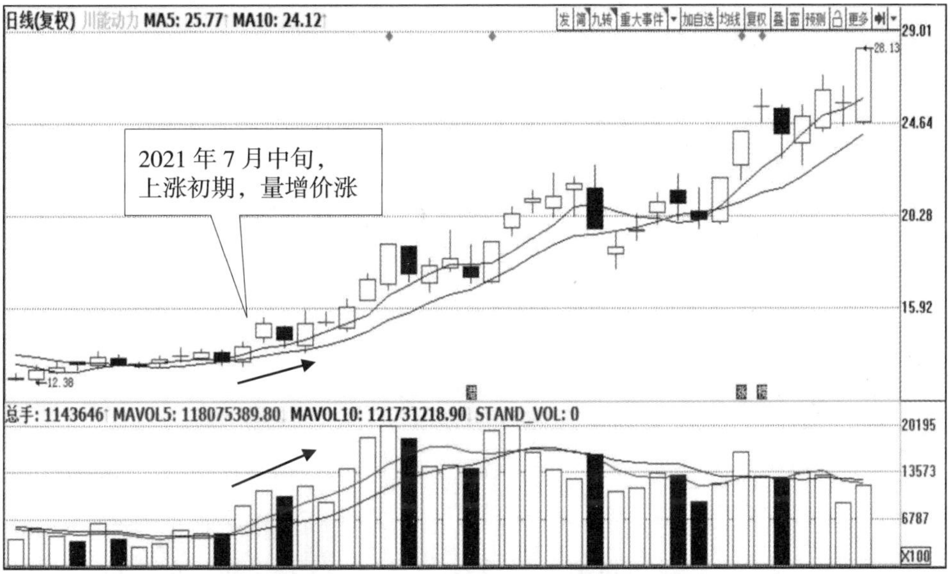

图 5-10　川能动力（000155）上升初期成交量放大走势图

如图 5-11 所示，2021 年 4 月 9 日—4 月 14 日，安阳钢铁连续多个交易日出现上涨，同时成交量放出巨量。但是，这 5 天整体的上涨幅度很大。特别是 4 月 14 日当天，股价一度上攻至一段时间内的最高点，随后反向下跌，并且成交量达到一段时间内的最高值。由于该股之前已经上涨了一段时间，所以这时出现的量增价涨，极有可能是庄家在高位出货。果然，该股之后开启了连续下跌走势。

2. 下降趋势中放量

下降趋势中放量，称为量增价跌或价跌量增，是指在成交量放大的同时，股价反而大幅下跌的量价背离现象。这种走势一般出现在下跌行情中，其中大多出现在下跌行情的早期，有时也会出现在上涨途中。出现量增价跌可能是由多种因素造成的，一般说明空方对后期的悲观预测超过了多方的乐观估计，因而纷纷加入抛售的行列，不过也可能是庄家故意制造陷阱进行吸筹。所以，投资者必须结合该现象的走势形态和所处位置对后市进行判断。

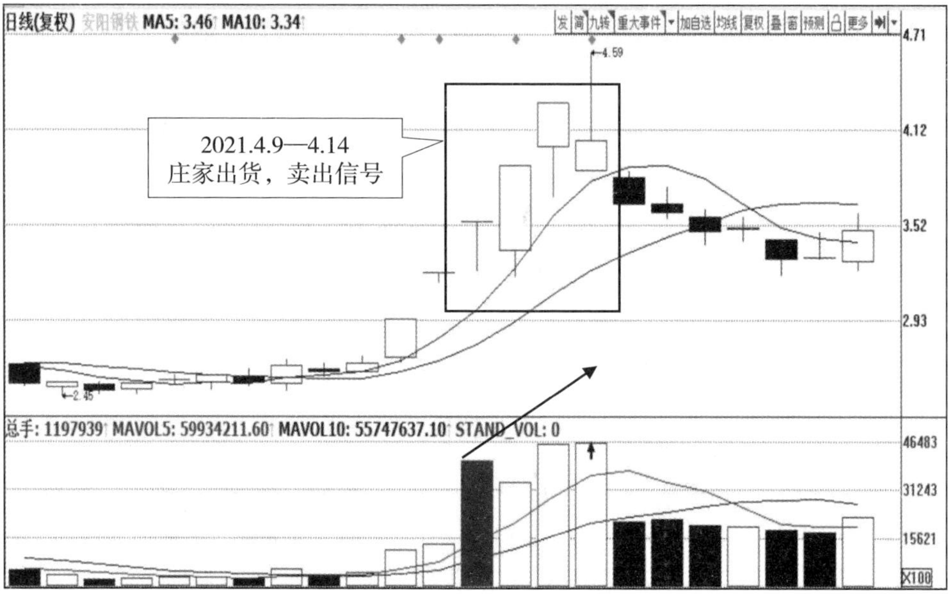

图 5-11　安阳钢铁（600569）上升末期成交量放大走势图

（1）下降趋势前期放量

在下跌行情初期出现量增价跌，表示股价经过一段较大幅度的上涨之后，股价已经处于高价位区域，市场上的获利筹码越来越多，于是投资者纷纷抛出股票，将获利锁定，股价开始下跌。这是强烈的卖出信号，投资者最好及时清空仓位。

如图 5-12 所示，从 2020 年 4 月下旬开始，新澳股份启动了一轮上涨行情，2020 年 7 月 21 日，该股股价曾一度达到 6.23 元的阶段最高价。2020 年 7 月 22 日—7 月 30 日，该股出现了顶部量增价跌现象，这是非常强烈的反转信号，此时空仓观望是最稳妥的选择。

（2）下降趋势末期放量

股价深度下跌之后，正处于低价位区域，这时出现量增价跌，表明股价离真正的底部已经不远了，是一种潜在的反转信号。投资者可以配合其他技术指标进行综合研判，适时建仓。

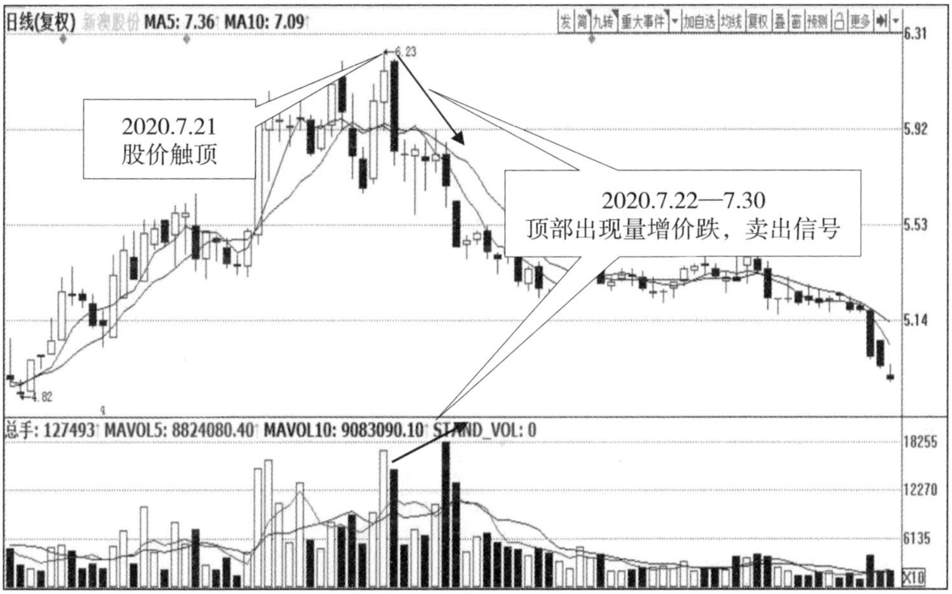

图 5-12　新澳股份（603889）下降趋势放量走势图

如图 5-13 所示，经过一波较大幅度的跌势之后，2021 年 1 月 5 日—1 月 7

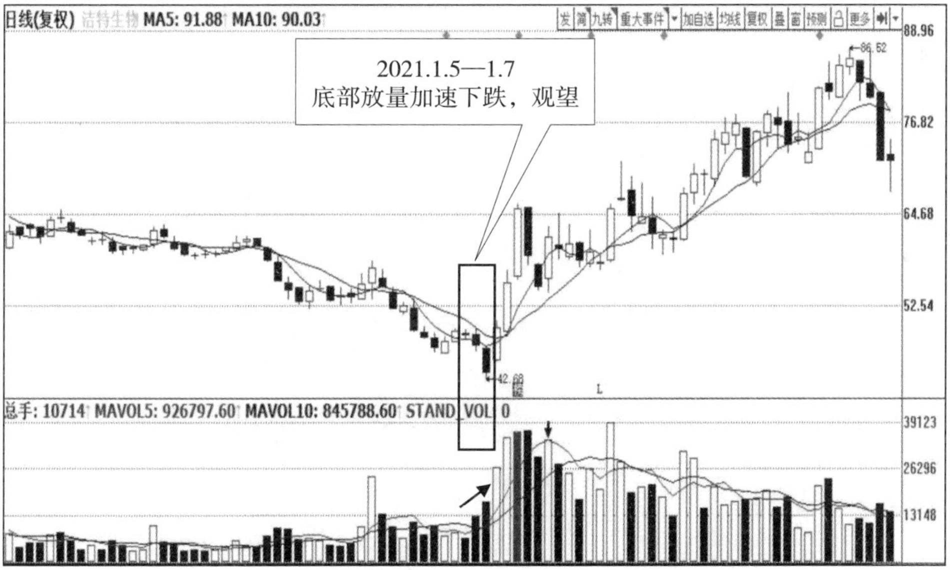

图 5-13　洁特生物（688026）下跌趋势末端放量下跌走势图

日，洁特生物的日K线图上出现了量增价跌走势。在这三个连续的交易日中，下跌速度越来越快，成交量却温和放大，这有可能是庄家在底部吸筹，行情即将抵达阶段性底部。此时，投资者无论是持币还是持股，都应该以观望为主。不久之后，该股开始止跌回升，投资者可在涨势基本确立后进行建仓或补仓。

第三节 K线形态与成交量组合看盘技术

根据量价关系原理，股价启动上升走势，需要成交量放大相配合；反之，股价下跌则不需要成交量放大。在K线分析系统中，一些典型形态的出现，意味着股价存在上升或下跌的可能，这种可能性的提升则需要结合成交量来分析。毕竟K线形态反映的本质，就是股票价格的运动。

一、K线起涨信号与量价关系：红三兵

K线由横向盘整或下跌行情逐渐过渡至上升行情，一般在K线形态和成交量方面都会出现一个明显的变化。从K线形态来看，红三兵、三个白武士、多方炮等形态都有出现的可能，成交量若能同步温和放大，则可增强起涨信号的有效性。当然，由于此时属于上升的启动阶段，成交量以温和放大为宜，若成交量放大过高，可能导致后期无法维持，致使反弹或上升行情夭折。

K线起涨信号较多，这里仅以红三兵形态为例进行介绍。

红三兵，又称前进三兵，既可出现在下跌行情中，也可出现在上涨行情中。红三兵由三根股价连续创新高的小阳线组成，这三根小阳线有无上下影线均可，

如图 5-14 所示。在红三兵形态中，后一根 K 线的收盘价均高于前一根 K 线的收盘价，形成稳步上升态势。

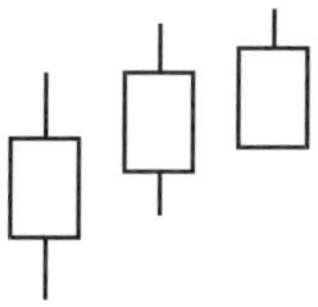

图 5-14 红三兵

红三兵形态表现的是一种上涨态势，说明市场上做多力量在不断增强，形成了市场共识，并一起努力推动股价不断上升。

第一，若红三兵出现在低价位区域或深度下跌之后，表明主力或多数投资者认为股价已经到了自己能够接受的价位，于是开始积极买入。这时，红三兵具有强烈的反转含义，持币的投资者应该选择买入，持股待涨。

第二，若红三兵出现在上涨途中，并且伴随成交量放大，则说明众多投资者在积极跟进，后市将继续上涨。看到这种形态后，投资者仍应看多，并积极追涨。成交量的放大，是提升红三兵信号成色的关键，也是一种量价齐升的典型表现。

第三，投资者的买入时机，应该选在股价突破红三兵形态的最高点时。投资者买入股票的同时，还应把红三兵形态的最低点设为止损位。

下面来看一下合肥百货的案例。

如图 5-15 所示，合肥百货的股价深度下跌之后，在 2021 年 7 月 29 日、30 日和 8 月 2 日（7 月 31 日、8 月 1 日周末休市）这三个连续的交易日里形成了红三兵形态。

2021 年 7 月 29 日，合肥百货的股价收出一根小阳线。

7 月 30 日，该股股价高开高走，又形成一根小阳线。

8 月 2 日，该股股价高开高走，再次收出一根小阳线。成交量同步出现放大态势，这是股价未来上升的基础和保障。

这三根K线共同组成了红三兵形态，由于该形态出现在低价位区域，并且是在股价深度下跌之后，所以可以看作转势信号。股价回调至红三兵最高价，并且不跌破该价位时，投资者可以买入该股。

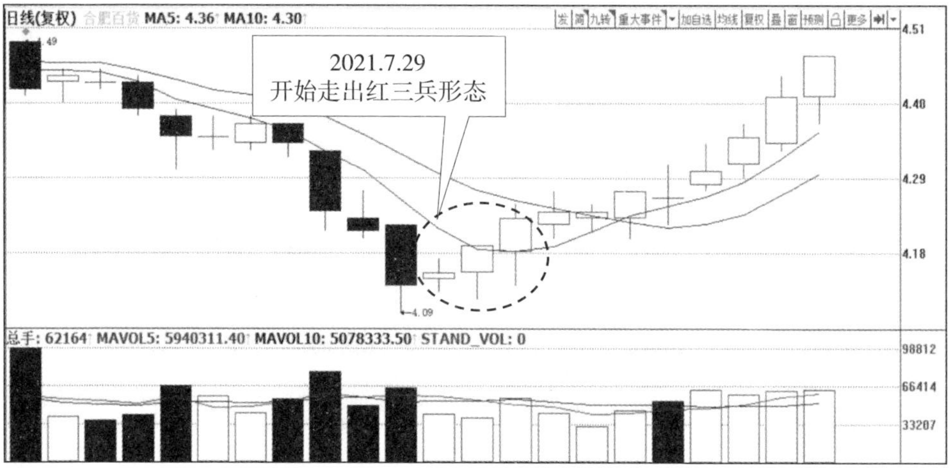

图 5-15　合肥百货（000417）日 K 线走势图

二、K 线下跌信号与量价关系：三只乌鸦

K线由横向盘整或上升行情逐渐过渡至下跌行情，一般在K线形态和成交量方面都会出现一个明显的变化。从K线形态来看，黑三卒、双飞乌鸦、空方炮等形态都有出现的可能。当然，一般股价K线出现下跌时，不需要成交量放大相配合即可确认，若成交量出现了放大，则可增强卖出信号的有效性。

K线下跌信号较多，这里仅以三只乌鸦形态为例进行介绍。

三只乌鸦又称暴跌三杰，一般出现在盘整行情或上涨末期，其特征是连续出现三根大阴线或中阴线，其中第二、第三根阴线的收盘价要低于前一根阴线的收盘价。如图 5-16 所示。

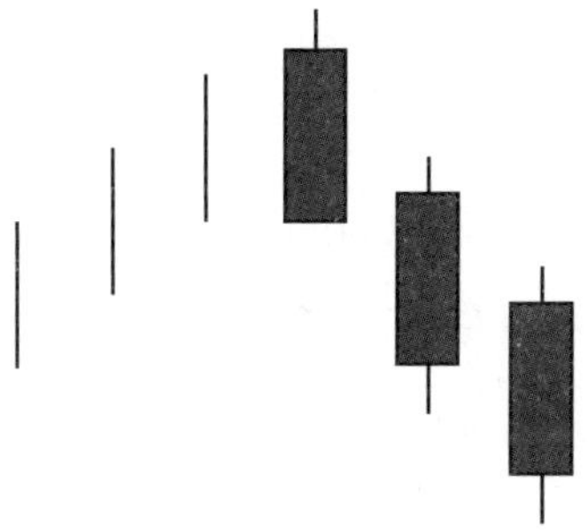

图 5-16　三只乌鸦

三只乌鸦是黑三兵的一种特殊形态，表明多方每次跳空开盘，均被空方打压了下来，最终以下跌收盘，而且三根阴线的实体较长。它的信号意义要强于普通的黑三卒。

三只乌鸦表示一种稳健下跌的态势，预示着一轮上涨或盘整行情结束，或下跌行情继续。

三只乌鸦的操作要点如下。

第一，若三只乌鸦出现在上涨行情末期，可以把前面上涨趋势中的一系列 K 线组合看作枝头，把它称为“三只乌鸦站枝头”，该形态说明上档抛盘严重，是暴跌的前兆。此时，投资者应该果断卖出。

第二，若三只乌鸦出现在下跌途中的盘整期，则表示空方已经重新聚集力量，是看跌信号，持股的投资者应该杀跌止损。

第三，若三根阴线的实体依次变大，并且成交量逐渐放大，则表示空方力量逐渐加强，后市加速下跌的可能性变大。

第四，三只乌鸦形态中，三根阴线的下影线越短，即收盘价越接近最低价，则看跌意味越明显，后市下跌的力度将越大。

下面来看一下普利特的案例。

如图 5-17 所示，从 2021 年 4 月初开始，普利特的股价一直处于振荡整理行情中。

2021年5月14日—5月18日，普利特的K线图上出现三个实体较大的阴线，这三根阴线组成了三只乌鸦形态。

2021年5月14日，该股股价高开低走，收出一根中阴线。

5月17日，该股股价高开低走，最后收出一根光头大阴线。

5月18日，该股又以高于昨日收盘价的价格开盘，并一路走低，最后收出一根大阴线。

从三根阴线的形态可以看出，阴线的实体越来越长，说明空方逐渐增加了打压的力度，至此三只乌鸦形态正式形成。看到这种情形后，投资者应该在5月18日阴线还未形成之前逢高卖出。若当日没有卖出，则应该在下一交易日果断杀跌。

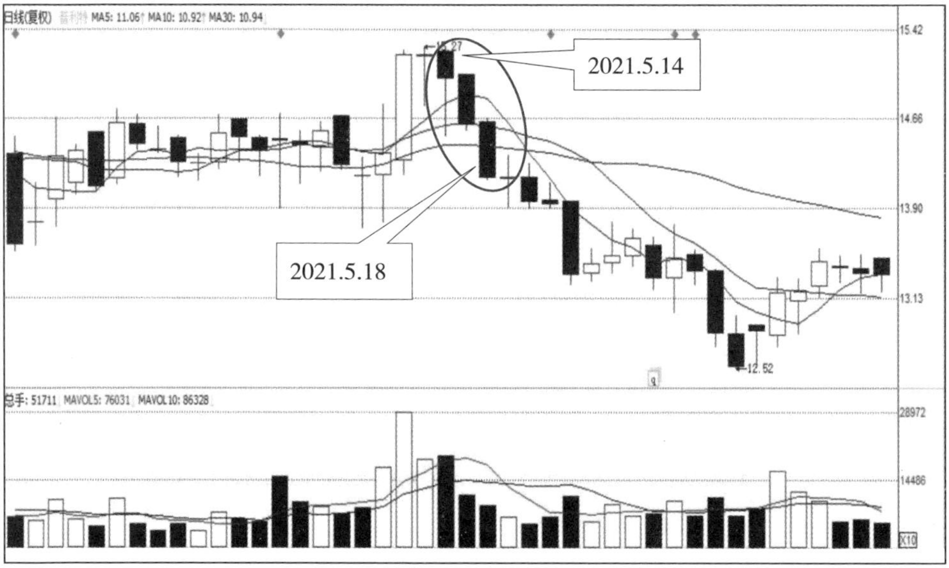

图5-17　普利特（002324）日K线走势图

三、K线看涨反转信号与量价关系：早晨之星

出现K线看涨反转信号，说明股价运行态势已经由下跌趋势转为上升趋势。在此过程中，成交量的变化应该会更为明显。看涨反转信号一般由两根或三根甚

至多根 K 线组成。在两根 K 线组合的反转信号中，成交量的对比会更明显，表现为由缩量到放量或由放量到缩量的过程。由三根或以上 K 线组成的看涨反转形态中，一般成交量会经历由放量到缩量，再到放量的过程。

总之，股价反转之后势必会上升，成交量将会温和放大。在 K 线形态中，反映看涨反转的形态较多，如旭日东升、早晨之星、曙光初现、阴孕阳、阳包阴、好友反攻等。这里以早晨之星为例进行介绍。

早晨之星又称晨星、启明星、希望之星，一般出现在下跌行情结束时，它由三根 K 线组成，第一根为大阴线或中阴线，第二根为跳空低开的小阳线或小阴线，第三根为大阳线或中阳线，并且其收盘价必须位于第一根阴线的中部以上位置。如图 5-18 所示。

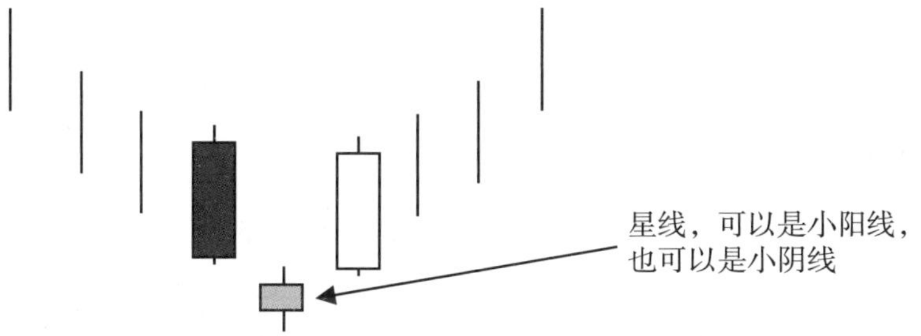

图 5-18　早晨之星

早晨之星也就是启明星，通常出现在黎明之前最黑暗的时候，可以视为黑夜与白昼的分界点。因此，它在不确定的状态下却有着确定的含义，即说明股价已经到达谷底，行情将摆脱下跌的阴影，重现光明。

早晨之星可以根据中间星线的变化衍生出不同的形态，如中间的星线可以是锤头线、倒锤头、螺旋桨、十字线、T 字线、倒 T 字线等。当星线是十字线时，称为早晨十字星，其见底回升的信号意义更为明显。如果该十字线与前后两根 K 线之间均出现缺口（十字线的最高价低于前一根阴线和后一根阳线的最低价），就构成了弃婴（舍字线）状态，反转信号更强烈。如图 5-19 所示。

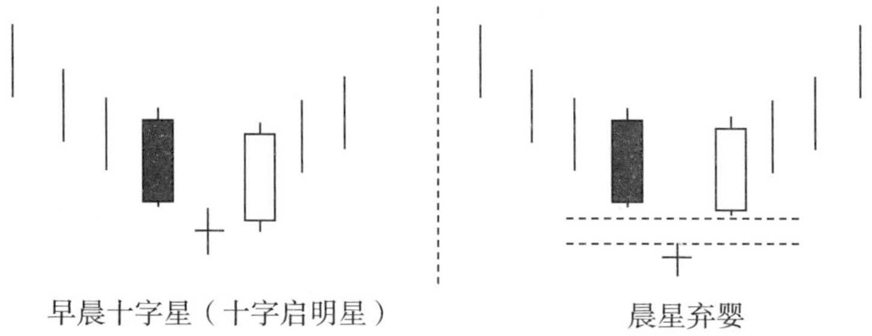

图 5-19　早晨十字星和晨星弃婴形态

出现早晨之星，表示多空双方的力量对比发生了转换，行情由空方主导转变成多方主导，后市看涨。

早晨之星的操作要点如下。

第一，早晨之星是常见的见底回升信号，其信号意义较为明显，因此投资者一看到这种形态，就应该考虑买入。

第二，投资者买入的时机，可以选在早晨之星第三根阳线形成的当日。如果当日没有买入，则可以次日建仓。

第三，中间的星线实体越小，其与第一根阴线之间跳空的幅度越大，则反转的可能性就越大。第三根阳线的收盘价越高，则买入信号越强烈。

第四，从量价关系上来看，第一根阴线出现时，若成交量放大，则很可能意味着这是主力最后一攻。第二根十字线的成交量非常关键，一般来说，当日以缩量为宜，并且成交量越小越好。第三根阳线出现时，成交量放大最佳。这种放大与十字线当日的成交量相比，应该放大一倍以上，但与其他交易日相比只是温和放量为宜。也就是说，一方面要求这根阳线对应的成交量要比前一交易日放大一倍以上，另一方面又不能放出巨量甚至天量，否则股价上涨的后劲会不足。

第五，以早晨之星为标准买入股票的投资者，应该将止损位设置在中间星线的最低价上。

下面来看一下泛海控股的案例。

如图 5-20 所示，2020 年 5 月 22 日、25 日和 26 日，在下跌行情末期的这三个连续的交易日里，泛海控股的股价形成了早晨之星形态。

2020 年 5 月 22 日，该股股价收出一根带上影线的大阴线，表明上档存在较大的抛压。

5 月 25 日，股价跳空低开，并收出一根十字线，表明多空双方处于胶着状态，后市情况不明。

5 月 26 日，股价以昨日开盘价高开，收出一根大阳线，说明市场已经进入多头状态。

这三根 K 线共同组成了早晨之星形态，这是后市看涨的征兆。因此，5 月 27 日这一天，投资者可以买入股票，持股待涨。

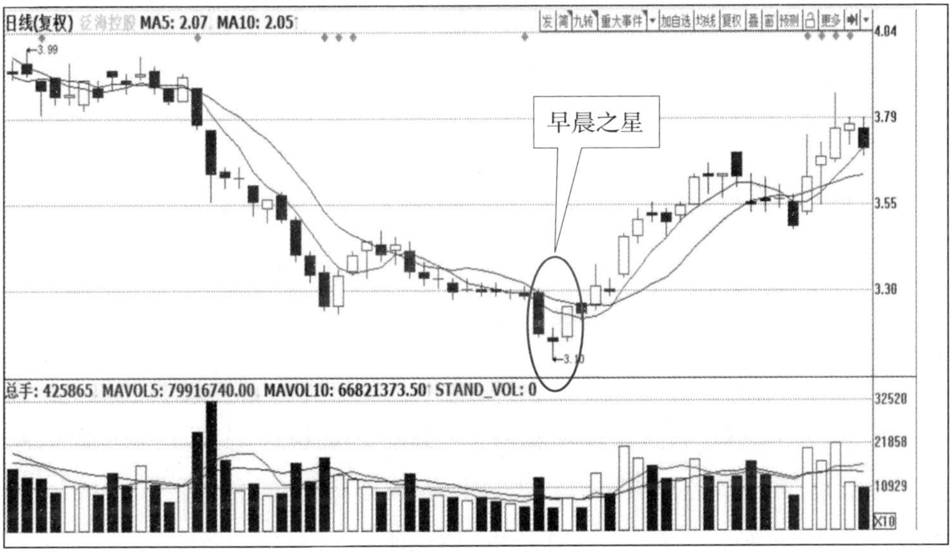

图 5-20　泛海控股（000046）日 K 线走势图

四、K 线看跌反转信号与量价关系：乌云盖顶

K 线看跌反转信号的出现，说明股价运行态势已经由上涨趋势转为下跌趋势。

看跌反转信号一般由两根或三根甚至多根 K 线组成。在两根 K 线组合的反转信号中，成交量的变化可能没有看涨信号那么明显，一般会缩量。若出现放量，则意味着有加速下跌的可能。

总之，股价反转之后，势必会下跌，成交量将会转为缩量态势。在 K 线形态中，反映看跌反转的形态较多，如黄昏之星、乌云盖顶、倾盆大雨、阳孕阴、阴包阳、淡友反攻等。这里以乌云盖顶为例进行介绍。

乌云盖顶一般出现在上涨行情中，由一阳一阴两根 K 线组成，先收出一根大阳线或中阳线，接着又收出一根跳空高开的大阴线或中阴线，并且这根阴线收盘价所处的位置在前一日阳线实体的中部以下。如图 5-21 所示。

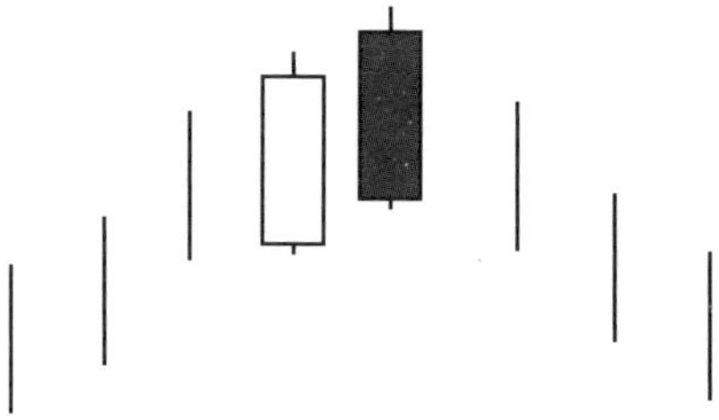

图 5-21 乌云盖顶

乌云盖顶的第一根阳线属于原来上涨趋势的延续。第二根阴线表示，开盘初始时多方仍占据优势，因而开盘价与前一根阳线的收盘价之间有一定的跳空。但之后空方开始发力，不仅填补了这一跳空缺口，还在收盘时将股价拉至前一日阳线实体 1/2 以下位置，好像要将前一日阳线覆盖，因而乌云盖顶又被称为覆盖线。

乌云盖顶的基本原理与曙光初现相同，但以相反方向分析和操作。乌云盖顶预示着股价已经触到天花板，行情大概率将见顶回落。

乌云盖顶的操作要点如下。

第一，乌云盖顶比喻晴朗的天空突然乌云密布，是看跌信号，表明股价至少是阶段性的筑顶成功。遇到这种形态，投资者次日应该择高卖出，以规避风险。

第二，出现乌云盖顶形态后，若股价马上进入下降通道，往往相应的下跌力度并不大。相反，若有一个短暂的调整期，则在蓄势之后会爆发出强劲的下跌力量。

第三，乌云盖顶形态中第二根阴线的实体越长，收盘价越低，则后市下跌的力度就越大。若收出阴线这一天，伴随着成交量放大，则进一步证明后市将下跌。

第四，需要注意的是，第二根阴线的实体应扎入前一日阳线实体部分一半以上，这样乌云盖顶形态才有意义。

第五，无论乌云盖顶出现在高位还是低位，都是非常危险的信号，投资者都应保持警觉，以抛售出局为宜。不过，若低位出现乌云盖顶，则极有可能是庄家设的局，所以卖出股票后，投资者应及时跟踪该股走势。若发现股价下跌停滞，有反弹迹象，则可以补回。

下面来看一下易尚展示的案例。

如图 5-22 所示，2021 年 9 月 8 日、9 日，易尚展示的日 K 线图上出现了乌云盖顶形态。

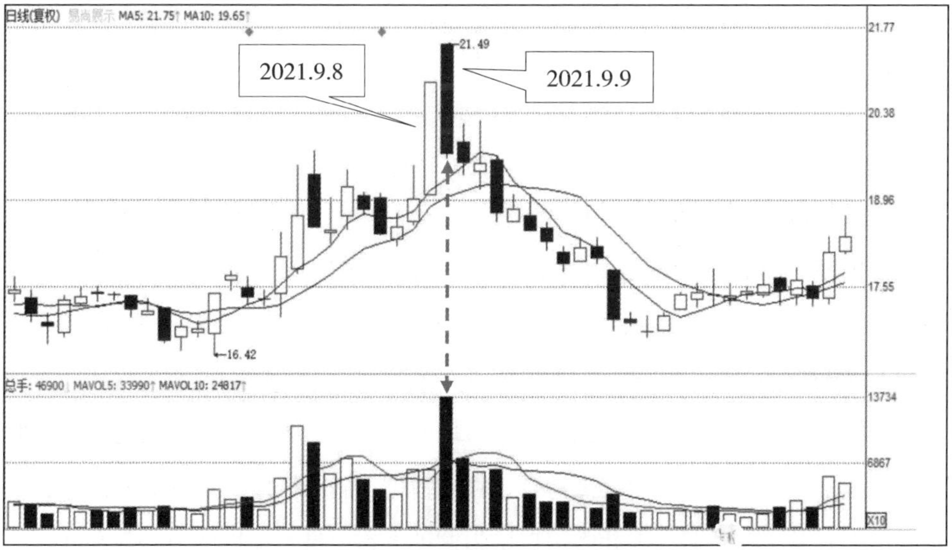

图 5-22　易尚展示（002751）日 K 线走势图

2021 年 9 月 8 日，经过一段时间的大幅上升后，易尚展示的股价收出一根光头大阳线。9 月 9 日，该股股价跳空高开，但在上方遇到空方强有力的抛盘，股价开始回落，收出的大阴线不仅成功弥补了开始的跳空缺口，还深入到前一根阳线实体的中部以下位置，两根 K 线共同组成了乌云盖顶形态。出现这种形态，预示着股价已经到达阶段性顶部，投资者看到后应该保持警觉。

观察 9 月 9 日的成交量可知，当日该股的成交量已经达到了阶段新高，这更可增强股价运行趋势反转的可能性。

此后，该股股价跳空低开，空方优势更加明显，投资者应该择高卖出所有股票，出局观望。

五、K 线整理形态与量价关系：下降楔形

出现 K 线整理形态，是多空双方力量暂时均衡的一个产物。通常情况下，K 线处于整理区域内，波动幅度十分有限，甚至会出现波动区域逐渐收窄的情况。K 线整理走势持续一段时间后，成交量就会逐渐出现萎缩的形态。未来股价一旦形成新的突破，特别是向上突破，成交量往往又会呈现明显的放大态势。

经典的 K 线整理形态包括上升三角形、收敛三角形、下降楔形、矩形等。这里以下降楔形为例进行介绍。

下降楔形又称下倾楔形，通常出现在上涨行情中。该形态表现为：股价上升过程中出现了一小段向下的振荡整理行情，将反弹的高点和回落的低点分别用直线相连，两条直线方向相同，并且呈收敛状，从而形成一个向下倾斜的楔子形态。如图 5-23 所示。

下降楔形是向下倾斜的，似乎表明市场的承接力不强，但新的回落较前面的回落波幅呈缩小态势，说明卖盘力量正在被消化。同时，成交量逐渐萎缩也有效证明了上方抛压在减弱。因此，可以认为这种形态只是上涨行情中的获利回吐，并没有强力的空头想要打压股价。

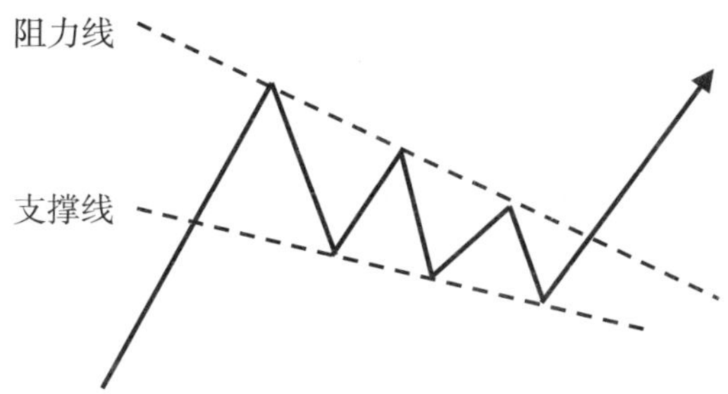

图 5-23 下降楔形

有时，下降楔形会成为庄家制造诱空陷阱的一种手段。庄家会利用这一形态清洗掉市场中的浮筹，将大部分股票集中在自己手中，以达到为股价的大幅上扬夯实基础的目的。

在上涨行情中出现下降楔形，只是前期获利投资者的卖出行为所致，一般不会影响上升趋势的发展。因此，该形态通常表现为上涨中继信号。

下降楔形的操作要点如下。

第一，在下降楔形形成的前半段，投资者可以按照楔形的上下边线进行高抛低吸操作，即在股价涨到上边线时卖出，跌到下边线时再买入。但是到了后半段，由于股价波动幅度已经很小，投资者必须捂牢股票。

第二，在下降楔形的后半段，也就是形态快要完成之前，投资者无论是持股还是持币，都应该保持观望，最好不要轻举妄动。日后，一旦发现股价突破下降楔形的上边线，投资者便可以积极买入。

第三，下降楔形完成向上突破后，可能会出现一次向下回抽（如图 5-24 所示）。如果股价在楔形的上边线获得支撑，则证明突破有效，投资者可再度买入股票。如果股价跌破这一位置，投资者则要考虑斩仓止损。

第四，参照下降楔形买入股票的投资者，应该将止损位设置在楔形的上边线上。

第五，下降楔形形成过程中，成交量一般会呈持续萎缩状态，但在突破上涨

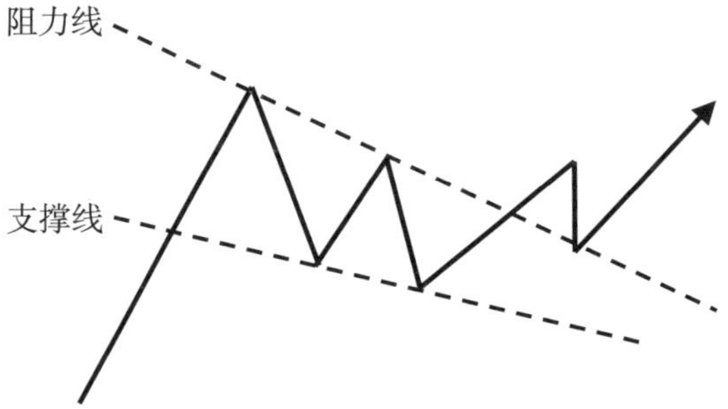

图 5-24　下降楔形的扩展形态

时，应该有成交量放量相配合，否则会影响到看涨信号的可靠性。

第六，下降楔形的形成时间较上升楔形稍短一些，但是至少需要两周（10个交易日）时间。

下面来看一下 *ST 东海 A 的案例。

如图 5-25 所示，2021 年 3 月—4 月，*ST 东海 A 的日 K 线图上出现了下降楔形形态。

2021 年 3 月 18 日，处于上涨行情中的 *ST 东海 A，在前一交易日涨停的前提下高开高走，但盘中遭到空头打压，在 K 线图上留下了一根带长上影线的小阴线，说明多方力量有所不足。

此后，该股股价进入了整理走势。在波动中，该股反弹的高点和回落的低点都有逐渐下降的趋势，并且高点的连线和低点的连线呈收敛状，从而形成了一个下降楔形形态。

下降楔形的下边线比上边线更趋于水平，并且在形态形成的过程中成交量逐渐萎缩，因而可以认为下方存在较强的支撑力，股价很可能在调整结束后重回上升轨道。这时，持股的投资者不宜卖出股票，持币的投资者则应该保持关注。

2021 年 4 月 2 日，股价放量突破下降楔形的上边线，出现买点。投资者应该把握机会，积极买入。之后，该股出现了短期的横向移动，没有出现回抽现象。经过短暂调整后，该股重新进入了上升通道。

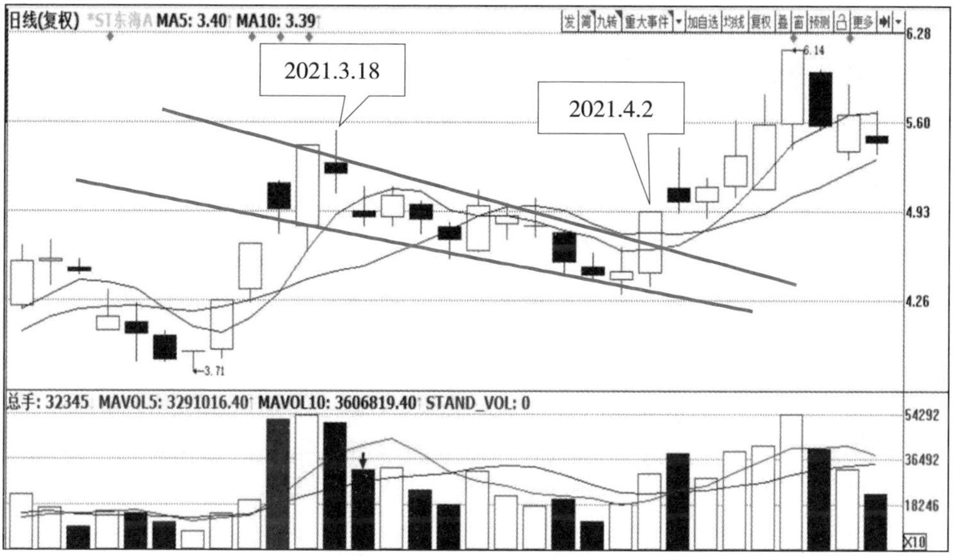

图 5-25　*ST 东海 A（000613）日 K 线走势图

六、K 线底部形态与量价关系：头肩底

从量价关系特点来看，K 线底部形态也可以看成一种整理形态。K 线在底部整理过程中，成交量逐渐萎缩，而当 K 线向上启动，突破整理区域时，必然需要成交量放大相配合。

经典的 K 线底部形态包括 V 形底、双重底、头肩底、弧形底等。这里以头肩底为例进行介绍。

头肩底，出现在下跌行情中，由三个低谷组成，左右两个低谷相对较浅，基本处在同一水平位置上，中间一个低谷的低点明显低于左右两个低谷的低点，其形态就像一个倒立的人的头部和两肩，如图 5-26 所示。

头肩底形态是这样形成的：股价下跌到一定深度后开始反弹，当达到一定高度后回调，形成了“左肩”；接着再度下跌创出新低后回升，构筑了“头部”；之后，又上涨到前一次反弹的高度附近再次回调，这次回调的低点高于头部的低点，形成了“右肩”。在两次反弹过程中，股价基本在同一价位受阻回落，这个价位上的直线就是颈线。

头肩底形态是一种较为强烈的反转形态，表示空方力量被不断消耗，多方重新焕发生机。

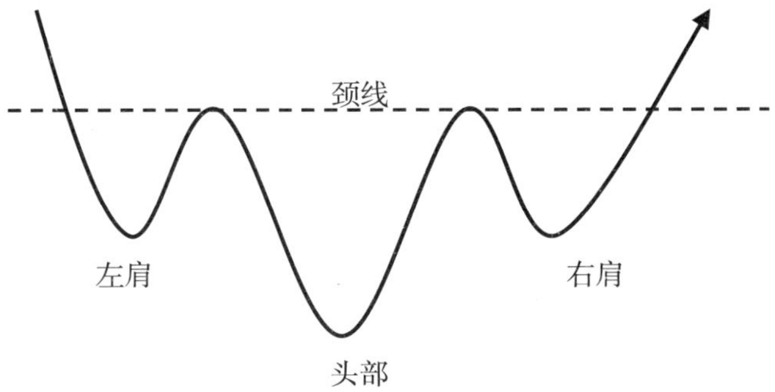

图 5-26 头肩底

头肩底形态的操作要点如下。

第一，头肩底形态是较为可靠的牛市信号，此形态出现之后，常常会产生一波较为可观的上涨行情。因此，投资者看到头肩底形态后，应果断买入股票，持股待涨。

第二，股价冲破阻力线（颈线）位置，表示头肩底形态构筑完成，这是头肩底形态的第一个买入信号。此时，投资者可以果断买入。在突破颈线时，必须要有成交量激增相配合，否则这可能是一个无效的突破。但是，如果突破后成交量逐渐增加，那么形态也可确认。

第三，股价突破头肩底的阻力线（颈线）后，往往会在不久之后回抽到颈线附近（如图 5-27 所示）。若股价止跌回升，则向上突破的有效性便得到了确认，这时是第二个买入信号。但是，这样的回抽有时不会出现，投资者不可把它作为自己唯一的买入点，以免踏空行情。

第四，股价完成向上突破后，原来的阻力位就变成了支撑位。所以，参照头

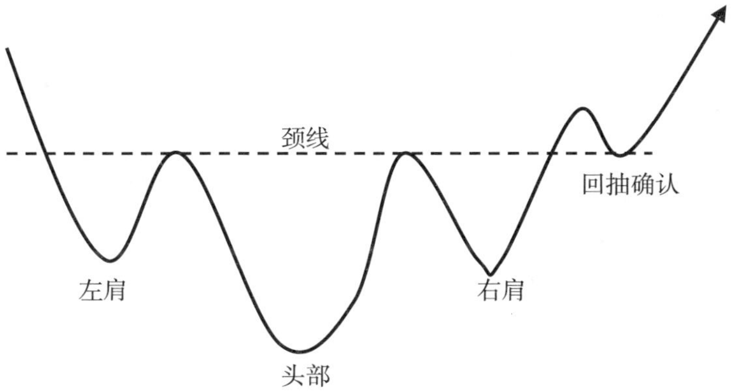

图 5-27　头肩底的扩展形态

肩底形态买入股票的投资者，应该将止损位设在头肩底的颈线位置上。

第五，成交量是表示头肩底形态信号强弱的一个重要指标。若形成左肩和头部的过程中成交量极度萎缩，在形成右肩冲破颈线的过程中成交量却显著放大，则说明看涨信号的可靠性很高。

第六，一般来说，头肩底形态较为平坦，需要较长的时间来完成。形成头肩底所用的时间越长，后市上涨的空间可能就越大。

第七，头肩底形态可能演变成多个头部或多个肩部形态，但是其基本的技术含义没有改变，不影响作为头肩底形态进行研判。

下面来看一下璞泰来的案例。

如图 5-28 所示，2021 年 2 月—3 月，璞泰来的股价走势图上出现了头肩底形态。

2021 年 1 月中旬，璞泰来进入了下跌行情中。3 月中旬，该股连续形成三个波谷。其中，3 月 15 日，该股收出小阴线后，股价反弹向上，构成了“头部”，而两边的低谷就构成了左右两肩。

3 月 29 日，该股放量突破了头肩底的颈线，至此头肩底形态正式构筑完成，这是一个明显的买入点，投资者可果断买入。

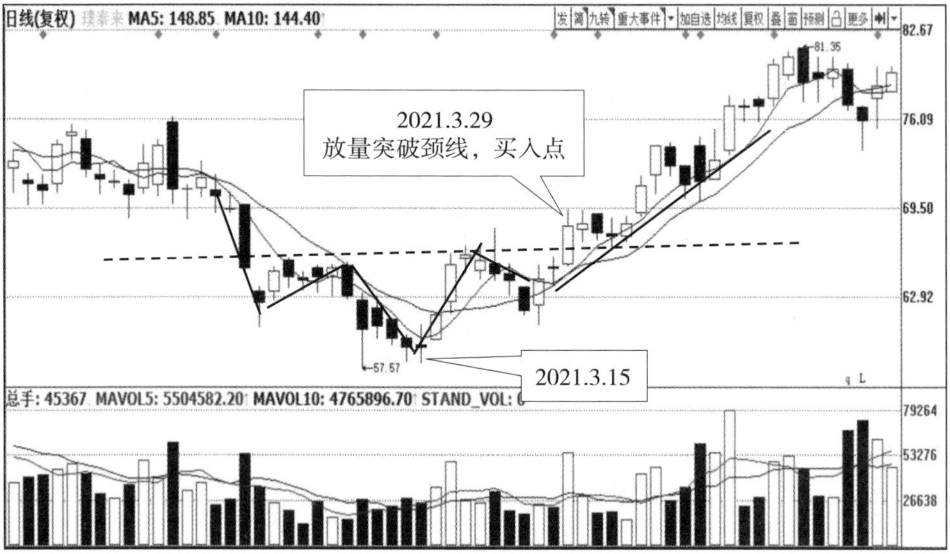

图 5-28　璞泰来（603659）的日 K 线图

七、K 线顶部形态与量价关系：双重顶

从量价关系特点来看，K 线顶部形态也可以看成一种整理形态。K 线在顶部整理过程中，成交量放大，股价却无法持续创出新高。当 K 线向下跌破整理区域时，一般不需要成交量放大。若成交量出现了放大态势，则意味着下跌可能会加速。

经典的 K 线顶部形态包括倒 V 形顶、双重顶、头肩顶、弧形顶等。这里以双重顶为例进行介绍。

双重顶，又称 M 形顶，出现在一段上涨行情的末尾，该形态有两个明显的价格高峰，并且两个高峰的最高点大致处于同一价位上，形状就像一个英文字母“M”，如图 5-29 所示。

双重顶的形成经历了这样的过程：股价上涨到一定的价位水平后，由于股价太高，持股的投资者纷纷将获利落袋，很多持币的投资者望而却步，因而股价出

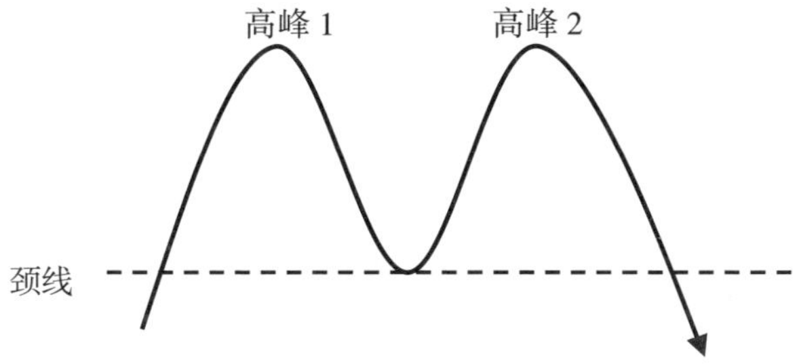

图 5-29 双重顶

现技术性回调，形成了第一个高峰。但下跌并没有持续多长时间，短线投资者在股价跌到一定程度时开始买入，造成了股价反弹，股价再次回升到了前期顶点附近。这时，短期投资者将获利落袋，股价重新开始下跌，这次下跌引发大量的抛盘热潮，股价跌破了前一次回落的低点，形成了第二个高峰。

通过第一个回落的低点画一条水平直线，就得到了双重顶的颈线。股价跌破该颈线才能视为双重顶形态正式构筑完成。

双重顶是一种转势形态，这一形态的出现预示着涨势将告一段落，行情将走入下跌通道。

双重顶形态的操作要点如下。

第一，双重顶形态是较为可靠的看跌信号，投资者看到此形态后应卖出股票。

第二，双重顶形态尚未形成时，一些经验老到的投资者便会提前嗅出危险，并将手中的股票沽出。因此，若出现第一个高峰之后股价大幅下跌，其后股价再度上升到前期顶点附近，但又无法突破前期顶点，同时成交量较前期有明显减少，则有形成双重顶的可能。这时，投资者应先卖出部分股票，轻仓观望。

第三，双重顶第一个明确的卖出信号出现在股价跌破颈线位置时，这表明双重顶基本形成，投资者应把握时机，尽快卖出股票。

第四，股价跌破颈线后，颈线从支撑位变成了阻力位。之后，股价可能会对颈线有一个回抽动作，以测试突破的有效性（如图 5-30 所示）。若股价在此位置受阻回落，则双重顶形态得到确认，这是明确的卖出信号，仍持有股票的投资者应果断清仓。需要说明的是，并不是所有的股票出现双重顶后都会有回抽动作。

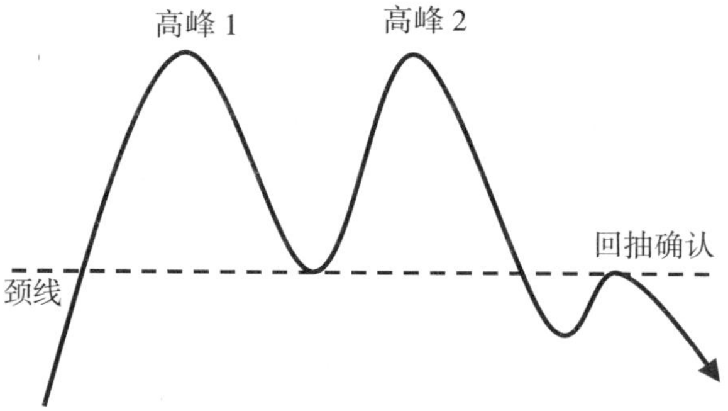

图 5-30　双重顶

第五，双重顶两个顶点的相隔周期越长，在顶部的成交量越大，后市下跌的可能性就越大。

第六，在双重顶形成的过程中，若第二个高峰的成交量小于第一个高峰的成交量，第二个顶点低于第一个顶点，则看跌信号更为强烈。

第七，双重顶的最高点与颈线之间的垂直距离越大，通常表示未来股价下跌的幅度越大。

下面来看一下方大炭素的案例。

如图 5-31 所示，2021 年 8 月—9 月，方大炭素的日 K 线图上出现了双重顶形态。

2021 年 7 月，振荡整理之后的方大炭素，开启了新一轮的上涨行情。经过一番持续快速上涨，9 月 1 日，该股收出一根上影线很长的中阴线。股价创出 13.56 元的近期新高后开始回落，从而形成了双重顶的第一个高峰。

此后，该股股价在下跌过程中获得支撑而反弹。但这次反弹持续时间较短，9 月 16 日，该股开始下跌，形成了第二个高峰。因此，从第二个顶点下落的过程中，投资者应实施减仓操作，以规避风险。

9 月 24 日，该股股价跌破颈线位置，收出一根大阴线，双重顶构筑完成，这时投资者应该清空仓位。

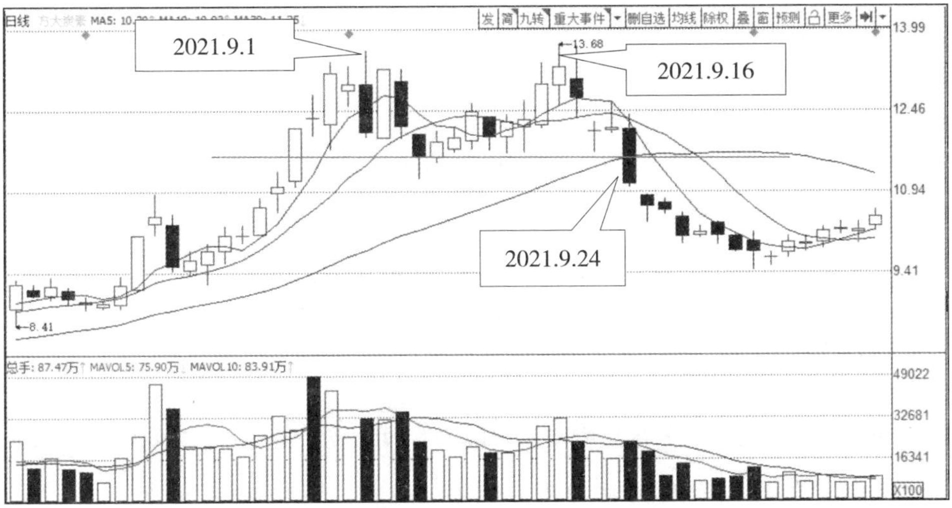

图 5-31　方大炭素（600516）日 K 线走势图

第六章

技术指标看盘技术

技术指标是投资者看盘过程中非常重要的辅助技术工具。在分时图界面和K线图界面，都有技术指标功能区域。从本质上来说，技术指标与成交量相似，是帮助投资者识别股价运行趋势，预判股价可能会上升或下跌的一种工具。

随着股票交易软件的功能日益增强，各家股票交易软件涵盖的技术指标越来越多，甚至可以让投资者自行开发技术指标。

不过，这里有一个前提需要注意，技术指标采集的数据信息都来自过去的股价分时图、K线图或成交量等，因而这些技术指标往往都具有一定的滞后性，其准确性可能不是很高。特别是随着技术指标的普及和应用，这些技术指标已不再是什么秘密武器，而成了众人皆知的技术方法，甚至有些主力在操盘过程中，会反向使用这些技术指标和工具，从而让投资者“误入圈套”。

技术指标是证券市场中的专有名词，是通过对市场规律性的研究分析，依据一定的统计方法，运用一些复杂的数学模型或计算公式，通过计算机系统生成的某种指标值或图形曲线。它不仅是股市技术分析的研究成果，也是预测股价未来走势，指导投资者买卖股票的重要工具。通过技术指标研判股价未来趋势的方法，称为技术指标分析法。

目前，几乎所有的投资者在制定交易计划、交易决策前，都需要利用技术指标给出的交易指示信号。投资者根据个人偏好和需求，选择一种或一套技术指标分析系统作为交易决策的辅助，可以极大地提升投资交易决策的质量。

每种炒股软件中都提供了大量的技术分析指标。根据分析的方法和对象不同，技术指标可以大致分为以下 6 种类型，如表 6-1 所示。

表 6-1 技术指标的 6 种类型

序号	指标类型	用途	包含的主要指标	
1	趋向指标	又叫趋势跟踪类指标，主要用于跟踪并预测股价的发展趋势	◎移动平均线（MA） ◎指数平滑异同平均线（MACD） ◎趋向指标（DMI） ◎瀑布线（PBX）	◎平均线差（DMA） ◎动力指标（动量线）（MTM） ◎指数平滑移动平均线（EXPMA） ◎宝塔线（TWR）
2	反趋向指标	又叫反趋势类指标，主要用于捕捉趋势的转折点	◎随机指标（KDJ） ◎变动速率（ROC） ◎威廉指标（W&R） ◎相对强弱指标（RSI）	◎乖离率（BIAS） ◎顺势指标（CCI） ◎振荡量（变动速率）（OSC） ◎动态买卖气指标（ADTM）
3	量能指标	通过成交量的大小和变化研判趋势变化	◎容量比率（VR） ◎能量指标（CR） ◎人气意愿指标（ARBR）	◎量相对强弱指标（VRSI） ◎量变动速率（VROC） ◎成交量标准差（VSTD）
4	量价指标	通过成交量与股价变动关系分析未来趋势	◎振荡升降指标（ASI） ◎能量潮（OBV） ◎主力进出指标（ABV）	◎价量趋势（PVT） ◎量价趋势（VPT） ◎威廉变异离散量（WVAD）
5	压力支撑指标	主要用于分析股价目前受到的压力和支撑	◎布林线（BOLL） ◎抛物转向（SAR）	◎麦克指标（MIKE） ◎薛斯通道（XS）
6	大盘指标	通过涨跌家数研究大盘指数的走势	◎涨跌比率（ADR） ◎绝对幅度指标（ABI） ◎新三价率（TBR）	◎腾落指数（ADL） ◎广量冲力指标（BTI） ◎指数平滑广量（STIX）

由于技术指标的数量众多，这里从中选取了几种应用比较广泛的指标，以供参考。

第一节 均线指标及看盘要点

均线全称“移动平均线”（Moving Average），英文简称 MA，是以“平均成本概念”为理论基础，采用统计学中“移动平均”的原理，将一定时间周期内的股价或指数的平均值标在价格图表中连成曲线，用来显示股价或指数的历史波动情况，并以此来预测后市的趋势走向，为投资者提供操作依据。

在炒股软件中，均线指标与 K 线会同步在主图中显示，如图 6-1 所示。图中，同花顺炒股软件默认提供的均线为 5 日均线、10 日均线和 30 日均线。

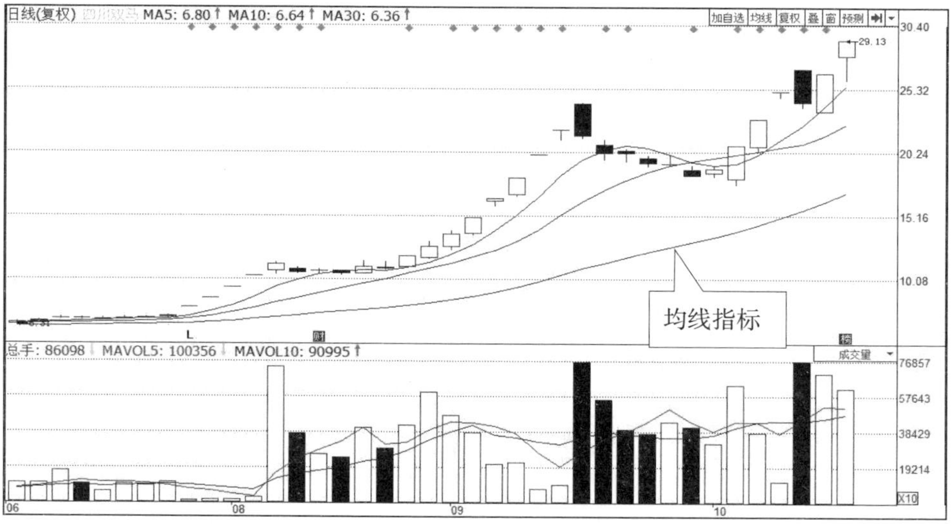

图 6-1　移动平均线（同花顺版）

一、股价对均线的突破

股价向上突破均线时，通常为短线买入信号。反之，股价向下跌破均线时，通常是短线卖出信号。

1. 股价向上突破均线

股价向上突破均线有效性的判断包括以下三点。

第一，均线放平或向右上方倾斜，若是中长期均线更佳。

第二，股价向上突破均线后，连续三个交易日位于均线上方，则可认定突破有效。

第三，股价向上突破均线时，若成交量同步放大，则可增强突破信号的有效性。这里以 10 日均线为例进行介绍。

下面来看一下四方达的案例。

如图 6-2 所示，2021 年 7 月 30 日，经过底部整理之后，四方达的股价向上突破了 10 日均线。8 月 2 日、3 日（7 月 31 日、8 月 1 日周末休市），该股股价没能回到 10 日均线的下方，证明突破有效。投资者可以在 8 月 4 日这一天短线买入。需要说明的是，对 10 日均线的突破，要在股价处于相对低位时买入，而且必须要在验证其有效后方可介入。

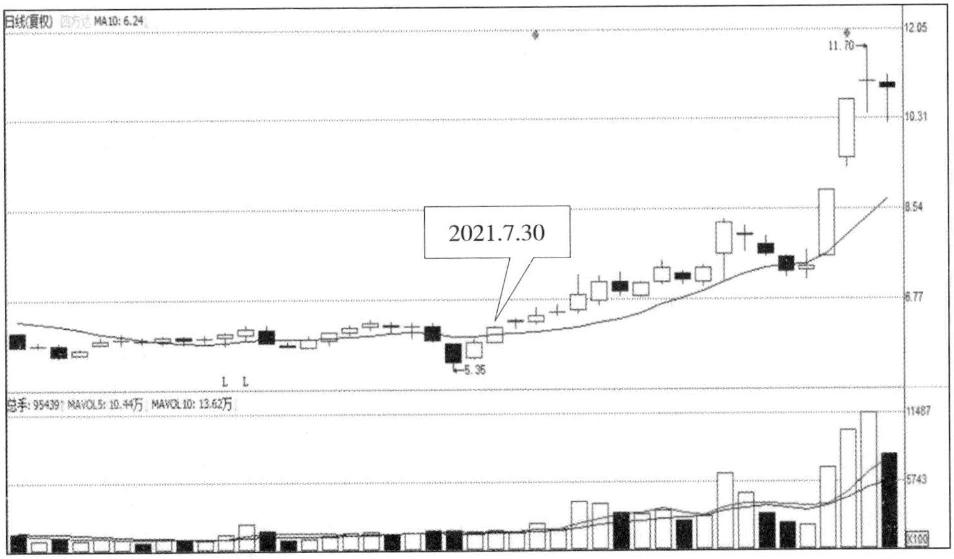

图 6-2　10 日均线：四方达（300179）的日 K 线图

2. 股价向下跌破均线

股价向下跌破均线有效性的判断包括以下三点。

第一，均线放平或向右下方倾斜。

第二，股价向下跌破均线后，连续三个交易日位于均线下方，则可认定跌破有效。

第三，股价向下跌破均线时，通常不需要成交量放大相配合。不过，若股价跌破均线时成交量同步放大，则可提前卖出股票。这里仍以 10 日均线为例介绍。

下面来看一下梦百合的案例。

如图 6-3 所示，从 2021 年 6 月开始，梦百合的股价出现了一波上升行情。2021 年 6 月下旬，该股股价进入了筑顶阶段。6 月 29 日，该股股价放量向下跌破了 10 日均线，说明该股走势可能会发生改变。鉴于股价下跌时成交量出现了放大，保守型投资者可在 29 日当天卖出该股，激进型投资者可继续持股。7 月 12 日，该股出现了反弹，但并未向上突破 10 日均线，但已经连续三个交易日位于 10 日均线下方，说明该股股价短线走弱已成定局，投资者宜卖出手中股票。

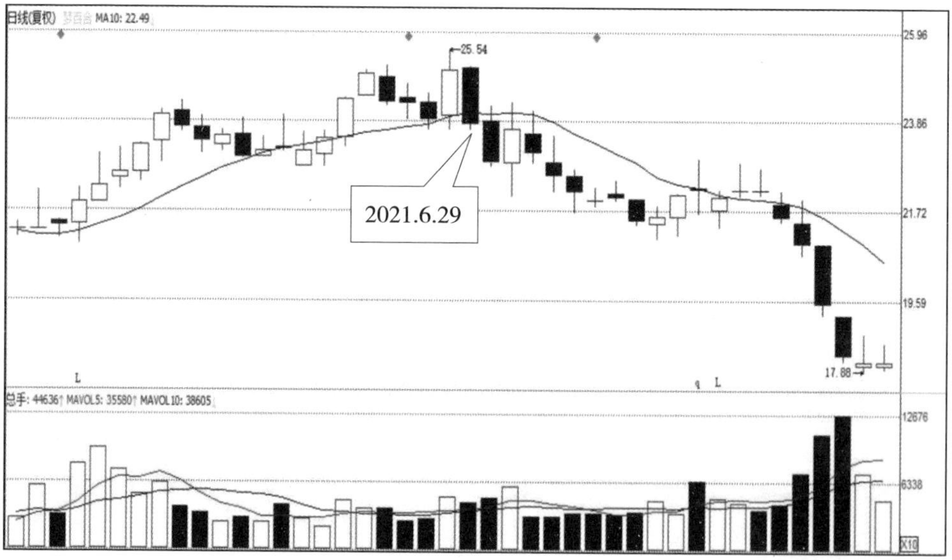

图 6-3　10 日均线：梦百合（603313）的日 K 线图

二、均线的作用：支撑与阻力

1. 均线的支撑

股价自上而下回落到某条均线处时，如果获得支撑开始回升，那么投资者就可以认定买入信号出现，宜进行买入操作。

利用均线支撑作用买入股票时，投资者需要注意以下 4 点。

第一，只有股价非有效跌破均线，才能说明均线对股价的支撑有效。股价自上而下回调到均线处时，要确保股价没有跌破均线，或者跌破均线后立即回到了均线之上。

第二，股价自上而下回调到均线处时，成交量要同步出现萎缩态势。股价遇到支撑重新上涨时，成交量最好能够放大。

第三，股价进入上行趋势时，均线都是向右上方倾斜的。因此，均线要保持向上倾斜的姿态。若均线向下倾斜，则不应买入股票。

第四，相对而言，越是长周期均线，其支撑作用就越强。如 30 日均线的支撑作用，普遍强于 5 日均线和 10 日均线。

下面来看一下恒瑞医药的案例。

如图 6-4 所示，2020 年 12 月 3 日，恒瑞医药的股价向上突破了 30 日均线。此后，该股股价沿 30 日均线振荡上涨。由于前期买入的投资者都处于获利状态，所以中途出现了获利盘卖出的缩量回调现象。不过，12 月 10 日，股价回落至 30 日均线附近时获得了强力支撑，表明上涨行情仍将继续，投资者可以在股价重新启动上涨之际加仓买入。

从图中可以看出，股价遇到 30 日均线支撑时，已经完成了对 5 日均线和 10 日均线的跌破。这就意味着，30 日均线的支撑作用要强于 5 日均线和 10 日均线。

实战中，投资者可以根据自己的交易计划选择合适的周期均线。比如，短线

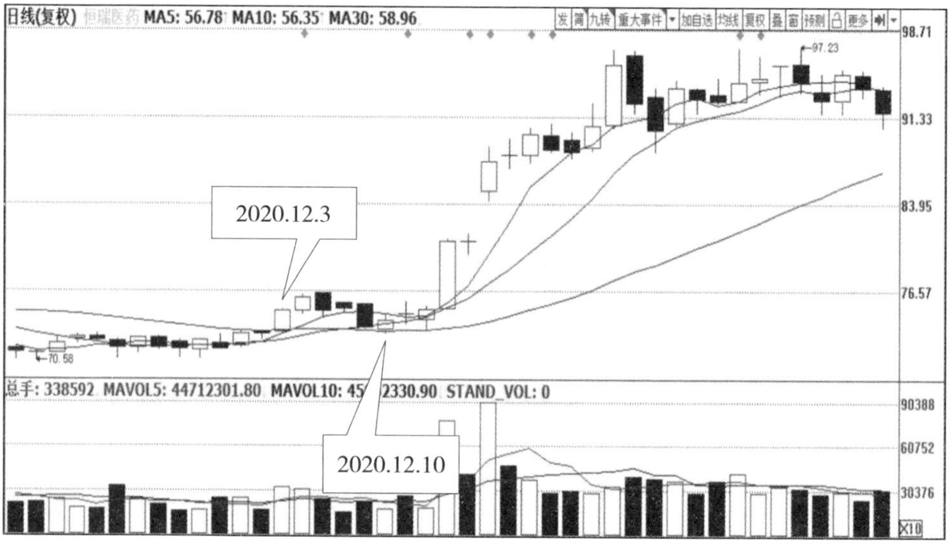

图 6-4　恒瑞医药（600276）的日 K 线图

或超短线投资者喜欢以 5 日均线和 10 日均线作为主要参考对象，而波段投资者喜欢用 20 日均线和 30 日均线等。

2. 均线的阻力

股价自低点反弹至均线附近时，很多投资者就会将该位置看成一个较佳的离场或减仓时机，于是纷纷卖出股票，股价随之走低。这就是均线对股价的阻力作用。

股价自下方上涨到某条均线处时，如果遇到阻力开始回落，那么就意味着卖出信号出现，宜卖出股票。

利用均线阻力作用卖出股票时，投资者需要注意以下 4 点。

第一，股价上涨到均线处时没有突破均线，或者突破均线后立即回到了均线下方，则说明均线阻力较强。

第二，股价上涨到均线处时，若成交量同步放大，则投资者要保持观望。因为量价齐升时，有成功突破均线的可能。

第三，股价进入下行趋势时，均线都是向右下方倾斜的。若均线向下倾斜，则均线对股价的阻力作用会更强。

第四，与支撑作用相似，越是长期均线，其阻力作用越强。如 30 日均线的阻力作用，就会强于 5 日均线和 10 日均线。

下面来看一下智度股份的案例。

如图 6-5 所示，自 2021 年上半年开始，智度股份的股价启动了一波下跌走势，股价自 2021 年 5 月 28 日跌破 30 日均线后，一直运行于均线下方，这是非常不利于短线操作的一种情况。该股股价下跌一段时间后出现了反弹，并于 2021 年 6 月 10 日、7 月 13 日两次上涨至 30 日均线附近，不过，股价受 30 日均线的压力重新下跌，由此可见，均线对股价具有很强的阻力作用。

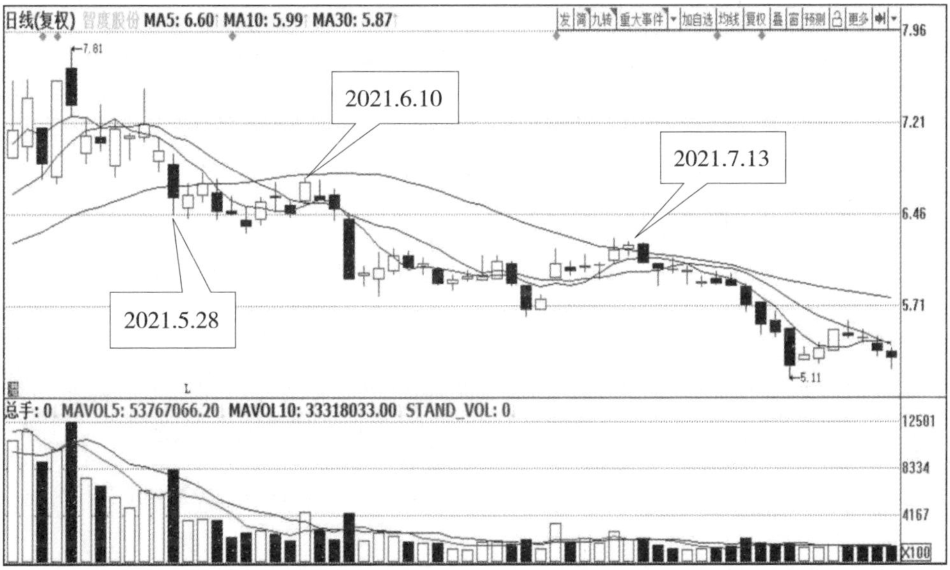

图 6-5 智度股份（000676）日 K 线走势图

三、均线的交叉：金叉与死叉

均线系统包括了各类短期均线、中期均线和长期均线。随着股价的波动，这些均线之间的位置关系也会发生变化，这就会出现均线的黄金交叉与死亡交叉。

1. 均线金叉

均线金叉即均线黄金交叉，是指由于股价持续走高，带动短期均线自下而上穿过长期均线形成的交叉。金叉的出现，说明短期持仓成本超过了中长期持仓成本，近期买入股票者的成本高于中长期买入者的同时，也处于盈利状态，这比较有利于股价进一步上涨。

均线黄金交叉的买点操作要点如下。

第一，黄金交叉形成时，短期均线与长期均线必须都是向上的，并且股价一定要位于交叉点的上方。

第二，若股价位于交叉点上方很远的地方，则投资者不宜买入。因为若股价距离均线太远，就很可能会出现回调。

第三，黄金交叉发生时，若成交量能够同步放大，则将增加股价进一步上涨的概率。对于投资者来说，均线金叉，尤其是较长周期的均线出现黄金交叉，通常会有一波股价上涨，而这是入场操作的最佳时机。

下面来看一下协鑫能科的案例。

如图 6-6 所示，2021 年 5 月初，处于整理走势中的协鑫能科的股价开始反弹，从而带动 10 日均线、20 日均线向上移动。5 月 19 日，10 日均线上穿了处于上升状态的 20 日均线，与此同时，该股股价位于黄金交叉点的上方，成交量也放大了很多，属于比较明确的买入信号，此时投资者可以买入该股。

其后，该股股价一路上行。由此可见，黄金交叉发出的信号准确性较高。

2. 均线死叉

均线死叉即均线死亡交叉，是指由于股价持续走低，带动短期均线自上而下穿过长期均线形成的交叉。死叉的出现，说明短期持仓成本低于中长期持仓成本，近期买入股票者的成本低于中远期买入者的同时，也处于亏损状态，这可能会导致股价进一步走低。

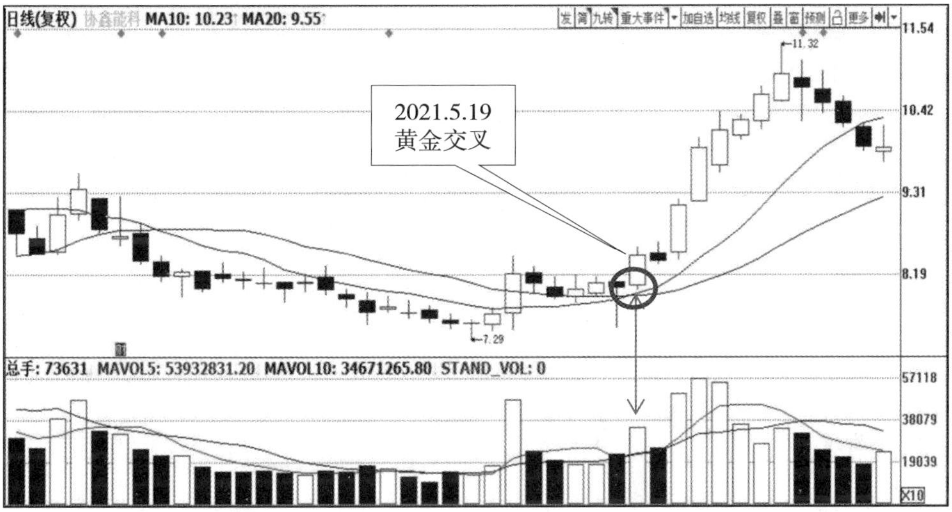

图 6-6　协鑫能科（002015）日 K 线走势图

均线死亡交叉的卖点操作要点如下。

第一，死亡交叉形成时，短期均线与长期均线必须都是向下的，并且股价一定要位于交叉点的下方。

第二，若股价位于交叉点下方很远的地方，则投资者不宜卖出。因为如果股价距离均线太远，很可能会出现回升。

第三，死亡交叉发生时，若成交量能够同步放大，则将增加股价进一步下跌的概率。

第四，不同均线的死亡交叉，往往会对行情有着不同的指导意义：短期均线出现死叉，中长期均线依然向上，表示短期阶段上升行情结束，中期洗盘调整行情已经开始；中期均线出现死叉，长期均线依然向上，表示中期波段上升行情结束，波段调整行情已经开始；长期均线出现死叉，短中期均线已经完全在长期均线下方，表示大级别上升行情结束，弱势或极弱势行情已经开始。

下面来看一下立讯精密的案例。

如图 6-7 所示，2021 年 1 月初，处于上涨行情末期的立讯精密出现疲软迹象。

1月26日，该股股价收出一根中阴线，并且10日均线同步向下跌破了20日均线，形成了死亡交叉，这是较为明显的卖出信号。

其后，经过一段时间的下跌后，该股股价出现反弹。2月18日，股价反弹至20日均线位置时，因受均线阻力重新开始下跌。

至此，该股下跌趋势已经确立，持有该股的投资者可以清仓。

图6-7　立讯精密（002475）日K线走势图

第二节 MACD指标及看盘要点

MACD指标，全称“指数平滑异同移动平均线”，是由杰拉尔德·阿佩尔在移动平均线的基础上发展出来的一种技术指标。

在大多数交易炒股软件中，MACD指标都是默认的首选指标，如图6-8所示。

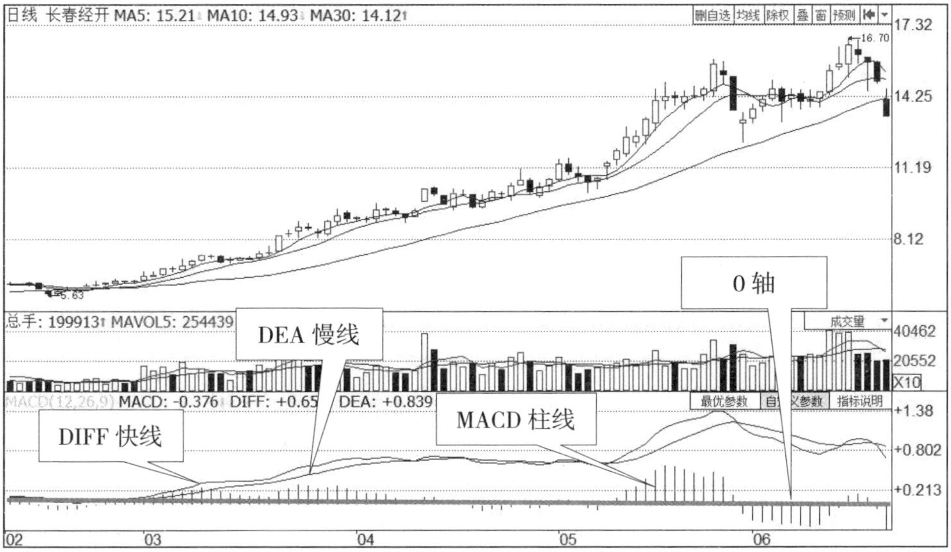

图 6-8 MACD 指标示意图

MACD 指标主要由 DIFF 快线、DEA 慢线、MACD 柱线、0 轴等 4 部分构成。

DIFF 是快速平滑移动平均线（EMA1）与慢速平滑移动平均线（EMA2）之间的差值，快慢只是时间参数不同，快速是短期的，慢速则是长期的。DEA 是 DIFF 的移动平均，也就是连续一段时间内 DIFF 的算术平均值，因此 DEA 有自己独自的时间参数，即平滑的天数（M）。

概括起来，MACD 指标具有以下三项特性。

第一，DIFF 线的变动较为灵敏，是快速平滑移动平均线；DEA 线则变动较为平缓，是慢速平滑移动平均线；两条线都围绕 0 轴上下波动。

第二，MACD 指标显示的两条曲线都不是市场价格的移动平均线，而是两条移动平均线差距的平滑移动平均线。它能克服移动平均线假信号频繁的缺点，又保留了均线的诸多优点。

第三，MACD 柱状线即 BAR 线，表示 DIFF 线与 DEA 线之间的偏离程度，

BAR 线越长，说明 DIFF 线距离 DEA 线越远。BAR 为正值，柱状线显示为红色，表示 DIFF 线在 DEA 线之上；BAR 为负值，柱状线显示为绿色，表示 DIFF 线在 DEA 线之下。

在实战操作中，MACD 指标对 0 轴的穿越，MACD 指标金叉与死叉，是 MACD 指标最核心的研判项目。

一、MACD 指标对 0 轴的突破

MACD 指标对 0 轴的突破包括两种，即自上而下的穿越和自下而上的穿越。

1. 自上而下穿越 0 轴

当 DIFF 线由上向下跌破 0 轴，表明空头行情即将形成，是中长线第一个较为合适的卖出点，投资者应坚决择高派发。当 DEA 线由上向下跌破 0 轴，表明空头行情逐渐变强，是中长线第二个较为合适的卖出点，此时投资者应该沽空仓位。

如图 6-9 所示，2021 年 6 月中旬后，科大讯飞的股价出现了一波快速下跌行情，MACD 指标随之不断走低。7 月 30 日，MACD 指标中的 DEA 线跌破了 0 轴，整个 MACD 指标完成了对 0 轴的跌破，这更加说明市场处于弱势，投资者宜清空手中的股票。

从图中可以看出，DEA 线跌破 0 轴时，股价下跌幅度已经比较大了。因此，在很多情况下，DEA 线跌破 0 轴只能作为最后一次清仓的参考指标。DIFF 线拐头向下，与 DEA 线形成死叉且穿越 0 轴时，投资者就应该做出相应的减仓操作。

2. 自下而上穿越 0 轴

当 DIFF 线由下向上突破 0 轴，表明多头行情即将形成，是中长线第一个较为安全的买入点，投资者可逢低吸纳。当 DEA 线由下向上突破 0 轴，表明多头行情逐渐变强，是中长线第二个较为安全的买入点，此时投资者可以追涨买入。

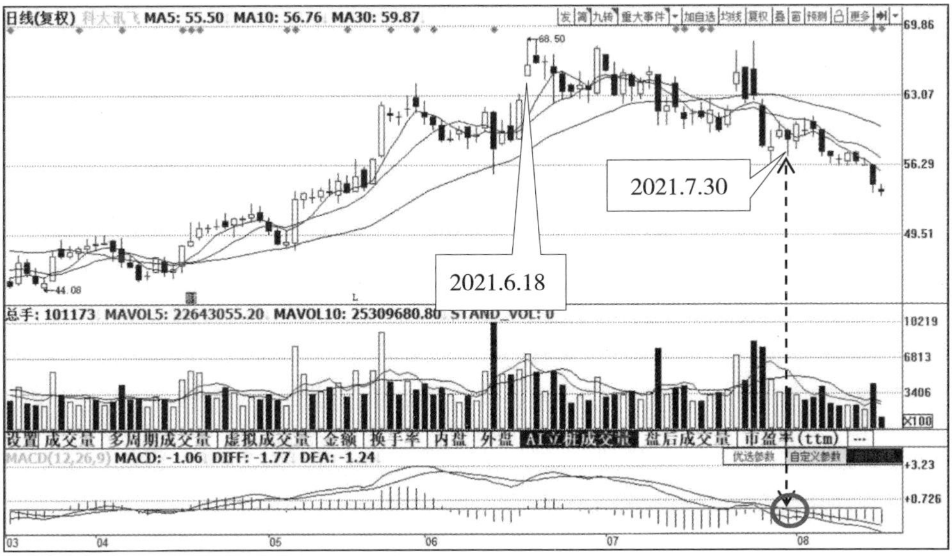

图 6-9 科大讯飞（002230）MACD 走势图

如图 6-10 所示，2021 年 4 月中旬后，随着大盘指数的回暖，紫光国微的股价出现了一波快速振荡上涨行情。MACD 指标随之不断走高，DIFF 线和

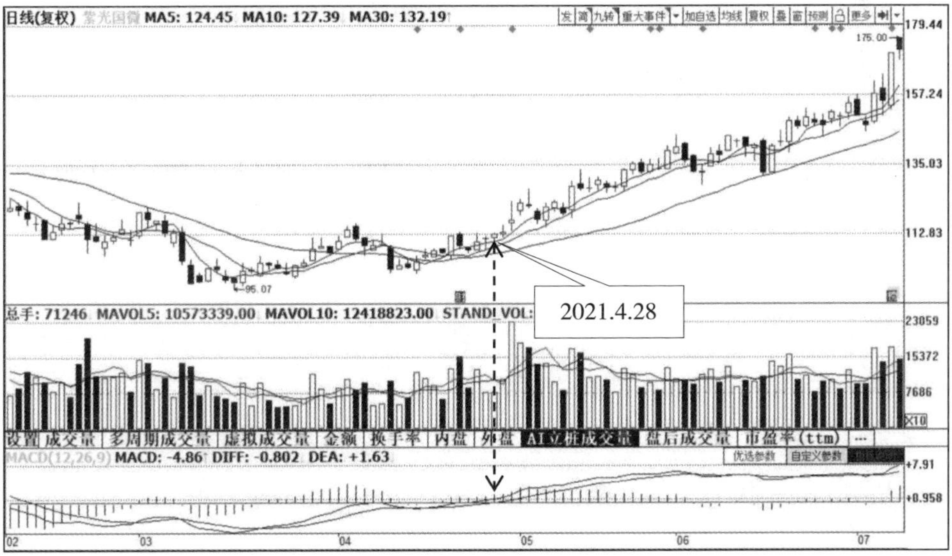

图 6-10 紫光国微（002049）MACD 走势图

DEA 线同步向上运行。4 月 28 日，DEA 线向上突破了 0 轴，这更加说明市场已经进入强势区间，投资者宜加仓买入该股。

从图中可以看出，如果DIFF线向上突破0轴后，并没有加快向上运行的迹象，那么一定要等到 DEA 线向上突破 0 轴后，再买入股票，以避免可能遇到的风险。

二、MACD 指标金叉与死叉

通常情况下，MACD 指标中 DIFF 线对股价变动的反应更灵敏，DEA 线相对滞后，不过，DEA 线比 DIFF 线更稳定，更能反映股价运行的趋势，因而其发出的信号更准确。正因如此，MACD 指标中 DIFF 线与 DEA 线的交叉，是 MACD 指标研判中最核心的内容。

1. MACD 指标金叉

MACD 指标中，若 DIFF 线自下而上穿越 DEA 线，则说明 MACD 指标形成了黄金交叉形态，未来股价上涨的可能性非常大。不过，MACD 指标出现金叉的位置，直接决定了金叉的成色。也就是说，只有成色较好的金叉，股价未来上涨的概率才大。反之，若金叉成色较差，股价可能只是短暂的反弹而已。

MACD 指标金叉的具体分析要点如下。

第一，当 DIFF 和 DEA 均为正值，DIFF 线向上突破 DEA 线，在 0 轴上方形成金叉，表示市场上买盘非常踊跃，上涨行情仍将继续，此时投资者可以追涨买入。

第二，当 DIFF 和 DEA 均为负值，DIFF 线向上突破 DEA 线，在 0 轴下方形成金叉，表示市场上做空气氛有所缓解，持币者有低位吸纳的意愿，股价可能止跌反弹，此时投资者需要借助其他技术指标来分析是否可以买入。

第三，MACD 指标金叉的位置在 0 轴附近时，往往属于较佳的位置。一般来说，此位置出现金叉，大都说明股价已经脱离底部区域，并即将进入快速上涨区间。相反，若金叉位置过低，可能只是股价超跌反弹引起的，很难保证股价其后的涨势。

总而言之，MACD 指标在 0 轴上方形成金叉，才是可靠的买入信号。

如图 6-11 所示，2021 年 3 月，随着大盘趋势向好，法拉电子的股价同步出现了上涨态势，MACD 指标自底部反弹向上。3 月 5 日，该股股价出现了小幅反弹，MACD 指标形成了黄金交叉形态，不过，此交叉点位于 0 轴下方较远位置，这就意味着此时的上攻可能属于超跌反弹。之后，该股股价重新进入底部盘整区间。

此后，该股股价不断振荡走高，MACD 指标也不断振荡走高。5 月 25 日，该股股价经过盘整后重新上攻，MACD 指标再度出现金叉，此交叉点位于 0 轴上方附近，成交量同步放大，成色较好。此时，该股股价刚刚完成对均线的突破，位于均线上方，并且均线同步出现金叉，说明股价有企稳走好的迹象。这些信息都可以强化黄金交叉信号的准确性，投资者此时可放心买入或加仓该股。

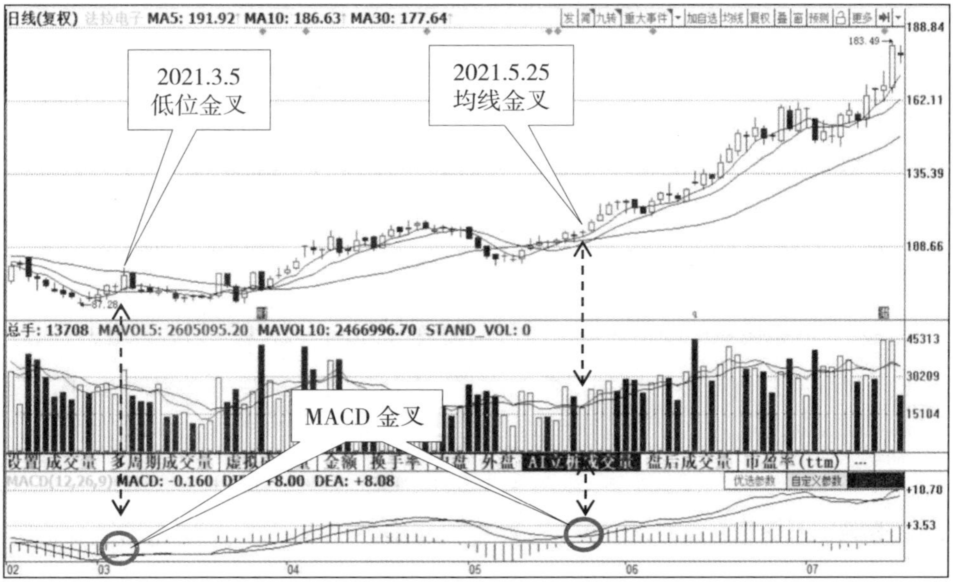

图 6-11　法拉电子（600563）MACD 黄金交叉图

2. MACD 指标死叉

MACD 指标中，若 DIFF 线自上而下穿越 DEA 线，则说明 MACD 指标形成了死亡交叉形态，未来股价下跌的可能性非常大。与判断买点不同，用 MACD 指标判断卖点时，必须保持警惕，尽早撤出。

MACD 指标死叉的具体分析要点如下。

第一，当 DIFF 和 DEA 均为负值，DIFF 线向下跌破 DEA 线，在 0 轴下方形成死叉，表示市场上做空力量较为强大，下跌行情仍将持续，此时投资者应该杀跌卖出。

第二，当 DIFF 和 DEA 均为正值，DIFF 线向下跌破 DEA 线，在 0 轴上方形成死叉，表示市场上的做多氛围有所松懈，持股者有高位回吐的想法，股价可能滞涨回落，投资者从投资安全角度出发，宜减仓观望。

第三，一般来看，MACD 指标在高位出现死叉时，投资者都应该从投资安全角度进行减仓操作，待 MACD 指标跌破 0 轴时，再度减仓或清仓。

如图 6-12 所示，2021 年年初，海康威视的股价走出了一波上涨行情。MACD 指标中的 DIFF 线和 DEA 线同步上升。2 月 1 日，该股股价已经连续几个交易日出现回调，DIFF 线自上而下穿越 DEA 线，形成了高位死亡交叉形态，意味着股价后市下跌的概率很大。此时，由于 DIFF 线和 DEA 线仍位于 0 轴上方，投资者可卖出大部分股票，留少许筹码。随后，DIFF 线跌破 0 轴时，可清仓该股。

此后，海康威视的股价经过一段时间的振荡反弹，逐渐走出低谷。3 月 9 日，一根大阴线将股价直接打压到很低的水平，DIFF 线与 DEA 线跌破了 0 轴，投资者宜清空手中的股票。

三、MACDFS 指标用法

MACDFS 指标是 MACD 指标在分时图上的写法，即分时 MACD 指标。

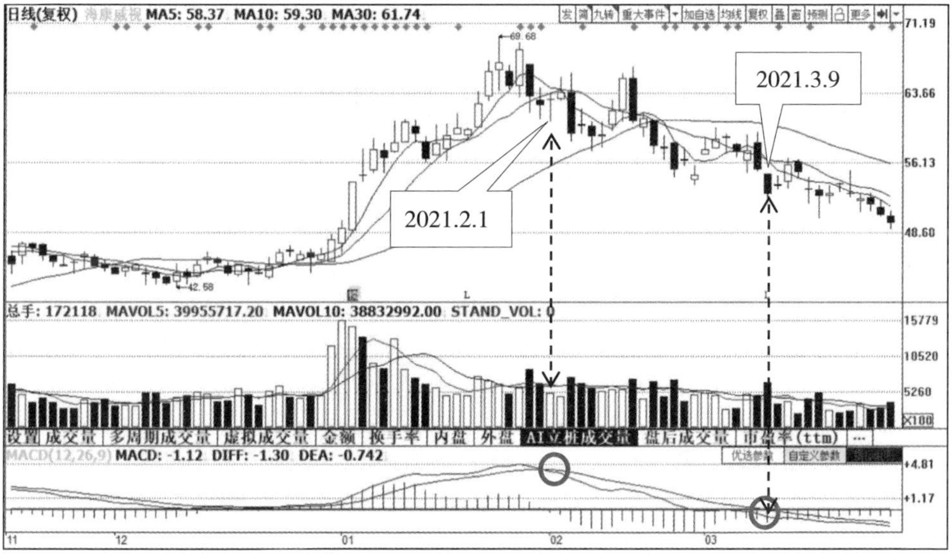

图 6-12 海康威视（002415）MACD 指标走势图

MACDFS 指标的用法与 MACD 指标相同，只是应用领域稍有不同。MACDFS 指标的看盘重点也在 MACD 指标的金叉、死叉及其对 0 轴的穿越。

下面来看一下赛福天的案例。

如图 6-13 所示，2021 年 10 月 8 日开盘后，赛福天的股价一直在开盘价附近波动，MACDFS 指标也一直围绕 0 轴波动，整个市场波澜不惊。

午盘开盘后，该股股价分时线拐头向上突破了均价线，与此同时，MACDFS 指标在 0 轴附近形成金叉后快速向上突破了 0 轴，意味着股价将进入上升趋势，短线投资者可积极入场买入股票。

其后，该股股价一直在高位振荡，MACDFS 指标虽有回落，但并未跌破 0 轴，这也证明该股股价走势较强。

下面再来看一下泰坦科技的案例。

如图 6-14 所示，2021 年 10 月 8 日开盘后，泰坦科技的股价经过一波冲高后出现回落走势。

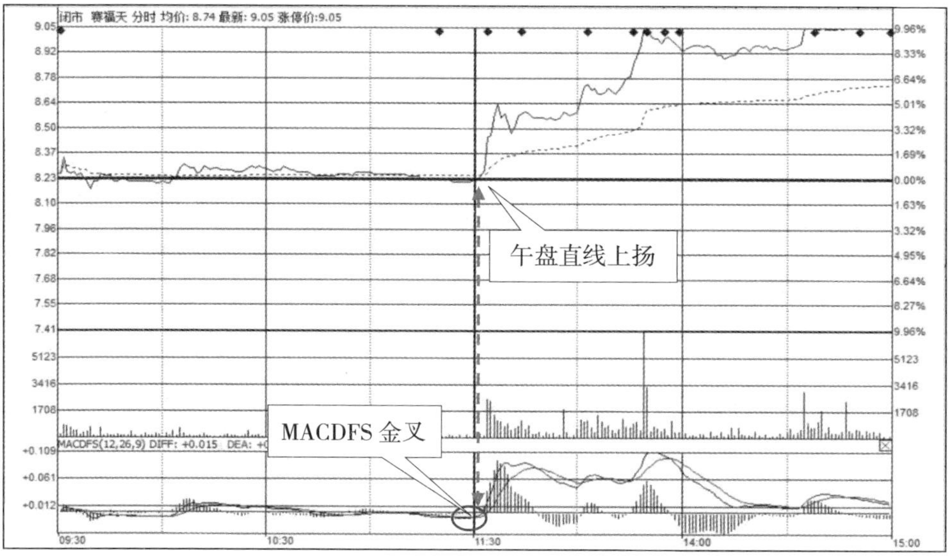

图 6–13 赛福天（603028）分时走势图（2021.10.8）

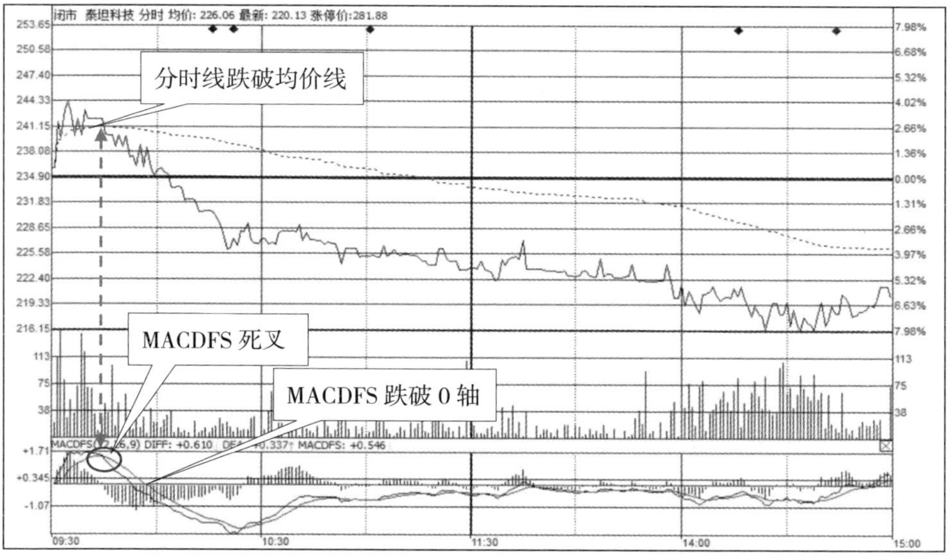

图 6–14 泰坦科技（688133）分时走势图（2021.10.8）

随着股价分时线跌破均价线，MACDFS 指标出现高位死叉，鉴于此时 MACDFS 指标仍位于 0 轴上方，手中持有该股的投资者可先进行一定的减仓。

其后分时线持续下挫，MACDFS 指标向下跌破 0 轴，意味着多空力量对比发生了根本性的变化，投资者可清空仓位。

第三节 KDJ 指标及看盘要点

KDJ 指标亦称随机指标，以其超强的灵敏性，成为短线投资者寻找交易时机的最佳帮手。KDJ 指标主要用来反映市场上买卖力量的强弱和超买超卖现象，它能够在股价上升或下降之前发出准确的买卖信号。该指标由乔治·兰恩博士首创，是根据统计学原理，将某个周期内出现过的最高价、最低价及最后一个收盘价作为基本数据，来计算最后一个计算周期的未成熟随机值 RSV，然后根据平滑移动平均的方法来确定 K 值、D 值与 J 值，并绘制成相应的曲线图来研判行情。

如图 6-15 所示，KDJ 指标主要由曲线 K、曲线 D、曲线 J、中轴 50 线等 4 部分构成。KDJ 指标是一种深受短线投资者喜爱的技术指标。

KDJ 指标最经典的用法包括 KDJ 指标超买超卖、金叉死叉等。

一、KDJ 指标超买与超卖

超买与超卖，是 KDJ 指标最核心的两项交易指示信号。KDJ 指标超买，意味着股价短线涨幅过大，存在回调的可能。KDJ 指标超卖，则意味着股价短线跌幅过大，存在反弹的可能。

1.KDJ 指标超买

KDJ 指标超买是指股价上涨过程中，买盘逐渐放大，KDJ 指标逐步走高。当买盘放大到一定程度无法继续放大，KDJ 指标上升的难度也会越来越大，此

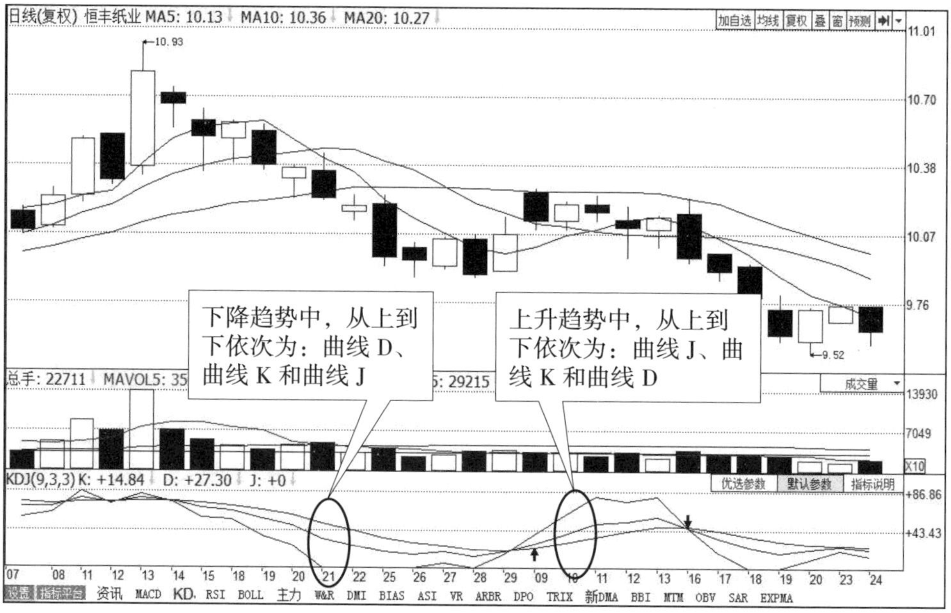

图 6-15 KDJ 指标图示

时就说明指标已经进入超买区域，未来有下跌的风险。

KDJ 指标出现超买，说明上涨行情很难持续，股价未来有下跌的风险。通常情况下，KDJ 指标超买具有如下三个特征。

第一，股价经过一段时间的上涨后，KDJ 指标中的曲线 J、曲线 K 和曲线 D 先后进入超买区域，即 80 线上方区域。

第二，尽管 80 线被看成超买区与徘徊区的分界线，但很多投资者仍然将曲线 K 进入 90 线以上区域，才看成指标超买；曲线 J 很可能会到达 100 线以上区域，才被看成超买。

第三，KDJ 进入超买区域，只表示股价进入危险区域，并不意味着股价立即会出现下跌走势。恰恰相反，很多次股价暴涨行情都是在 KDJ 指标进入超买区域后才展开的。因此，短线投资者需要特别关注 KDJ 进入超买区域后的股价走势。

下面来看一下艾德生物的案例。

如图 6–16 所示，艾德生物的股价经过一段时间的盘整后，2021 年 6 月出现了一波快速拉升。随着股价上涨，从 6 月 25 日开始，KDJ 指标中的各条指标线先后进入超买区域，即 80 线以上区域。其中，曲线 J 一度达到 100 线以上区域，说明股价短期可能会出现筑顶态势，投资者可做好卖出股票的准备。若有明确的卖出信号发出，则可考虑出货。

从图中可以看出，KDJ 进入超买区域时，其实也是股价上涨势头最猛的阶段。短线投资者应该尽可能地把握这一阶段的利润。

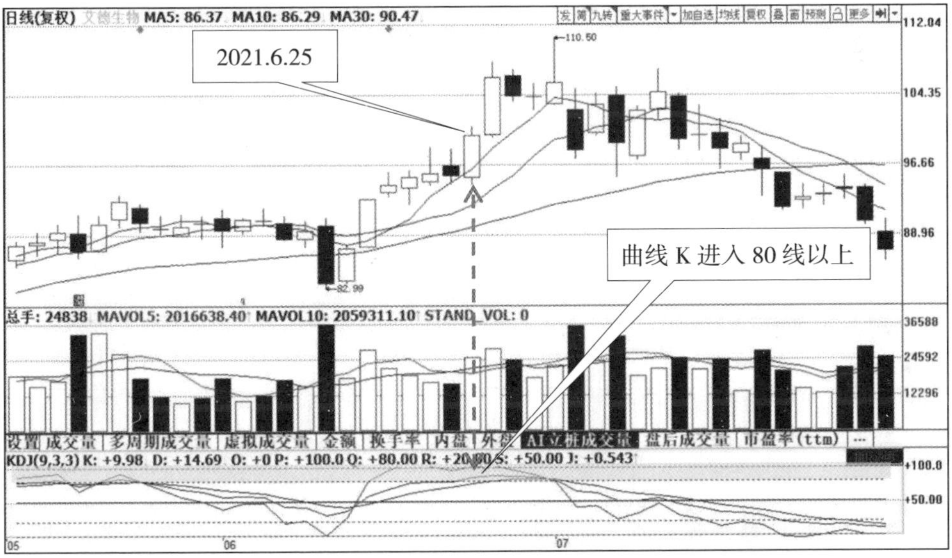

图 6–16　艾德生物（300685）日 K 线走势图

2. KDJ 指标超卖

KDJ 指标超卖是指股价在下跌过程中，卖盘逐渐放大，KDJ 指标逐步走低。当卖盘放大到一定程度无法继续放大，KDJ 指标下降的难度也会越来越大，此时就说明指标已经进入超卖区域，未来有反弹的可能。

KDJ 指标出现超卖，说明下跌行情很难持续，股价未来有反弹的可能。通常情况下，KDJ 指标超卖具有如下三个特征。

第一，股价经过一段时间的下跌后，KDJ 指标中的曲线 J、曲线 K 和曲线 D 先后进入超卖区域，即 20 线下方区域。

第二，尽管 20 线被看成超卖区与徘徊区的分界线，但很多投资者仍然将曲线 K 进入 10 线以下区域，才看成指标超卖；曲线 J 很可能会到达 0 线以下区域，才被看成超卖。

第三，指标超卖说明股价下跌趋势结束的可能性正在增加，但不意味着股价会立即从下跌转为上涨。其实，KDJ 发出超卖信号时，很可能是股价跌势最猛烈的时候，也是投资者避之唯恐不及的时刻。

下面来看一下智动力的案例。

如图 6-17 所示，2021 年 7 月中旬，智动力的股价出现了一波快速下跌。随着股价下跌，从 7 月下旬开始，KDJ 指标中的各条指标线先后进入超卖区域，即 20 线以下区域。7 月 27 日，曲线 K 进入了 20 线以下区域，曲线 J 一度达到 0 线以下区域，说明股价短期可能会出现筑底态势，投资者可做好买入股票的准备。若有明确的买入信号发出，则可考虑少量建仓。

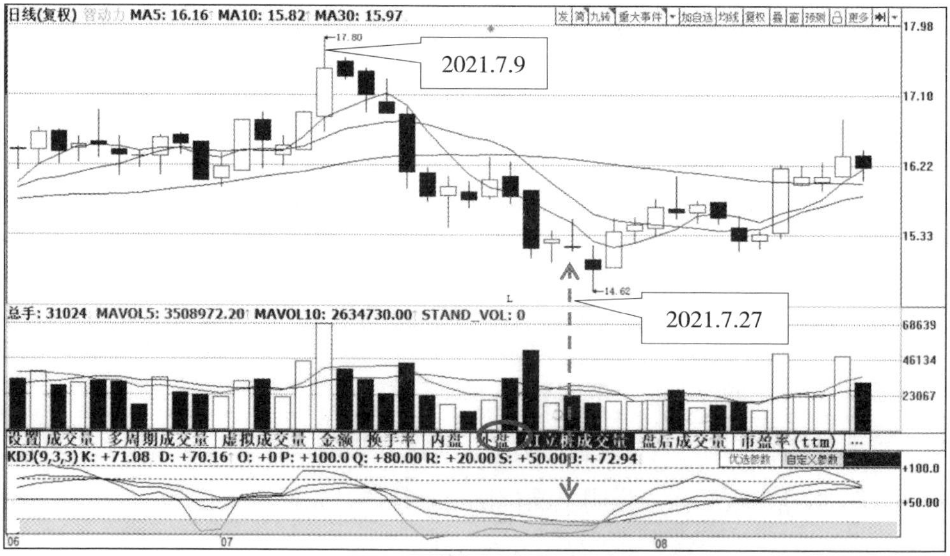

图 6-17　智动力（300686）日 K 线走势图

二、KDJ 指标金叉与死叉

金叉与死叉，也是 KDJ 指标比较经典的交易指示信号，不过，由于 KDJ 指标灵敏度较高，所以这两项指标的准确性弱于 MACD 指标。

1.KDJ 金叉

通常情况下，大家习惯将曲线 K 自下而上穿越曲线 D 形成的交叉称为黄金交叉，也就是说，交叉之后，曲线 K 会逐渐走高，股价也会逐步走高。但是不可否认，其中有大量的交叉并没有带来股价上涨。因此，质量较高的黄金交叉，才是投资者最需要关注的形态。

一般情况下，KDJ 指标质量较高的黄金交叉应该满足以下 4 项条件。

第一，曲线 K 和曲线 J 同时自下而上穿越曲线 D，交叉点最好位于 20 线上方附近，说明股价已经启动反弹或上涨，并且短期内存在一定的反弹或上涨空间。

第二，若曲线 K 与曲线 D 在底部多次形成金叉，则可增强买入信号的准确性。

第三，出现金叉时，股价 K 线应以阳线收盘，并且成交量同步放大。

第四，出现金叉时，若股价 K 线同步上穿某条重要均线或某个重要阻力位，则可增强买入信号的准确性。

下面来看一下澄天伟业的案例。

如图 6-18 所示，2021 年 7 月中旬，澄天伟业的股价突然出现大幅杀跌走势。随着股价下跌，KDJ 指标进入超卖区域，说明此时空头力量较强。

2021 年 7 月 22 日，澄天伟业的股价放量上攻。与此同时，KDJ 指标在 20 线上方附近形成黄金交叉，说明此交叉含金量很足，激进型投资者可以买入股票。保守型投资者可在 7 月 27 日股价向上突破 5 日均线和 10 日均线，并且各条均线呈多头发散排列时执行买入操作。

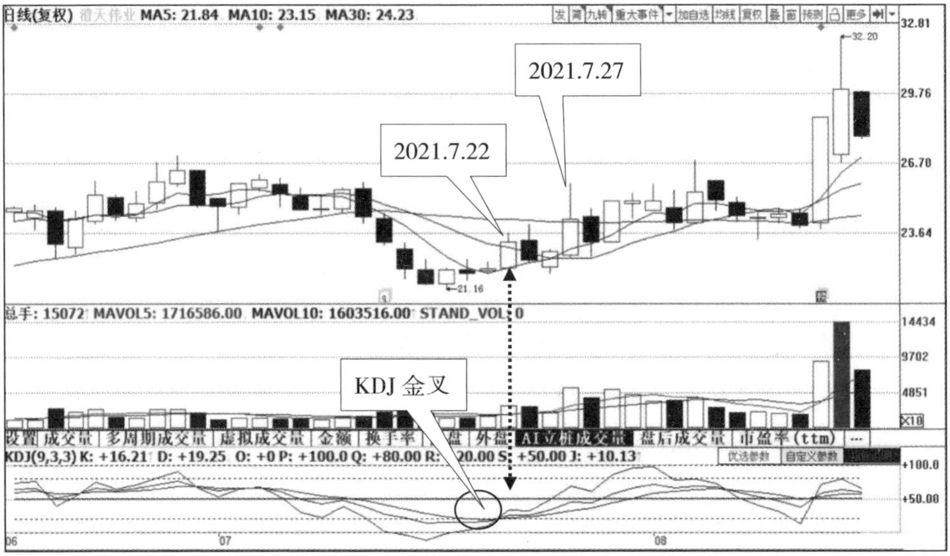

图 6-18　澄天伟业（300689）日 K 线走势图

2.KDJ 死叉

曲线 K 自上而下穿越曲线 D 形成的交叉称为死亡交叉。也就是说，交叉之后，曲线 K 会逐渐走低，股价也会逐步走低。但有时交叉形成后，曲线 K 并没有迅速走低，而是转头向上与曲线 D 再度形成交叉，股价随之再度上涨。因此，投资者要判断死亡交叉的质量，合理控制仓位。

股价上涨至高位或者正处于高位盘整阶段时，曲线 K 下穿曲线 D，此时出现的死叉，往往预示股价将出现一波下跌走势，此时投资者最好清空股票。不过，若出现下列情形之一，投资者可保留部分筹码。

第一，死叉出现时，30 日均线和曲线 D 仍旧呈上升态势，并且股价没有跌破明显的支撑位，没有跌破 10 日均线更好。

第二，死叉出现前，股价上涨过程中，成交量持续放大；死叉出现时，股价回调，成交量呈萎缩态势。

第三，股价明显处于上涨趋势中，并且市场做多气氛浓厚。

下面来看一下万马科技的案例。

如图 6-19 所示，2021 年 5 月，万马科技的股价经历了一波上涨走势，KDJ 指标同步上升。

2021 年 6 月 9 日，万马科技的股价出现下跌，曲线 K 自上而下穿越曲线 D 形成高位死叉。该死叉出现时，由于股价仍处于上升趋势中，并且回调时成交量出现了缩量，说明股价运行趋势尚佳，投资者可继续持股。保守型投资者可进行一定的减仓。

经过一段时间的小幅反弹后，该股股价再度出现滞涨。6 月 18 日，该股股价再度出现下跌，KDJ 指标跌破 50 线，意味着股价将进入空方主导区域。这也意味着股价将开启下跌走势，投资者宜执行卖出操作。

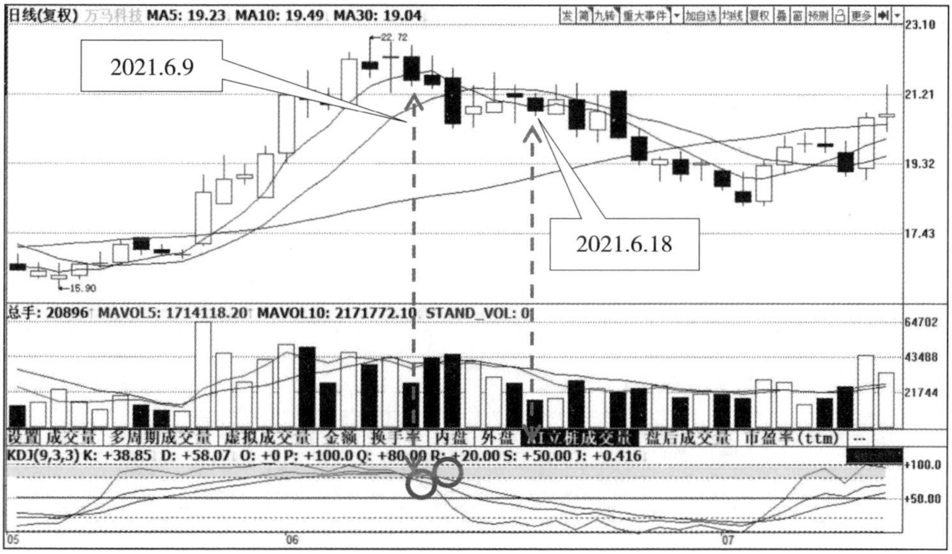

图 6-19　万马科技（300698）KDJ 指标走势图

三、KDJFS 指标用法

KDJFS 指标是 KDJ 指标在分时图上的写法，即分时 KDJ 指标。KDJFS 指标的用法与 KDJ 指标相同，只是应用领域稍有不同。KDJFS 指标的看盘重点也在 KDJ 指标的金叉、死叉及超买、超卖。

下面来看一下鲁阳节能的案例。

如图 6-20 所示，2021 年 10 月 8 日，鲁阳节能的股价早盘高开后一路振荡走低。其后，该股股价出现了反弹，KDJFS 指标迅速走高，并且进入 80 线上方超买区域。

观察分时线可知，此时分时线刚刚回到前日收盘价上方，并且刚刚突破均价线，这并非理想的运行状态。

其后，分时线迅速回落并跌破了均价线，KDJFS 在 80 线上方形成了死叉。从短线来看，该股股价有回落的可能，投资者可以减仓或清仓。

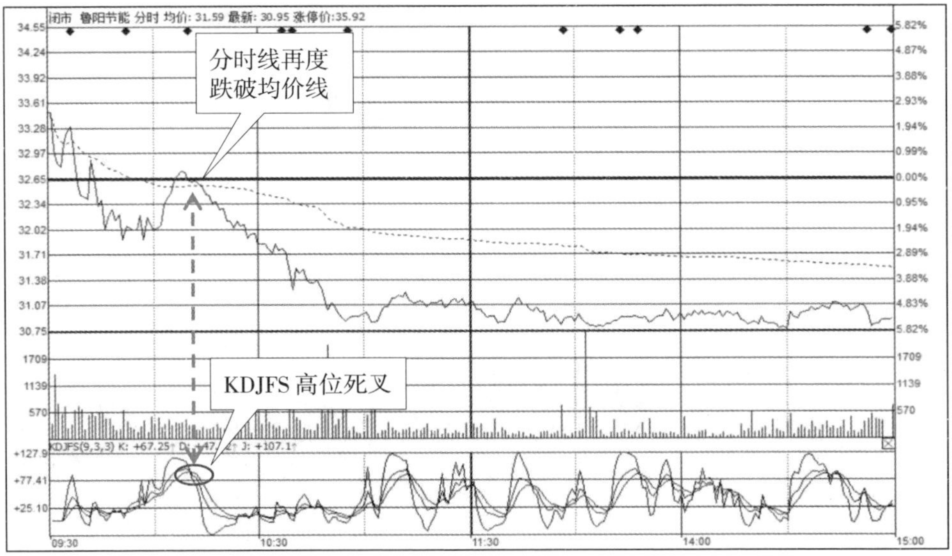

图 6-20　鲁阳节能（002088）分时走势图（2021.10.8）

第三篇

看盘实战技术

对于喜欢盯盘的投资者来说，有 4 个时段需要特别注意：其一，开盘前对各类消息的整理分析；其二，开盘时段股价走势研判；其三，盘中股价与成交量异常分析；其四，尾盘时段股价走势研判。

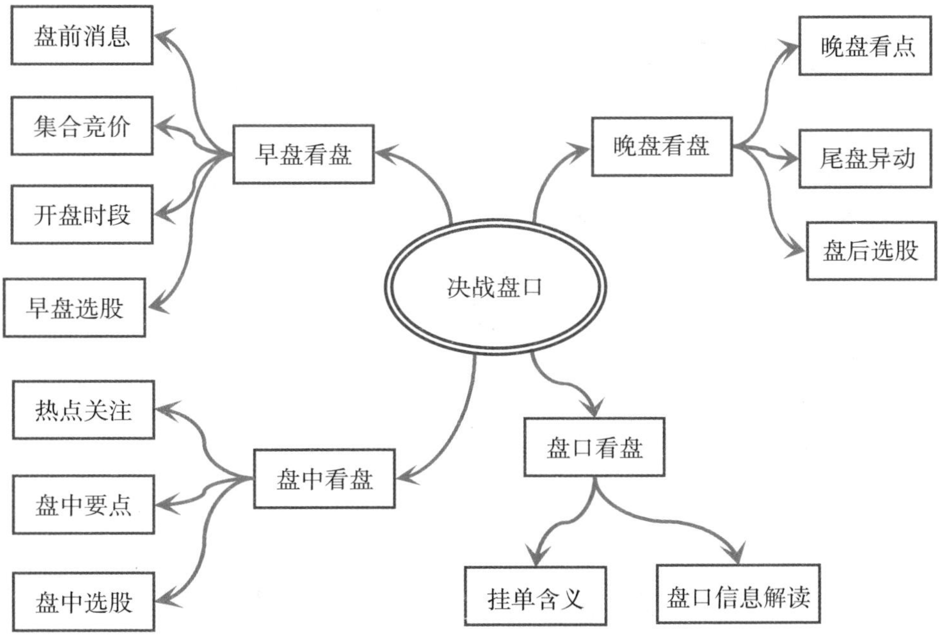

看盘实战技术知识导图

第七章

早盘，兵家必争之地

从某种意义上来说，早盘对股价一天的走势具有重要的指引作用。对于短线或超短线投资者来说，早盘更是不可不看。

早盘看盘需要重点关注的项目包括如下 4 项。

第一，个股与大盘消息。

第二，集合竞价情况。

第三，开盘价。

第四，开盘后第一个 15 分钟的走势。

第一节 盘前消息速读

经过一个夜间（若为周一或节假日后第一个交易日则有更长时间）之后，各个方面都会出现新的信息，这些信息有的可能会影响整个国家的经济形势，有的可能会影响资金流动情况，有的可能会影响投资者的情绪，有的可能会对个股业绩产生一定的影响。因此，早盘开盘前，投资者有必要简单梳理各路信息。

一、国际形势与外围股市

随着全球一体化进程的加速，很少有股市能够独立于全球大市场。因此，国际上的一些风吹草动，都可能会对股市产生较大影响。当然，由于A股市场的特殊性，并不是所有的事件都会对A股市场产生影响，只是其中一些比较大的事件才会对A股产生一定的冲击。以下两个方面的影响可能会大一些，这也是每天盘前需要了解的信息。

1. 重大国际地缘关系

事实上，在大家生活的地球上，几乎每天都在发生冲突。大家对这些冲突感受不深，是因为自己距离较远，而且这些冲突对整个国际局势影响不大，也构不成对国际经济政治形势的影响，自然也就不会影响股市。可是还是有一些冲突可能会扰动整个国际社会，如中东地区的冲突，毕竟该地区是全球重要的原油产区；美俄关系、中美关系都是能够扰动世界政治局势的重要因素，这些都是投资者日常需要关注的信息。

2. 欧美股市走势

投资者若无法判断国际局势对股市造成的影响程度，可以参考一下欧美各国的股市走势情况。一般来说，股票市场是一个可以包容与消化各路信息的场所。一些足以对全球经济造成影响的事件，必然也会对欧美股市造成影响，这些市场的走势可以帮助投资者确认这些国际事件的影响力。

当然，随着我国经济规模不断增大，A股走势越发具有独立性，欧美股市走势对A股市场的影响也开始减弱，有些时候，只是对A股的开盘产生一定的影响，随后A股会走出独立行情。

投资者需要跟踪的外围股市主要包括美国股市中的道琼斯工业指数、纳斯达克指数，欧洲市场中的德国股市、法国股市以及英国股市的走势情况。

二、国内经济形势

相对而言，国家层面的一些政策、规划类的信息，会给股市特别是大盘产生较大的影响。前面介绍大盘走势影响因素时，曾经提及了一些方面的信息，因此每日盘前大家要浏览一下这些信息，以便为操盘做出科学的规划。

每日需要关注的信息主要有以下 4 个方面。

第一，国家近期发布的可能对股市产生影响的政策、文件、规划等。越是一些具体的规划，越可能对相关板块产生较大的影响。

第二，与股市直接相关的经济政策，如利率变动、银行储备金率变动以及印花税调整等。

第三，国家相关统计机构发布的经济运行情况的统计数据，如 GDP、工业产值数据、采购经理人指数（PMI）等。

第四，人民银行调控市场货币量的指标，如央行在公开市场的逆回购数据。央行采取的这些动作，本质上是为了调节市场流动货币量，因此会对股市资金量产生一定的影响。

三、个股利好利空消息

无论是国际形势还是国内经济形势，最直接的影响都是对大盘走势的，个股利好利空消息才是实打实影响个股走势的因素。

一般来说，个股利好利空消息包括这样三个方面。

第一，从业绩方面看，超预期的业绩总会引发股价大幅波动。有时，并非业绩亏损或下滑引发股价下跌，而是业绩低于市场预期就会引发股价下跌。即使业绩取得了较高的增长，若低于市场预期，也可能会引发股价下跌。这是由于先前的股价已经涵盖了业绩上涨预期，当业绩达不到预期时，股价就会回调。同理，当业绩超过预期水平时，股价就会出现上涨走势，即使有时业绩仍旧亏损，但只要好于预期，股价也会有所反应。

第二，个股消息面的利好与利空。比如，企业新签了一些大合同或陷入了某些司法诉讼等，都可能会影响个股的走势。当然，这类消息要做一明确的区分：其一，对未来业绩产生实质或根本性影响的消息；其二，只是短暂对企业产生影响的事件。对于可能会对企业生产运营产生根本性影响的事件，投资者是需要谨慎的，比如之前的长生生物事件等，投资者宜立即出逃。对于可能短暂影响企业的事件，需要防范主力借机操作。有些股票的利空消息影响不大，主力却刻意大幅打压股价，以恐吓更多投资者抛出手中筹码；有些利好消息影响也不大，主力却反向大幅拉升股价，以诱使散户入场接盘。

第三，关于行业层面的利好利空消息。这类消息不一定直接作用于个股，但主力可能会借此进行拉抬或打压股价。对于短线投资者来说，只要顺势操作，追涨杀跌即可，毕竟经历了短线资金的爆炒之后，很多股票的股价已经远远脱离内在价值了。

四、借助炒股软件挖掘投资机会

股票交易软件，确实是投资者看盘的一个好帮手。在盘面上，通过【资讯】功能和【F10】功能，投资者可以获取个股相关信息。

1. 透过【资讯】挖掘投资机会

对于投资者来说，每天开盘前了解股市动态、个股消息，尤其是公司公告、利好利空消息等，肯定是必不可少的活动。目前，各类炒股软件都为投资者提供了全方位的资讯支持服务，投资者根本无须浏览各类网站，就可以得到各类资讯。

例如，同花顺的【资讯】功能，就为投资者提供了各类投资参考消息，如图 7-1 所示。

图 7-1 【资讯】|【资讯首页】

投资者阅读这些资讯时，需要注意这样 4 点。

第一，关注可能引发股市上涨或下跌的热门投资建议和信息，重点研判这些信息中所提个股是否具有投资价值。例如图 7-1 中所提的“电价改革加速推进”，就是一条非常值得投资者深度挖掘的信息。

第二，注意投资信息的可持续性。投资者应该重点关注的是一些具有可靠性的信息，例如工业 4.0、机器人等长期规划类信息，而一些短暂的、不可持续的信息，虽然可能短线推动股价上涨，但难以持续。投资者短线介入这些个股后，很容易成为高位接盘者。

第三，关注自己持有的个股和拟购入股票的利好利空消息。当然，有时利空消息出现时，未必就是该股最黑暗的时刻，甚至有可能是购入该股的最佳时刻。总之，投资者不能机械地见到利好就买入、见到利空就卖出，要适当反向思考，综合分析，然后再做交易决策。

第四，机构调研是一个比较有意思的信号。通常情况下，获得机构调研的公司的股票，很可能会被机构买入。不过，真实情况是，机构可能已经先一步买入这些公司的股票，散户见到机构调研，再跟进买入时，就会充当为机构抬轿子的角色。所以说，股市中永远不能寻求一劳永逸的策略，要学会随时调整、活学活用。

2. 借助【F10】浏览个股信息

投资者若已经圈定跟踪的目标股票，就需要密切注意个股的动向。【F10】是一个非常好的工具。投资者可以借助【F10】，一网打尽个股最新动态信息。下面以同花顺为例讲解【F10】的应用方法。投资者可以先选中个股，点击【分析】|【个股资料】或直接按【F10】进入该页面，如图 7-2 所示。

图 7-2 【分析】|【个股资料】

【F10】中的热点新闻是投资者每日需要重点关注的内容。在这一内容中，除了公司临时发布的一些信息外，还有一些投资机构发布的与企业有关的分析信息和建议，这些都会对投资者制定交易策略带来帮助。

投资者阅读【F10】信息时，需要注意这样两点。

第一，将客观信息与主观分析信息相区分。在这一内容中，投资者能够看到一些与企业有关的客观信息，也有一些专家发表的主观看法。客观信息可以作为自己制定投资决策的依据，主观信息只能作为参考，不能作为依据，投资者不能将两者混为一谈。

第二，利好利空信息与当前股价走势相结合。出现利好或利空消息时，若股价已经兑现，则可能出现利好兑现即利空，或利空兑现即利好的情况。

第二节 集合竞价走势研判要点

每个交易日 9:30 开盘前 15 分钟为集合竞价时间，在该时间段内的股价分时走势图，称为集合竞价分时图。图 7-3 阴影部分为集合竞价走势区。

竞价图中，上方的每个黑点代表买卖双方达成交易一致的点位（按照集合竞价规则，该价格能够达成最大成交量）。黑点越多，说明市场交易越活跃，股票热度越高。黑点下方的量线高度，反映了挂单量的大小。

投资者查看集合竞价走势图时，需要注意这样 4 点。

第一，竞价图中的股价走势线，只反映了股价动态竞价的过程，并不是真实的成交价。只有 9:25 之后出现的价格才是最终成交价。

第二，竞价图中的成交量线，只能反映实时的挂单情况，并不是真实的成交量。只有 9:25 之后出现的成交量才是真实的成交量。

第三，尽管竞价图给出的股价分时走势和成交量线均是虚拟的，但也能反映

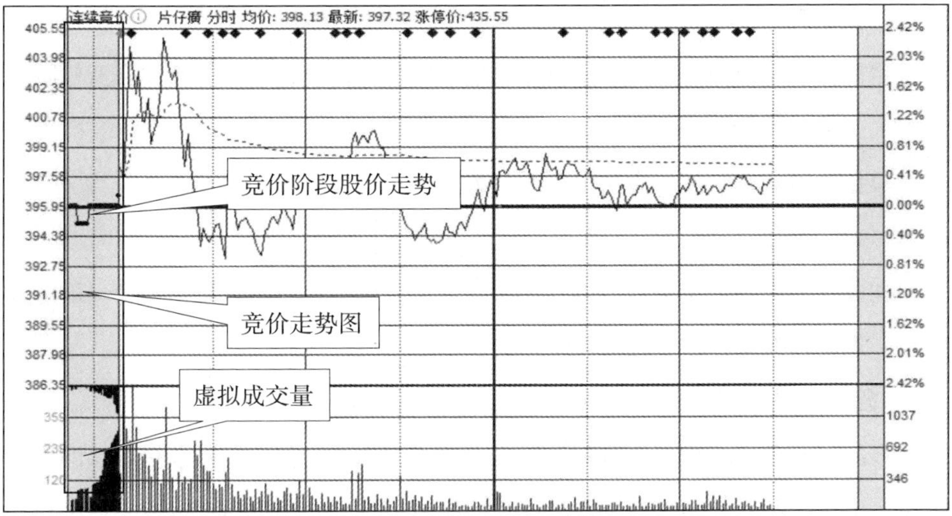

图 7-3　片仔癀（600436）的集合竞价走势图

买卖双方的力量对比情况。

第四，投资者可以借助竞价图了解主力异动情况，以便判断股价的未来走势。

了解集合竞价图前，先要熟悉集合竞价的基本规则，然后再研判集合竞价的分时走势。

一、集合竞价基本规则

集合竞价是指对一段时间内接收的买卖申报一次性集中撮合的竞价方式。

1. 集合竞价遵循三项基本原则

第一，以此价格成交，能够获得最大成交量。

第二，高于参考价的买入申报和低于参考价的卖出申报必须全部成交。

第三，与参考价位相同的申报，其中买入申报和卖出申报必须有一方能够全部成交。

若有几个价格同时符合上述三个条件，沪市按照几个价格的中间价成交，深市则按照与前一交易日收盘价最近的价格成交。

2. 集合竞价的三个时间段（点）

目前，股市每天早盘的开盘价都是通过集合竞价获得的，早盘集合竞价时间为每个交易日的 9:15—9:25。

早盘集合竞价时间，实质上可以分为三个不同的时间段（点）。

（1）第一个时间段：9:15—9:20。

在此时间段内，投资者可以发出买入或卖出指令，也可以撤销指令（即可以挂单，也可以撤单）。炒股软件中，会显示出虚拟的成交信息。

（2）第二个时间段：9:20—9:25。

在此时间段内，投资者可以发出买入或卖出指令，但不可撤消指令（即只能挂单，不可撤单）。系统会根据投资者的挂单情况，按照集合竞价成交规则自动撮合成交。

（3）第三个时间点：9:25。

在此时间点，系统会给出当日开盘价，即根据集合竞价得到的最优成交价格，在此价格以上的买入订单已全部成交，在此价格以下的卖出订单也全部成交。

3. 如何在集合竞价阶段买入或卖出

投资者若想在集合竞价阶段买入股票，最好的办法是直接按照涨停价挂单。

集合竞价阶段成交的股票，都是按照同一价格标准成交的，因而当挂出最高价时，首先能保证买单一定会成交（当日以非涨停价开盘），其次是无论挂出多高的价格，最后也会按照集合竞价成交，不会为此多支出任何成本。

例如，某只股票前一交易日以 10 元收盘，次日投资者想在集合竞价阶段买入该股，那么可以直接按照 11 元的价格下单，最终该股的成交价若仍是 10 元，买单将按照 10 元成交，而不是 11 元。此时，若 10 元位置买单较多，只有一部分成交了，那么买单也一定会成交。

当然，若当日以涨停价挂单者众多，并且股价的集合竞价结果就是以涨停价开盘，那么，投资者即时按照涨停价挂单，也存在无法成交的可能。

与买入股票相同，卖出股票也可以在集合竞价阶段直接按照跌停价挂单，只要股价最终不是以跌停价开盘，你的卖单就一定会成交。

事实上，没有主力参与的集合竞价没有多大的参考意义。因此，早盘看盘时，重点要关注出现主力大单异动的个股。

集合竞价阶段，主力大单异动密集的关键时间点主要有两个，即9:20和9:25。

二、9:20 异动 1：高位撤单

基于集合竞价规则可知，9:20 是早盘集合竞价的一个关键时间点。在此时间点之前，投资者可以自行下单或撤单；在此时间点之后，投资者可以下单却不能撤单。因此，主力多在此时间点之前采取一些试探性动作。

9:15 集合竞价开始报价后，主力通常先报出较高的大单，将股价推升至高位，在 9:20 之前突然撤掉大单，致使股价迅速下跌。

图 7-4 展示的是大华股份 2021 年 10 月 11 日早盘集合竞价阶段的挂单情况。9:20 之前，股价被大幅拉升。9:20 左右，该股挂单出现了明显的异动，前期挂在高位的大单突然撤销。

主力挂单后再撤单，可能会有以下两种意图。

其一，为未来拉升确认抛盘的大小。主力无论出货还是吸筹，都可能有拉升动作，这一动作幅度的大小与上方抛盘的大小有关。

其二，也有可能只是主力的一个诱多动作，诱使散户入场追涨。

当然，之前的判断只是一种猜测，投资者要继续观察该股后续的走势。从该股开盘后的动向可知，主力在开盘后确实有一个向上拉升的动作，在距离早盘高点位置很近的地方停止了拉升，这可印证集合竞价阶段的试盘是以测试抛盘为主的。

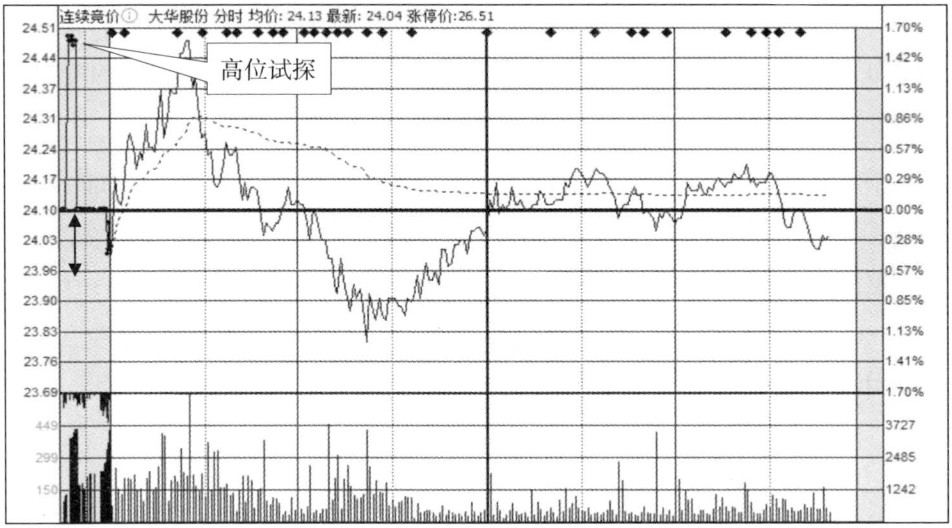

图 7-4　大华股份（002236）集合竞价走势图（2021.10.11）

三、9:20 异动 2：低位撤单

与之前的高位撤单相反，主力可能在低位设置打压大单后突然撤销，有时这些大单甚至能够将股价打压至跌停位置，给投资者造成很大的恐慌。很多投资者还在研究为何跌停时，他可能又将大单撤掉，股价瞬间升起。

这种情况是主力经常采用的一种策略。下面来看一下阳谷华泰的案例。

图 7-5 展示的是阳谷华泰 2021 年 10 月 11 日早盘集合竞价阶段的挂单情况。9:20 之前，股价被大幅打压至跌停板位置。该股的跌停幅度为 20%，对投资者可能会造成相当大的振动。9:20 左右，该股挂单出现了明显的异动，前期挂在低位的大单突然撤销。

通常情况下，这类股票往往属于前期走势不佳的，或突发某些利空，出于某种目的，主力可能会测试下方的承接盘，即观察股价打压至跌停板位置会有多少卖盘。

主力的意图可能包括这样三种。

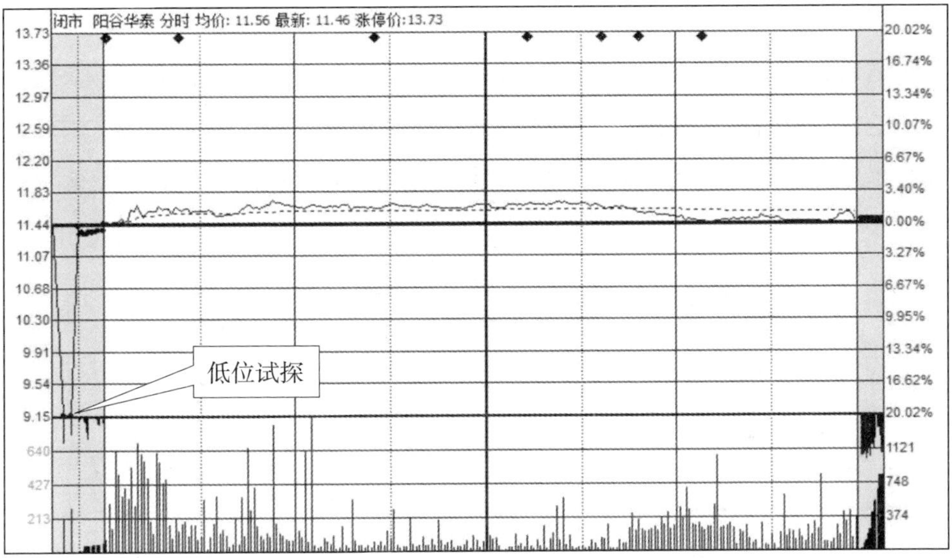

图 7-5　阳谷华泰（300121）集合竞价走势图（2021.10.11）

其一，当日或近日将要向下打压股价，因而先测试下方的买盘。若买盘较多，主力可能会加速出货，若买盘较少，则会选择某一时机再向下打压股价。

其二，只是主力的诱空动作，目的是加速洗盘，以利于未来的拉升。

其三，主力在 9:20 之前做出的卖出动作纯属一个虚招，而真实的情况是，主力在买入位置准备了一些单子，当其将股价打压至跌停价位后，必然会有一些散户下单出货，而后主力突然撤掉卖单，再加上买单，这样散户跟风卖出的筹码，就会悉数进入主力的口袋。这类股票往往后市走势较佳。

总之，投资者要结合股价当时的走势，具体情况具体分析。

四、9:25 异动 1：突击拉升

9:25 是早盘集合竞价的又一个关键时点。临近 9:25 时，股价与成交量同步快速上升，有时甚至最后一刻，股价与成交量突然大增，将股价瞬间拉升至开盘价位。

如图 7-6 所示，2021 年 10 月 11 日集合竞价阶段，山东海化的股价在 9:20 左右达到跌停板位置，给投资者造成了很大的压力，这与之前提及的情况不同。9:20 之后，股价仍位于跌停板，这就足以让人感到恐慌了（主力没有撤单）。其后，随着买盘增加，股价被迅速拉升，到了 9:25 出开盘价时，股价被大幅拉升至 -1% 左右。

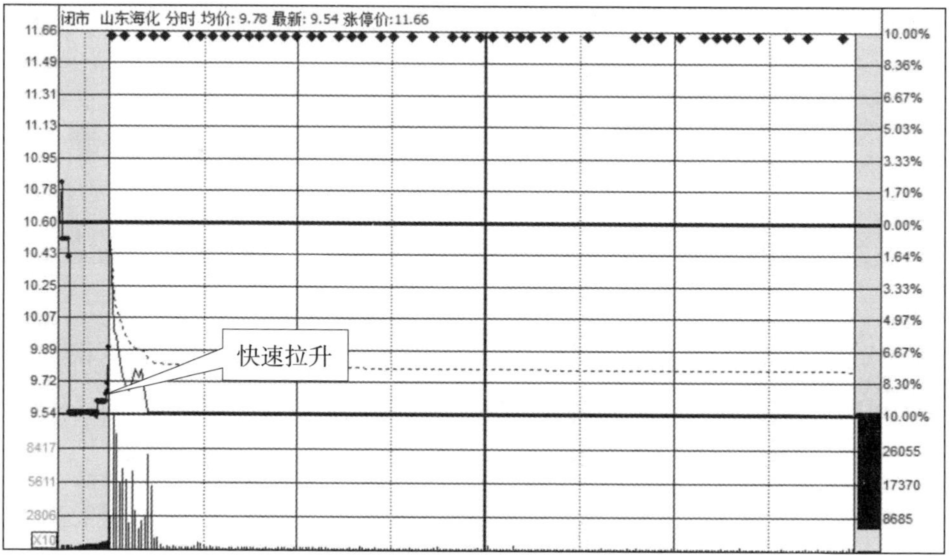

图 7-6　山东海化（000822）集合竞价走势图（2021.10.11）

主力之所以临近开盘时快速拉升股价，一般有以下两个原因。

其一，股价已经偏离主力预期范围，需要将其修正。这类股票的走势长期是向好的。

其二，股价已经启动下跌，若真的跌停，主力则无法顺利出货，有必要拉升股价，以便高价出掉更多的货。

五、9:25 异动 2：突击打压

临近 9:25 时，股价与成交量同步快速下跌，有时甚至最后一刻，股价大幅下挫，成交量大增，将股价瞬间打压至开盘价位。

如图 7-7 所示，2021 年 10 月 11 日集合竞价阶段，拓维信息的股价在 9:20 左右达到涨停板位置，给人一种股价即将起飞的感觉。其后，随着卖盘增加，股价被迅速打压，到 9:25 出开盘价时，股价甚至被打压至前日收盘价下方。

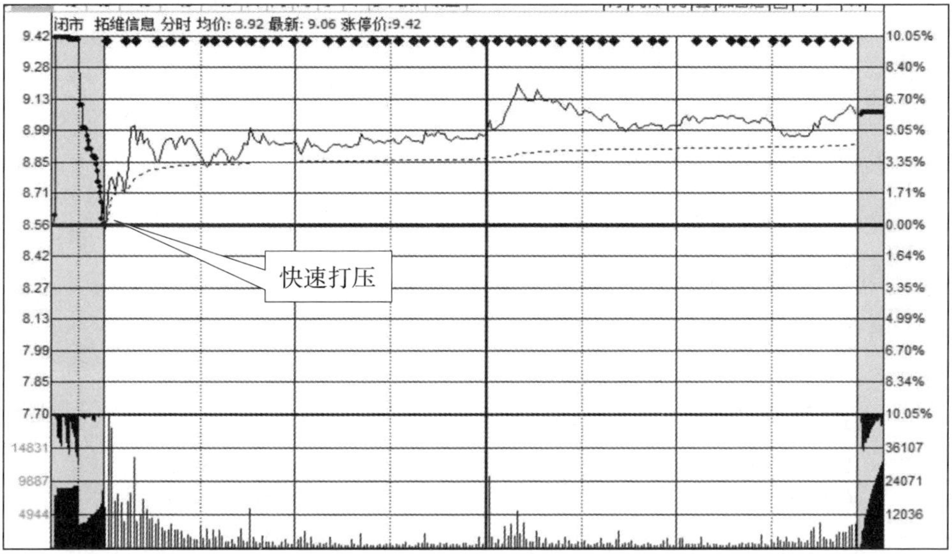

图 7-7 拓维信息（002261）集合竞价走势图（2021.10.11）

主力之所以临近开盘时快速打压股价，一般有以下两个原因。

其一，股价已经偏离主力预期范围，需要将其修正，大幅高开不利于主力掌控股价。

其二，主力刻意通过打压股价来给投资者造成一定的压力，以便让散户抛出手中的筹码，这样主力后面拉升就会比较容易。

第三节 开盘时段看盘要点

早盘会为全天股价走势奠定基调。概括起来，早盘看盘要点包括以下 5 个方面。

第一，大盘开盘点位。

第二，沪深两市涨幅榜。

第三，个股开盘价。

第四，大盘开盘 15 分钟内走势。

第五，个股开盘 15 分钟内走势。

一、大盘开盘点位

大盘开盘点位的形成，一定程度上会受前一交易日收盘后国内外政治、经济政策等信息的影响，也会受欧美股市走势的影响。因此，大盘开盘时的点位可以看成 A 股市场对之前信息的汇总与反馈。通过大盘指数开盘点位，投资者可以了解各个渠道信息对 A 股的影响程度。

大盘指数低开与高开，也许不能影响全天的走势，不过，开盘时段的点位和成交量，会对投资者的心理造成一定的影响。指数高开时，投资者往往会感到心情舒畅；指数低开时，难免会感到失落，并担心当天的行情持续走低。

处于正常情况下的开盘点位和成交量，往往不会对指数走势造成影响，因而不在研究范围之内。这里，主要研判集合竞价阶段的大盘点位与成交量出现异常表现的情况。

第一，指数上涨，成交量放大。当大盘指数上涨，并且成交量放大时，表示市场做多气氛浓厚，指数未来上涨的可能性很大，投资者宜跟进买入股票。

第二，指数上涨，成交量萎缩。当大盘指数上涨，并且成交量萎缩时，表示市场做多气氛较淡，指数未来有可能会出现一定的回调，投资者宜持币观望。

第三，指数下跌，成交量放大。当大盘指数下跌，并且成交量放大时，表示市场做空气氛浓厚，指数未来有可能会出现一定的下跌，投资者宜迅速卖出股票。

第四，指数下跌，成交量萎缩。当大盘指数下跌，并且成交量萎缩时，表示市场交易清淡，观望气氛浓厚，指数未来走势具有很大的不确定性，投资者宜持币观望。

下面看一下上证指数的走势图。

如图 7-8 所示，上证指数 2021 年 10 月 12 日早盘开盘时，在外围环境不佳的影响下出现低开，并且成交量同步出现放大情况，说明市场做空气氛浓厚，后市将会进一步下跌。开盘后，大盘指数振荡下行。

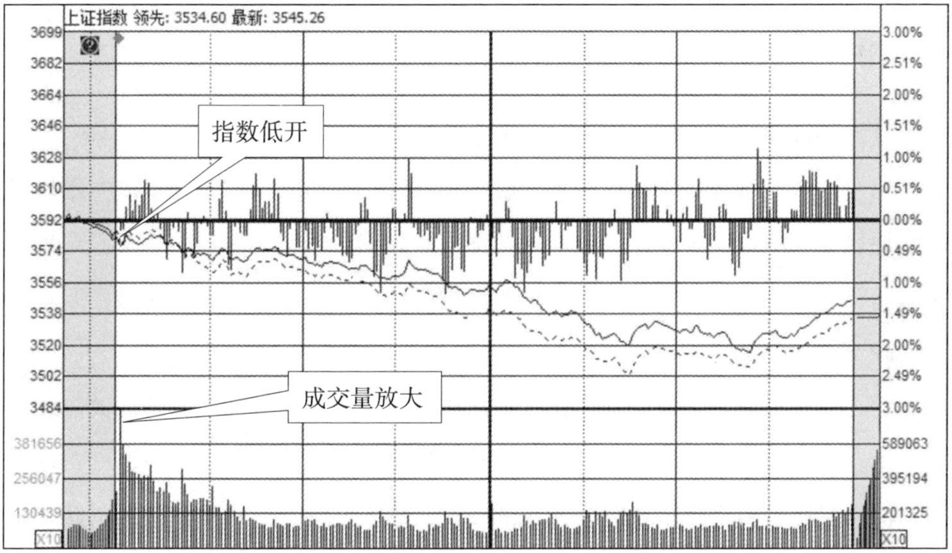

图 7-8　上证指数（000001）分时走势图（2021.10.12）

二、沪深两市涨幅榜

通过点击【报价】|【涨幅排名】|【沪深涨幅排名】，投资者不仅可以查看股票的排名信息，更可借此分析大盘的走势情况，如图 7-9 所示。

涨幅排名 涨停排名 DDE排名 资金流向 主力增仓 财务数据 上市至今 陆股通排名 创科分列 过滤 创业 科创 新股 ST股

	代码	名称	涨幅%	现价	涨跌	买价	卖价	总手	总金额
1	605567	N春雪	+20.00	14.16	+2.36	14.16	--	150	21.26万
2	300338	开元教育	+19.96	6.19	+1.03	6.18	6.19	55385	3428万
3	300192	科德教育	+11.17	8.06	+0.81	8.06	8.07	14505	1169万
4	300282	三盛教育	+10.36	4.58	+0.43	4.57	4.58	8642	395.8万
5	003032	传智教育	+10.02	23.28	+2.12	23.28	--	3621	843.0万
6	600071	凤凰光学	+9.98	24.79	+2.25	24.79	--	3218	797.7万
7	000812	陕西金叶	+9.89	3.89	+0.35	3.89	--	31553	1227万
8	600661	昂立教育	+9.47	10.29	+0.89	10.20	10.29	8283	852.3万
9	002469	三维化学	+8.46	6.28	+0.49	6.25	6.28	10973	689.1万
10	000657	中钨高新	+8.42	13.00	+1.01	12.99	13.00	40921	5320万
11	301041	金百泽	+7.44	29.04	+2.01	29.04	29.06	1811	525.9万
12	300010	豆神教育	[illegible]	[illegible]	+0.27	4.04	4.05	21068	851.2万
13	002607	中公教育	[illegible]	[illegible]	+0.75	11.78	11.80	27985	3302万
14	600636	国新文化	[illegible]	[illegible]	+0.72	11.85	11.87	1864	220.9万
15	300359	全通教育	[illegible]	[illegible]	+0.32	5.33	5.34	6655	354.7万
16	605162	新中港	[illegible]	[illegible]	+1.07	18.00	18.01	29025	5227万
17	300260	新莱应材	+6.31	32.00	+1.90	32.00	32.10	2018	645.8万
18	000526	学大教育	+5.95	20.29	+1.14	20.28	20.29	2419	490.8万
19	002599	盛通股份	+5.88	7.20	+0.40	7.19	7.20	17321	1247万
20	605151	西上海	+5.74	17.88	+0.97	17.83	17.88	1026	183.4万
21	002552	宝鼎科技	+5.71	17.04	+0.92	17.04	17.07	3981	678.4万
22	002980	华盛昌	+5.41	34.70	+1.78	34.70	34.89	2373	823.4万
23	300329	海伦钢琴	+5.31	12.70	+0.64	12.69	12.70	2792	354.6万
24	002337	赛象科技	+5.14	3.68	+0.18	3.66	3.68	2919	107.4万
25	002147	*ST新光	+5.09	4.54	+0.22	4.54	--	374	16.98万
26	300327	中颖电子	+5.08	62.00	+3.00	61.88	62.00	2010	1246万
27	000752	*ST西发	+5.04	5.42	+0.26	5.42	--	2630	142.5万

多只教育类股票进入首页

图 7-9 【报价】|【涨幅排名】|【沪深涨幅排名】（2021.10.13）

【沪深涨幅排名】可以实现如下两项功能。

第一，寻找领涨板块和个股。若涨幅榜首页多只股票同属某一板块，则说明该板块属于领涨板块，涨停个股则为领涨股。如图中所示，多只教育类股票进入涨幅榜首页，说明该板块为当日市场的领涨板块，这与前日国家出台鼓励职业教育的政策密切相关。

第二，通过开盘阶段的涨幅榜，可以观察整个市场对开盘前各方面消息的反应程度。若首页涨停股票较多，则说明市场做多气氛较浓；反之，则说明市场反应清淡，投资者宜谨慎。从图中所示的情况来看，在开盘阶段涨停个股（除了新股之外）仅为 6 只，属于不太理想的情况，这与前日大盘大幅下挫有关。

三、个股开盘价

对于持有股票的投资者而言，个股开盘价当然是最为核心的看盘要点。开盘价是指交易日内开市后第一笔买卖成交的价格，在我国股市中，开盘价就是集合竞价产生的价格。

开盘价高低，一般是相对前一交易日收盘价而言的，主要有三种情况。

一是低开。开盘价低于前一交易日收盘价就是低开。

二是高开。开盘价高于前一交易日收盘价则为高开。

三是平开。开盘价与前一交易日收盘价相同，则为平开。

一般来说，若开盘阶段成交量不大，则说明主力没有参与。只有散户参与产生的集合竞价，其实并没有多大的研判意义，无论是高开还是低开，主力很快就会将其修复。

下面，主要分析伴随着巨大成交量的开盘价。

1. 平开大量开盘

平开大量开盘一般都是人为造成的。每天开盘阶段，除非有特别的利好或利空消息，否则，一般投资者都会持观望态度，因此每天开盘时段成交量都不会很高。一旦开盘时段出现大量开盘，并且没有任何利好或利空消息，则可以认定这种情况是人为造成的，这就存在以下两种可能性。

（1）第一种可能性是，平开大量开盘只是两个庄家之间互相换手，并没有其他意图。若是这种情况，则说明两个庄家之间事先已经达成某项共识，因此才会采取一致性行动。出现这种情况后，一般股价后市走势比较平稳，不会出现太大的波动。

（2）第二种可能性是，庄家自己与自己换手。庄家不会平白无故地自己与自己换手，因为这需要一定的交易费用。平开大量开盘只是庄家在吸引投资者的眼球，也就是说，庄家希望通过大量成交来吸引投资者的注意，诱导他们配合自己下一步的行动。这种情况发生后，股价很可能会出现波动，至于向上攀升还是向下运动，则需要进一步观察。

2. 大幅高开或涨停开盘

如果庄家不是故意将筹码输送给特定的利益人，那么股价高开就一定是庄家在吸引投资者的眼球，希望投资者能够跟进买入。同时，这也说明庄家此时已经过了建仓期。投资者是否选择跟进，主要看庄家所处的阶段：如果庄家刚刚完成建仓，那么后面上升的概率比较大；如果股票是从高位回落后重新上涨的，那么下跌的概率会很大，投资者需要谨慎。

3. 大幅低开或跌停开盘

如果外围没有异常消息对股价造成影响，那么股价大幅低开同样是庄家在吸引投资者的眼球，希望投资者能够跟进买单，因为没有人愿意一开盘就将自己的股票以较低的价格卖出去。如果开盘后股价很快就回到前一交易日的收盘价附近，那么该股后续上涨的概率非常大。如果开盘后该股股价一路下跌，那么股价很可能会出现破位走势，说明庄家已经不计成本地出货了，这时投资者应该迅速出货离场。

四、大盘开盘 15 分钟走势

大盘开盘后 15 分钟内，是指数针对开盘点位的调整时间。指数开盘点位过高或过低，都会在这 15 分钟内得到修复。

除此之外，开盘 15 分钟内的大盘走势情况，往往会对一整天的走势构成一定的影响。具体走势情况及其影响如下。

第一，在上涨趋势中，大盘开盘 15 分钟以内，指数线出现一浪比一浪高的走势，说明买盘非常强劲，当天大盘振荡走高的可能性较大。但是，如果开盘 15 分钟的成交量过高，即 15 分钟成交量已经超出前几个交易日全天或几天的数量，则庄家拉高出货的可能性非常大，投资者应该谨慎应对。

第二，在下跌趋势中，大盘开盘 15 分钟以内，指数线出现一浪比一浪低的走势，说明卖盘实力比较强劲，当天大盘振荡走低的可能性较大。若开盘 15 分钟成交量较大，则说明市场对股价的下跌走势基本认可，后市走跌的可能性更大。

一般情况下，影响大盘走势的因素比较多，如外围股市走势、汇市走势、国际政治经济形势、国家相关政策等。因此，大盘走势具有较大的不确定因素。

下面以 2021 年 9 月 22 日的上证指数为例进行说明。

如图 7-10 所示，在欧美等外围股市大幅下跌的环境下，大盘指数大幅低开，随后出现反弹，其反弹的低点一个比一个高。这说明当前的走势是对开盘点位的一个修正，也说明大盘指数存在振荡向上的可能。投资者不能被大盘指数大幅低开吓坏而不敢入场操作，其实，这类因欧美股市下挫而引发的 A 股低开，若无对 A 股市场产生实质影响的因素，可能影响的只是 A 股的开盘价而已。

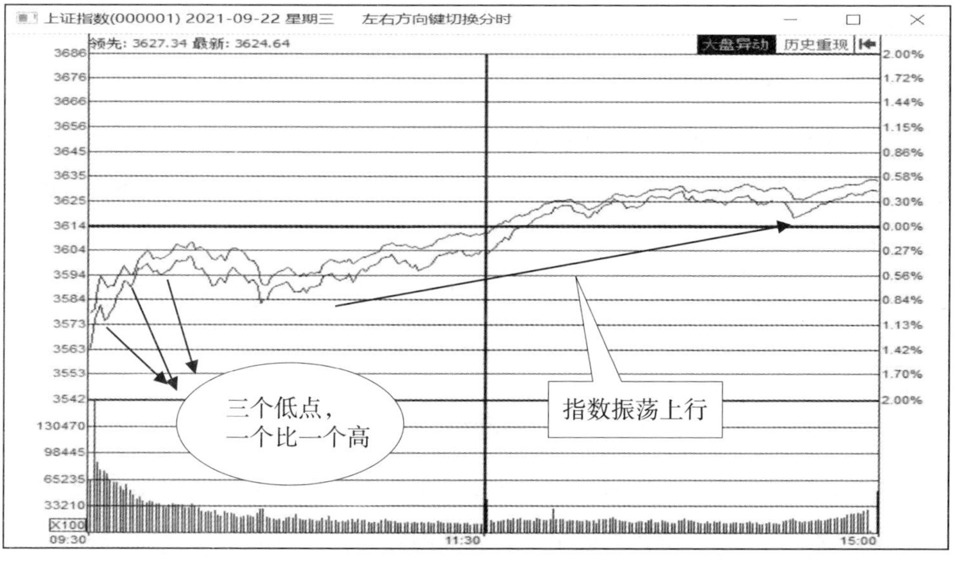

图 7-10　上证指数（000001）分时走势图（2021.9.22）

开盘 15 分钟内的走势，能够为指数全天的走势定下一个基调。不过，按照我国股市的习惯，每个交易日 14:10 左右，更是需要注意的时间点，因为这是一个经常出现逆转的时间，无论之前定下何种基调，都有可能被打破。

五、个股开盘 15 分钟走势

与大盘相似，个股股价开盘后第一个 15 分钟内的走势，将为全天的走势定下一个基调。并不是说 15 分钟内上涨的股票，当天就一定会上涨，而是说这 15 分钟的走势将会成为一个标尺。

1. 第一个 15 分钟走势的影响因素

影响股价开盘后第一个 15 分钟走势的因素如下。

第一，前日走势的惯性。若前一交易日股价大幅走高或涨停，那么当日开盘后，分时线很可能会出现一波惯性冲高，这是前一交易日抢涨停板的交易者最佳的卖出机会。若前一交易日股价大幅走低或跌停，那么当日分时线可能会随之惯性走低。

第二，前日走势的修复。前一交易日，随大盘或板块异动，有些股票出现大幅上涨或下跌，而后证明这是市场的一种联动反应，并非个股存在大幅上涨或下跌的基础，那么该股分时线会在开盘后出现一波修复走势，即与前一交易日走势相反的走势。

第三，当日的利好或利空因素。某只个股当日盘前公布的某些利好或利空因素，也可能直接促成开盘后第一波向上或向下的攻势。

2. 针对第一个 15 分钟走势的操作技巧

第一，通常情况下，如果走势并未出现特别的异常形态，即大幅拉升直至涨停板或大幅下跌，那么投资者还是多看少动为宜。

第二，投资者可将第一个 15 分钟的分时线上攻或下跌形成的高点或低点作为入场或离场的参照。例如，投资者可将第一个 15 分钟内分时线上攻的高点作为参照点，即开盘 15 分钟后，分时线再次上攻，并且放量突破该点时，可执行买入操作。

如图 7-11 所示，2021 年 9 月 3 日，爱尔眼科的股价在尾盘出现了快速打压走势。9 月 6 日开盘后，该股分时线出现了一波惯性下跌走势。其后，该股分时线回落，并且成交量线同步萎缩，此时投资者宜保持观望。此后，分时线被快速拉升，并向上突破了均价线和前日收盘价，说明该股股价短线走强的概率很大。

此后，该股股价出现了振荡上扬态势。

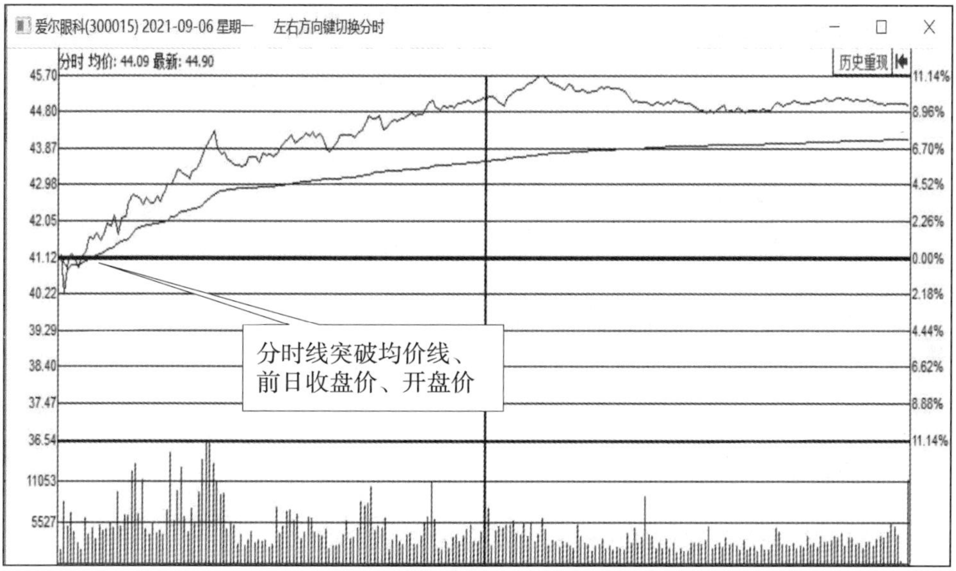

图 7-11 爱尔眼科（300015）分时走势图（2021.9.6）

第四节
早盘选股看盘要点

对于手中没有股票的投资者来说，早盘是一个重要的选股时间段，特别是对短线或超短线投资者来说更是这样。当然，早盘选股的投资者多数是短线和超短线投资者。

早盘选股看盘要点包括这样三个，如图 7-12 所示。

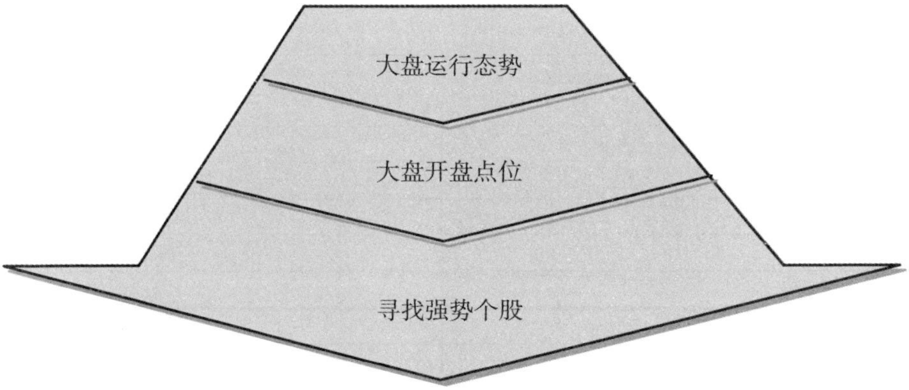

图 7-12　早盘选股关注要点

一、大盘运行态势

大盘运行态势，是短线投资者首先应该了解的项目。

短线或超短线投资者买入股票前，要对大盘指数当期的运行态势有所了解。也就是说，只有大盘指数处于上升或振荡趋势才能买入股票。若大盘指数处于下行通道，建议不要入场操作。对于大盘指数运行趋势的判断，至少要从日 K 线级别来研判。

如图 7-13 所示，进入 2021 年后，上证指数出现横向振荡走势，大盘指数在一个相对较宽的区域内振荡，各个板块出现了乱翻上涨或下跌的运行态势，这种环境比较有利于投资者精选个股。

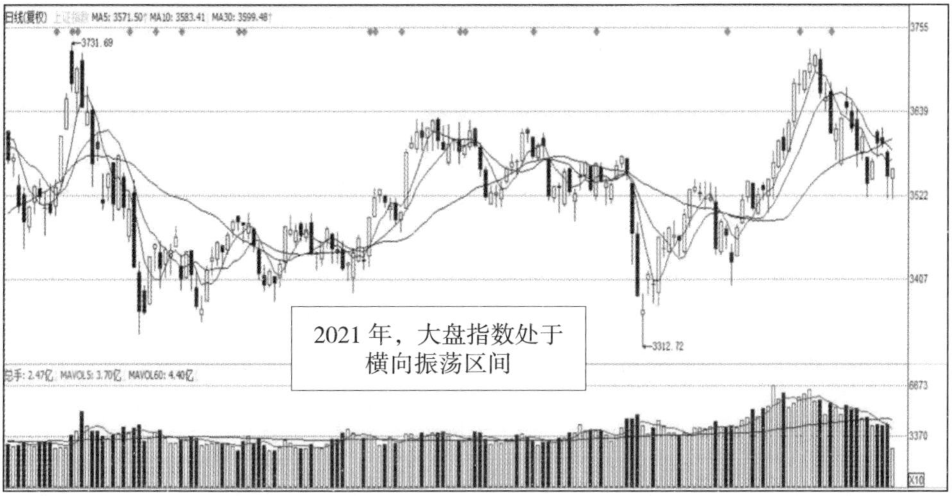

图 7-13　上证指数（000001）日 K 线走势图

二、大盘开盘指数位置

这在之前的看盘中已经有所提及。不过，对于想要入市操作的投资者来说，下面两种情况是需要特别关注的。

第一，大盘指数过低的开盘点位。

大盘指数过低开盘的原因前面有所介绍。如果大盘开盘后不能迅速上攻收复跌幅，那么就会有下行之忧。大盘日内跌幅过大，对于想要入场操作的交易者来说，绝不是一个好消息。面对过低的开盘点位，投资者可以保持观望，不宜过早入局：其一，关注低开的点位有无上攻收复失地的机会，若能收复失地，则可考虑入场；其二，关注低开的点位反弹遇阻后的表现，若持续波浪式下跌，则不宜入场，可考虑将入场机会留给下一个交易日。

如图 7-14 所示，2021 年 9 月 29 日早盘，上证指数低开之后，只是出现一波小幅的反弹，但反弹力度十分有限，大盘指数很快重新转入下跌通道。这种形势预示全天大盘走势羸弱，想要买入股票的投资者最好多一些耐心。

截至收盘时段，大盘指数跌至 -1.7% 位置。

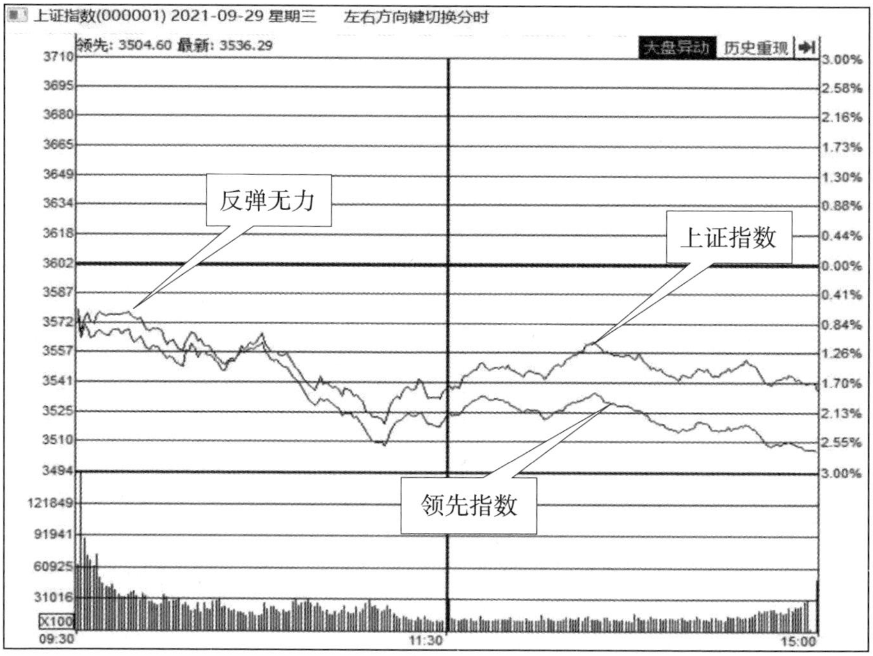

图 7-14　上证指数（000001）分时走势图（2021.9.29）

第二，大盘指数过高的开盘点位。

与过低开盘相似，过高开盘未必是好事。过高的开盘意味着开盘阶段已经预支了全天的涨幅。很多过高开盘的交易日，最后都以阴线甚至大阴线报收。因此，对于想要买入股票的投资者来说，过高的开盘价可能让其买在高位，这对后续操作十分不利。

如图 7-15 所示，2021 年 2 月 18 日早盘，上证指数大幅高开（高开幅度超过 1.3%）之后，只是出现一波小幅的上攻，大盘指数很快转入振荡下跌通道。这种形势预示全天大盘走势面临危险，想要买入股票的投资者最好多一些耐心。

截至收盘时段，大盘指数只是上涨了 0.55%，在 K 线图上留下了一根高位大阴线。对于想要短线入局的投资者来说，这绝非良好的投资环境，最好暂时观望。其后，大盘指数出现了连续下跌走势。

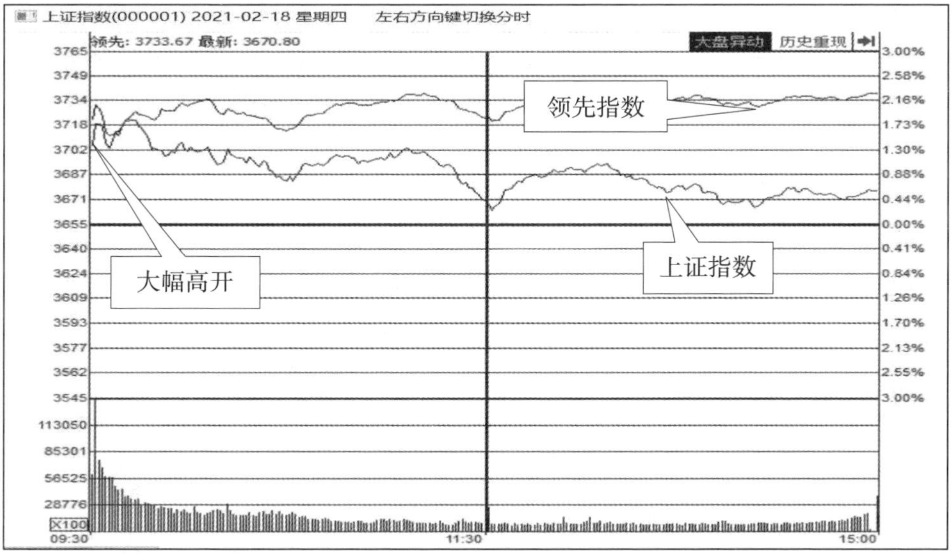

图 7-15 上证指数（000001）分时走势图（2021.2.18）

三、涨幅榜上选强股

强者恒强。选股就选强势股，这是短线操盘的精髓。因此，早盘阶段寻找强势板块，参与其中，则是一个非常明智的选择。

通过点击【报价】|【涨幅排名】|【沪深涨幅排名】，投资者可以看一下 2021 年 10 月 13 日开盘阶段的沪深涨幅榜。

如图 7-16 所示，2021 年 10 月 13 日的涨幅榜中，教育板块的股票出现了明显异动。当然，这与前一日国家发布的关于鼓励职业教育的政策相关。

从短线投资的角度来看，教育板块无疑是当日最热的板块，选择目标股应该以该板块内股票为宜，特别是一些已经进入涨幅榜首页的股票，更是上上之选。当然，选择目标股时，还要考虑这些股票与热门概念的切合度。也就是说，与热门概念切合度越高，上攻的概率越大，甚至能够成功上冲涨停板。如图中的学大教育，该股集合竞价阶段的涨幅就超过了 5%，开盘后更是一路上升。

	代码	名称	涨幅%	现价	涨跌	买价	卖价	总手	总金额
1	605567	N春雪	+20.00	14.16	+2.36	14.16	--	150	21.26万
2	300338	开元教育	+19.96	6.19	+1.03	6.18	6.19	55385	3428万
3	300192	科德教育	+11.17	8.06	+0.81	8.06	8.07	14505	1169万
4	300282	三盛教育	+10.36	4.58	+0.43	4.57	4.58	8642	395.8万
5	003032	传智教育	+10.02	23.28	+2.12	23.28	--	3621	843.0万
6	600071	凤凰光学	+9.98	24.79	+2.25	24.79	--	3218	797.7万
7	000812	陕西金叶	+9.89	3.89	+0.35	3.89	--	31553	1227万
8	600661	昂立教育	+9.47	10.29	+0.89	10.20	10.29	8283	852.3万
9	002469	三维化学	+8.46	6.28	+0.49	6.25	6.28	10973	689.1万
10	000657	中钨高新	+8.42	13.00	+1.01	12.99	13.00	40921	5320万
11	301041	金百泽	+7.44	29.04	+2.01	29.04	29.06	1811	525.9万
12	300010	豆神教育	+7.16	4.04	+0.27	4.04	4.05	21068	851.2万
13	002607	中公教育			+0.75	11.78	11.80	27985	3302万
14	600636	国新文化			+0.72	11.85	11.87	1864	220.9万
15	300359	全通教育			+0.32	5.33	5.34	6655	354.7万
16	605162	新中港			+1.07	18.00	18.01	29025	5227万
17	300260	新莱应材	+6.31	32.00	+1.90	32.00	32.10	2018	645.8万
18	000526	学大教育	+5.95	20.29	+1.14	20.28	20.29	2419	490.8万
19	002599	盛通股份	+5.88	7.20	+0.40	7.19	7.20	17321	1247万
20	605151	西上海	+5.74	17.88	+0.97	17.83	17.88	1026	183.4万
21	002552	宝鼎科技	+5.71	17.04	+0.92	17.04	17.07	3981	678.4万
22	002980	华盛昌	+5.41	34.70	+1.78	34.70	34.89	2373	823.4万
23	300329	海伦钢琴	+5.31	12.70	+0.64	12.69	12.70	2792	354.6万
24	002337	赛象科技	+5.14	3.68	+0.18	3.66	3.68	2919	107.4万
25	002147	*ST新光	+5.09	4.54	+0.22	4.54	--	374	16.98万
26	300327	中颖电子	+5.08	62.00	+3.00	61.88	62.00	2010	1246万
27	000752	*ST西发	+5.04	5.42	+0.26	5.42	--	2630	142.5万

图 7-16 【沪深涨幅排名】（2021.10.13）

如图 7-17 所示，2021 年 10 月 13 日，学大教育早盘高开之后，只出现了一波小幅调整，就启动了快速上攻走势。股价分时线回调遇到均价线支撑后重新上行，此时就是短线投资者的入场时机。

此后，该股分时线很快上攻至涨停位。

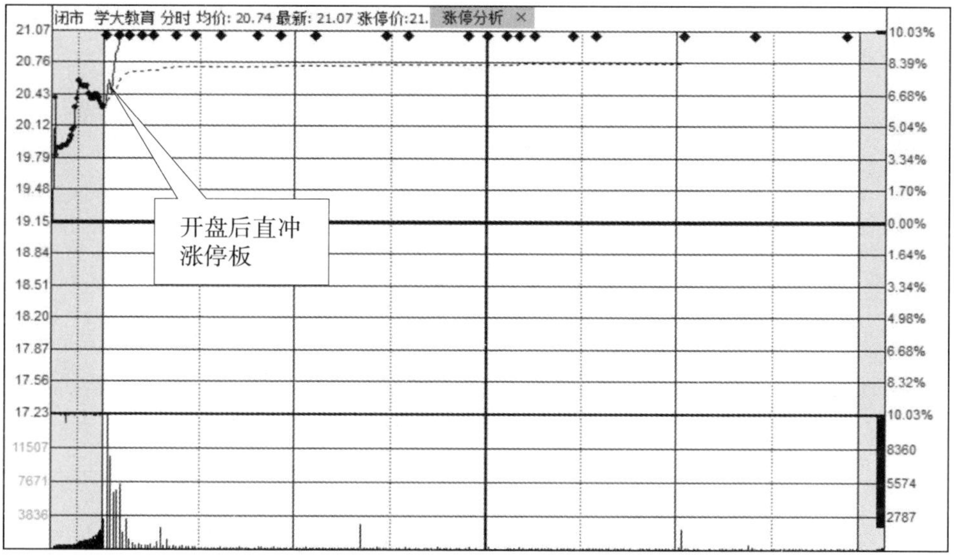

图 7-17 学大教育（000526）分时走势图（2021.10.13）

第八章

盘中看盘细节

盘中时段，就是扣除早盘和晚盘时段外的其他交易时间。这个交易时段的时间跨度最长，在看盘过程中，投资者需要给予足够的重视。

第一节
盘中热点关注

相对于早盘，盘中需要关注的信息并不多。一般来说，企业发布相关公告，都应该在股市开盘前或收盘后。不过，盘中仍可能出现一些扰动股价走势的信息。

一、政府发布的相关信息

政府相关部门发布的信息或出台的政策，可能会对某些板块或个股产生较大的影响。概括起来，这些信息或政策包括两类。

第一，例行发布的统计类数据、信息。

这些信息可能与国民经济运行情况有关，如工业企业相关统计数据，金融行业的货币投放与回收数据，等等。由于这类统计数据发布时间都是事先确定好的，因此统计数据发布前，市场都会呈现一种观望气氛。这些数据发布后，若与预期出现较大的偏差，市场就会有所反应。

第二，政府发布的一些产业或区域规划。

政府机关发布的产业或区域规划，都是事先经过大量调研与论证的，因而其发布后常常能够刺激相关板块大幅上涨。很多超级牛股的产生都与这类消息有关。当然，从理论上来说，这些文件或规划发布前，市场是不知道的，但由于这些文件或规划发布之前总是需要经过很长时间的酝酿，这就使得这类消息常常被市场上一些先知先觉的人知晓。也就是说，在这类规划文件发布前，会有相当多的资金已经入场建仓。规划文件发布后，相关股票就突然被拉升，从而正式开启上攻之路。很多散户都是被动追涨的，主力则可以在拉升过程中，逐步将前期入手的筹码出掉。而且，在突然启动拉升时，有些散户并不清楚上涨缘由，就稀里糊涂地跟进，最后可能会套在高位。

二、盘中利好利空消息

原则上，除非出现特殊情况，一般上市公司是不会在盘中发布公告的。不过，小道消息却不会等到收盘。在盘中时段，一些小道消息会时不时地扰动整个市场。在个股层面，一些小道消息出现后，可能会直接引发股价瞬间暴涨。投资者不妨先研判消息的来源和可靠性，然后再决定是否跟进。毕竟，这种盘中启动的股票，有些只是主力借助小道消息进行的“诱多”。

比如，2021 年 8 月 4 日，盘中突传国药股份发现对抗德尔塔病毒的药物，一时间国药股份的股价分时线直线上涨，如图 8–1 所示。

2021 年 8 月 4 日的大部分交易时间内，国药股份的股价都呈现了波澜不惊的态势。盘中临近尾盘时段，市场上一度传闻国药股份发现对抗德尔塔病毒的药物。而德尔塔病毒又是当时新冠病毒最主要的、传播力度最强的一种变异病毒，因而该股股价被主力直线拉升。股价拉升至高点的时间非常短，投资者很难有时间去识别该信息的真伪，有些人就被动地参与其中。

当日收盘后，国药股份澄清，该公司业务范围没有涉及疫苗、药物的研发。次日，该股股价经历一波上冲后快速回落，并开启了一波下跌走势。由此可见，股价盘中上冲，就是主力的一次借势“诱多”操作。

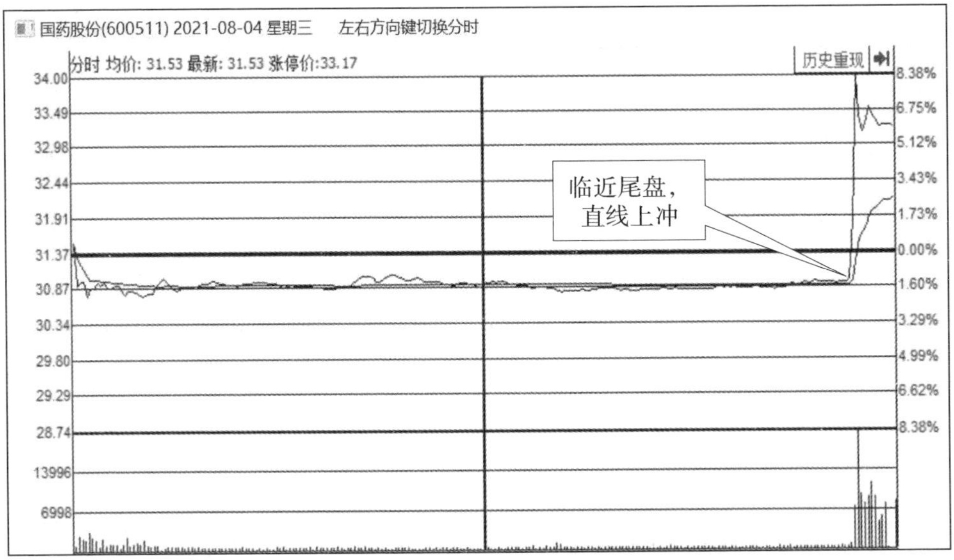

图 8-1　国药股份（600511）分时走势图（2021.8.4）

三、盘中热点轮动

盘中的热点板块以及热点板块轮动，也是投资者盘中看盘的一个重点内容。市场上的资金是有限的，为了吸引投资者追涨自己控盘的股票，这些资金往往会集中于几个热门的板块，并形成强烈的赚钱效应。这样，场外的投资者就很容易被这种赚钱效应吸引，从而入场追涨。

热点板块轮动，是指之前被炒作的热点板块退潮，股价开始下跌，而新的热门板块开始出现，资金开始热炒。每个交易日内，市场上都会有多次热点板块轮动。

一般来说，热点板块的轮动具有这样两个特点。

第一，整个市场处于上升趋势时，新资金比较容易入场，整个市场的热点板块相对较多，而且这些板块拉升的时间比较长久，有的能够达到十几个交易日。

第二，整个市场处于下跌趋势时，新资金观望意愿较浓，整个市场热点板块相对较少，而且各个热点板块的轮动也会加速。板块轮动的时间可能就一两个交易日，有的热点板块可能连一个交易日都撑不住，就下去了。

对于短线投资者来说，如何把握盘面热点板块是一个非常重要的课题。在股市处于上升趋势时，追涨热点板块，是很多短线投资者首选的交易策略，盘中看盘时，通过观察热点板块的轮动，可以发现资金炒作的方向和整个市场的热度。

第二节 盘中看盘要点

盘中看盘要点包括如下 4 个方面：其一，大盘指数的运行趋势；其二，大盘的支撑位与阻力位情况；其三，个股分时线走势；其四，个股资金异动。

一、大盘指数线运行趋势

大盘指数线运行趋势，是大盘分时图重点研判的项目。大盘指数线处于上行趋势时，说明市场上大多数股票处于向上拉升态势，这比较有利于投资者进行个股交易。反之，大盘指数线处于下行趋势时，说明市场上大多数股票处于向下运行态势，这种情形非常不利于投资者买入个股的操作。

对大盘指数线运行趋势的判断可参考以下三点。

第一，大盘指数线在运行过程中肯定出现一波波上升和下降走势。若大盘指数线回调的低点一个比一个高，则说明大盘指数线处于上升趋势中。反之，若大盘指数线反弹过程中形成的高点一个比一个低，则说明大盘指数线处于下跌趋势中。

第二，若大盘指数线处于上升趋势，成交量线同步拉长，则说明市场资金认可指数线的上攻，未来继续走高的可能性很大。

第三，大盘指数线处于下跌趋势时，不需要成交量相配合。不过，若成交量能同步放大，则会促使大盘指数线继续下跌。

如图 8-2 所示，2021 年 10 月 13 日，上证指数线开盘后经过一波振荡出现下跌走势。在振荡下跌过程中，上证指数线曾出现了若干次反弹，不过反弹的高点一个比一个低，说明大盘指数线走势较弱，投资者不宜入场交易。

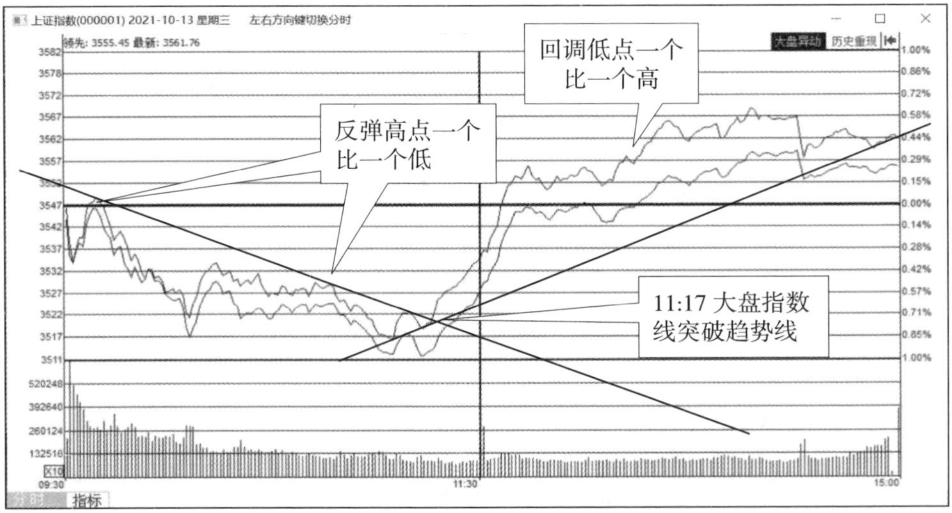

图 8-2 上证指数（000001）指数线的运行趋势（2021.10.13）

11:17 之后，上证指数线向上突破了下降趋势线，说明上证指数线有止跌企稳的可能。其后，该指数线一路上攻，回调的低点一个比一个高，形成了一条上升趋势线。在上证指数线上攻过程中，成交量线同步拉长，属于一种典型的良性量价形态，投资者可在尾盘阶段入场买入个股。

二、大盘的支撑位与阻力位情况

大盘指数运行过程中，总会受到支撑位与阻力位的影响。阻力位是指阻碍指数向上运行的某一价位区域，支撑位是指阻止指数向下运行的某一价位区域。通过研判阻力位与支撑位，可以很好地判断大盘的走势方向。

指数冲过阻力区时，表示大盘走势非常强，有进一步上涨的可能，投资者可以买入股票。指数跌破支撑区时，表示大盘走势非常弱，有进一步下跌的可能，投资者应该卖出股票。

常见的大盘阻力位和支撑位有下面 6 个。

1. 开盘价

若当日开盘后指数走低，因竞价时段在开盘价处积累了大量卖盘，指数运行到此就会受到一定的卖盘压力，因而此处就会成为一个阻力位。反之，若当日开盘后指数走高，开盘价处就会积累一定的买盘，指数运行到此就会受到一定的买盘支撑，此处就会成为一个支撑位。

2. 前一收盘价

若当日指数走低，则指数反弹到前一交易日收盘价点位时，前一交易日的买盘就会变成卖盘涌出，从而形成一定的阻力。反之，若当日指数走高，则在前一交易日积累的买盘就会进场，从而对股价产生支撑作用。

3. 前高点位

指数创下近期高点回落后，在高点位置进入的买盘就会变成套牢盘，指数再次运行到这一点位时，套牢盘就会变成卖盘蜂拥而出，形成一定的阻力。反之，指数冲破最高点之后，很多投资者见到股价已经突破阻力位，就会跟进买入，前高点位往往会被认为是一个非常合适的价位，就会在此位置积累大量的未成交买盘，当指数再次回落到这一价位时，就会获得一定的支撑。

4. 前低点位

指数自上而下运行到前一最低点时，很多投资者就会认为指数已经运行到了低点，因而进场买盘就会增多，从而使股价在这一点位获得支撑，形成支撑位。反之，指数跌破前一最低点的支撑位后，很多投资者就会认为跌势还将继续，于是就会有更多的卖盘涌出，从而在这一位置积累很多未成交的卖盘。指数自下而上反弹，再次运行到这一价位时，就会受到上次未成交卖盘的阻力，在这一位置形成阻力位。

5. 均线位置

均线代表了所有投资者的平均持股成本。大盘指数位于均线下方时，表示很多投资者都处于套牢状态，一旦指数自下而上运行到均线附近，就会有一定的卖盘涌出，从而形成一定的阻力，一般短线阻力较大的均线主要是 5 日均线和 10 日均线。反之，一旦指数向上冲破均线阻力，市场上大多数投资者就会对指数上行持乐观态度，指数下跌到均线附近位置时，很多投资者就会认为是一个较好的补仓或买入机会，于是纷纷入场买入，这对预防指数下行有一定的支撑作用，因此指数下跌到均线附近时，就会因受到一定的支撑而向上运行。

6. 整数关口

由于人们的心理作用，一些整数位置往往成为股价上升时的重要阻力位，同时也会成为下跌时的支撑位。

例如，大盘指数自下而上涨到 3000 点附近时，由于历史上指数每次冲破整数关口都会有一定的反复，因而很多投资者认为大盘指数向上突破 3000 点会非常困难，往往会卖出股票以回避风险。正因投资者纷纷卖出股票，所以会对大盘指数的上行构成实质性的阻力，造成大盘指数涨到 3000 点就出现回调的情况，这就是整数关口的阻力作用。同样，大盘指数自上而下跌到 3000 点附近时，很多投资者就会认为大盘指数不会跌破 3000 点，因而往往会进场抄底以待大盘指数反转向上，正因投资者纷纷入场抢筹，于是会对大盘指数构成一定的支撑，使得大盘指数跌到 3000 点出现掉头向上的情况，这就是整数关口的支撑作用。这也是大盘在 2000 点、3000 点等重要点位附近多空双方都会经历激烈交锋的原因。

三、个股分时线看盘基本要点

个股看盘过程中，分时线走势、均价线走势以及分时线与均价线关系，都是盘中需要重点观察的项目。

从理论上来说，股价分时线的运行状况，是整个看盘的核心环节。在看盘过程中，需要注意这样 5 点。

第一，股价分时线运行的方向，即通过股价分时线回调的低点、上攻再回调的高点来判断股价运行的态势。

第二，均价线运行态势，即均价线是否能够向右上方倾斜。

第三，股价分时线与均价线之间的位置关系，即股价分时线运行于均价线之上，并且与均价线之间的落差越大越好；反之，则说明股价运行态势较差。

第四，分时线对均价线的突破，包括向上突破、向下跌破，都是需要重点关注的项目。需要强调的是，带量突破更需要关注。

第五，关注个股阻力位与支撑位情况，包括整数关口、开盘价、前日收盘价、前期高点、前期低点等。

下面来看一下华辰装备的案例。

如图 8-3 所示，2021 年 10 月 14 日，华辰装备的股价早盘稍稍高开之后，在“工业母机”概念的推动下直线上攻。

其后，该股分时线出现了回落走势，不过，分时线一直运行于均价线上方，并且分时线与均价线同步向右上方倾斜，属于典型的看涨形态。持有该股的投资者可耐心持股待涨。持币者可在股价分时线回调至均价线附近遇到支撑时，择机少量入场。

中午开盘后，该股分时线直冲涨停板。

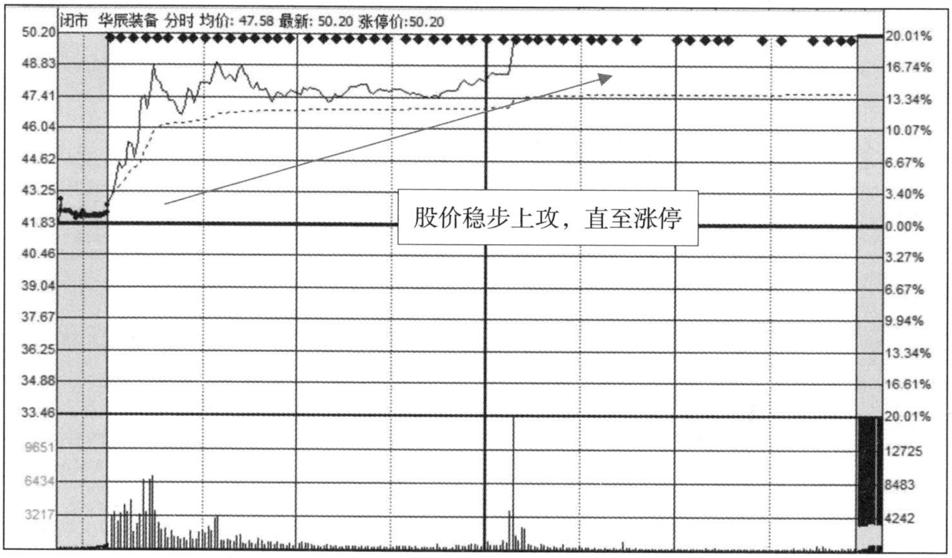

图 8-3　华辰装备（300809）分时走势图（2021.10.14）

第三节
盘中选股技巧

盘中选股的前提，大盘分时线走势必须趋于上升或振荡态势，绝不能在大盘分时线下行时入场操作。即使有些个股能够逆大盘走势上行，也不要买入。一来这样的股票少之又少；二来若大盘持续下行，这样的逆市股票可能无法继续逆行，而其一旦崩塌，下跌的幅度是很大的。总之，只有大盘环境有利时，才是最佳的入场操作时机。

一、分时价量选强股

很多强势股，从早盘一开盘就会立刻显现出强势特征，尤其是一些刚刚从底部启动的个股，由于庄家要迅速脱离成本区，因此开盘后往往会快速拉升。

在分时图上，这些强势股会呈现如下 4 个典型特征。

第一，股价可能会高开、平开或低开，但很快会上升至均价线和前日收盘价上方。

第二，分时线能够持续运行于均价线上方，并且上升过程非常平缓，而不是直线上攻。随着分时线走高，成交量线逐渐拉长。

第三，分时线与均价线同步向右上方倾斜，并且两者之间的距离越来越大。

第四，分时线回落时，成交量线明显萎缩，但遇均价线或未到均价线就重新上升，成交量线同步拉长。

这类股票就属于典型的强势股，股价回调或启动快速上升时，投资者可以入场买入。

下面来看一下智飞生物的走势。

如图 8-4 所示，2021 年 1 月 20 日，智飞生物的股价开盘后，经历一小波下跌后走出了一波振荡上涨行情。随着分时线振荡走高，成交量同步呈现放大状态，说明该股当天有走好的可能。盘中，该股走势振荡调整时，成交量呈现萎缩状态；股价拉升时，成交量再次放大，说明该股价量关系正常，股价还有进一步上涨的可能。

再回头看一下当天上证指数的走势。

如图 8-5 所示，2021 年 1 月 20 日全天，上证指数呈现横向振荡走势，大

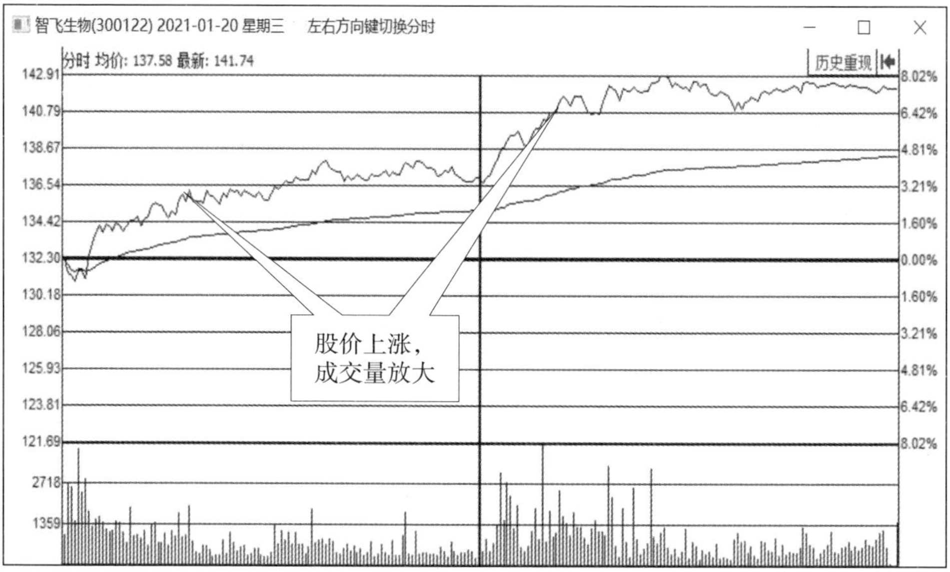

图 8-4 智飞生物（300122）分时走势图（2021.1.20）

盘分时线振荡调整的低点有走高的倾向，说明智飞生物外部环境良好，该股上涨的可能性很高。

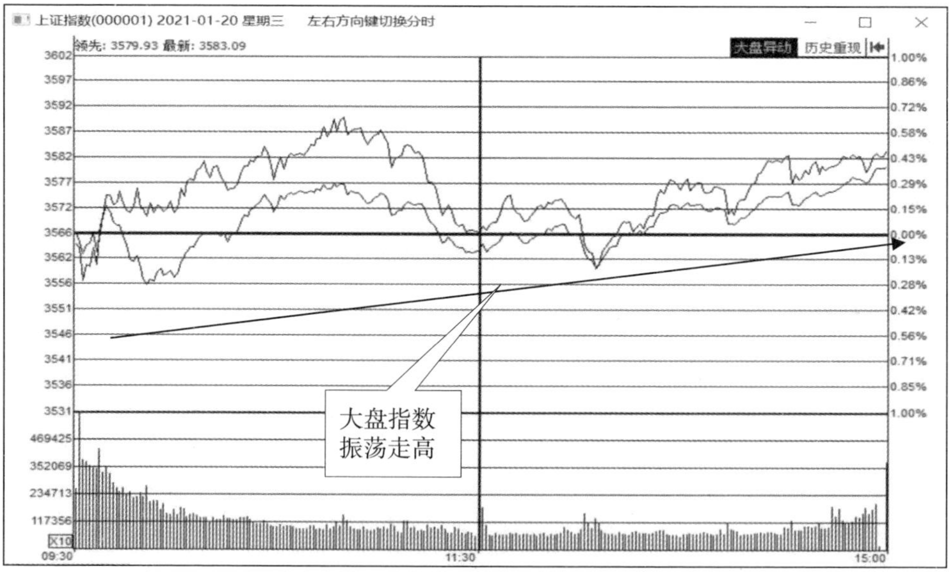

图 8-5 上证指数（000001）分时走势图（2021.1.20）

再看一下智飞生物的日 K 线走势图。

如图 8-6 所示，自 2020 年 12 月 22 日开始，智飞生物的股价启动了一波振荡调整行情，其后该股股价在振荡调整后遇到前期低点支撑。2021 年 1 月 21 日，该股股价就出现了脚踩 10 日均线上行的状态，由此可见，当日该股启动的上涨态势极有可能持续下去，投资者可入场交易。

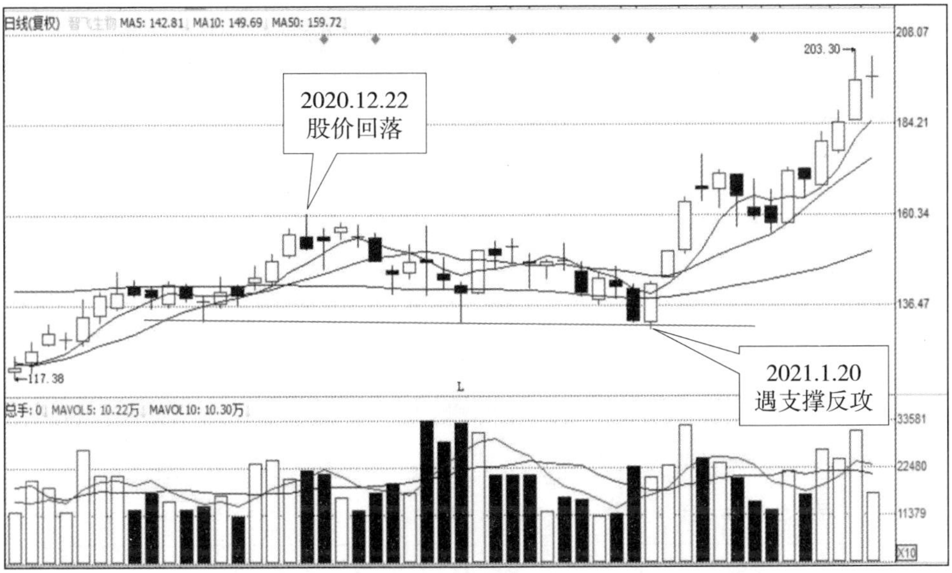

图 8-6　智飞生物（300122）日 K 线走势图

二、放量上攻找买点

一只股票开盘后，长时间处于横向小幅振荡，某一时段突然量价齐升，其上涨启动点就是该股的买点。

该技巧的操作要点如下。

第一，分时线启动前，一般位于均价线附近，有时甚至会与均价线黏合在一处。

第二，分时线拐头向上，并且成交量线同步拉长。

第三，若分时线向上突破某些阻力位，如均价线、开盘价或前日收盘价，则是一个较佳的入场时机。

下面来看一下凤凰光学的案例。

如图 8-7 所示，2021 年 9 月 7 日，凤凰光学的股价开盘之后，呈现横盘整理形态。午盘，该股股价小幅上攻，分时线向上突破均价线，此时投资者可以少量买入该股。

其后，该股分时线振荡上行一段时间，然后向均价线靠拢。接着，分时线拐头向上，成交量线同步拉长，此时就是该股最佳的买点。

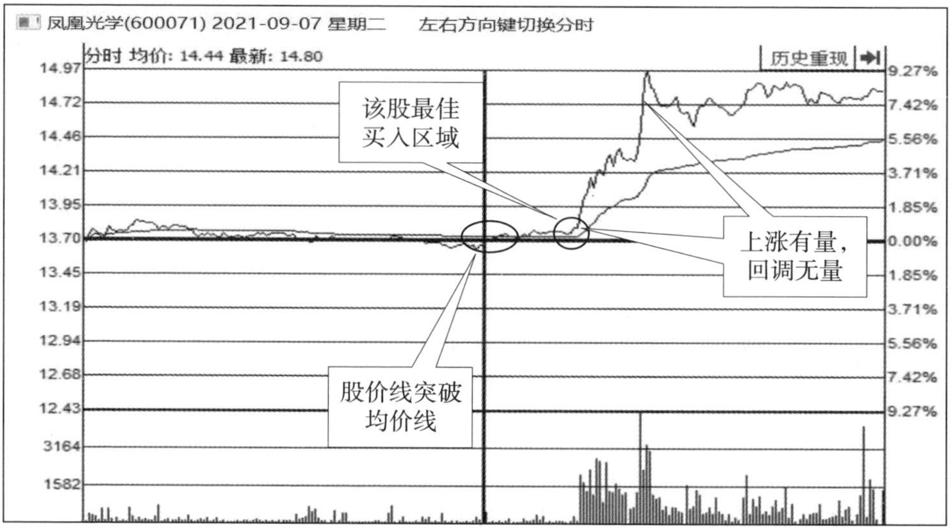

图 8-7　凤凰光学（600071）分时走势图（2021.9.7）

下面再来看一下凤凰光学的日 K 线走势图。

如图 8-8 所示，2021 年 8 月中旬，经过一段时间的缓慢上涨之后，凤凰光学的股价出现回调迹象。2021 年 9 月 6 日，该股股价回调至 20 日均线附近，受该均线的支撑再度企稳。9 月 7 日，该股在盘中时段出现放量上涨形态，说明该股具有很大的上涨潜力，投资者宜迅速跟进买入该股。

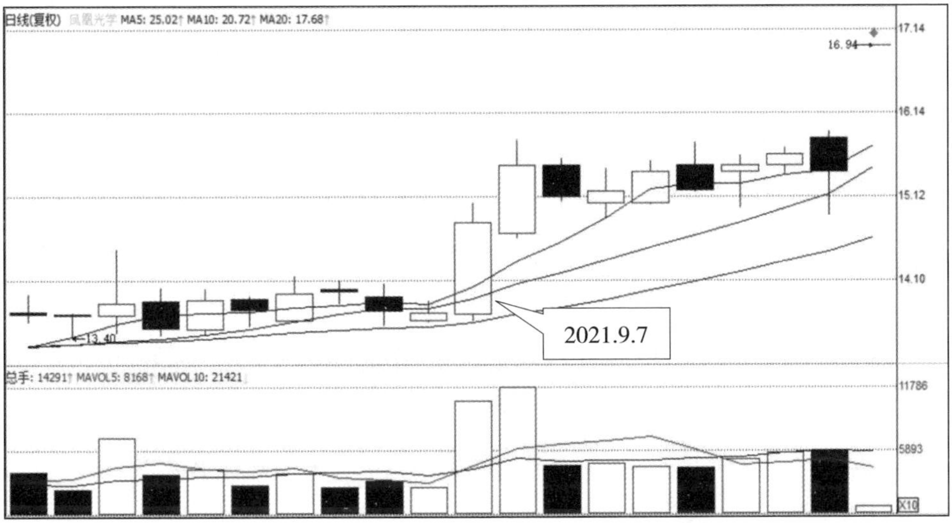

图 8-8 凤凰光学（600071）日 K 线走势图

三、分时图上追击涨停板

追击涨停板是超短线投资者盘中看盘的重点。一只股票在盘中时段出现攻击涨停板态势时，可以积极追涨。攻击涨停板时间一般以上午为宜，早盘更佳。

该技巧的操作要点如下。

第一，大盘当日走势要稳健，能够强势上涨更好。投资者切记：如果大盘出现破位下跌的情况，尽量不要追击涨停板。

第二，个股到达涨停板的时间越早越好，尽量选择那些开盘半小时内就到达涨停板的股票。

第三，投资者要秉持一个原则，即股价不涨停不追。只有股价到达涨停板位置，并且有大单开始买入时，方可追涨买入。

第四，出现良性价量关系。股价在上涨过程中需要保持这种价量关系，即股价上涨时成交量放大，股价下跌时成交量缩小。

第五，涨停板数量。投资者尽量在某只股票出现第一个涨停板时买入。如果某只股票已经连续出现涨停，则尽量不要买入。

早盘开盘之后，通过搜索沪深两市股票的涨幅榜，投资者可以寻找强势股，作为追击涨停板的备选股票。

下面以柘中股份为例进行介绍。

如图 8-9 所示，2021 年 6 月 2 日，柘中股份的股价早盘高开之后，一路强势上涨，并且股价回调时略微跌破均价线，之后快速返回均价线上方，说明该股当日走势强势，有涨停的可能。通过研判该股的成交量可知，该股股价上涨时成交量放大，股价回调时成交量萎缩，说明该股量价配合良好。该股开盘 20 分钟以后就直冲涨停板，并且有大单买入，说明该股未来走势有可能趋于强势，当日股价到达涨停板时，投资者可以买入该股。

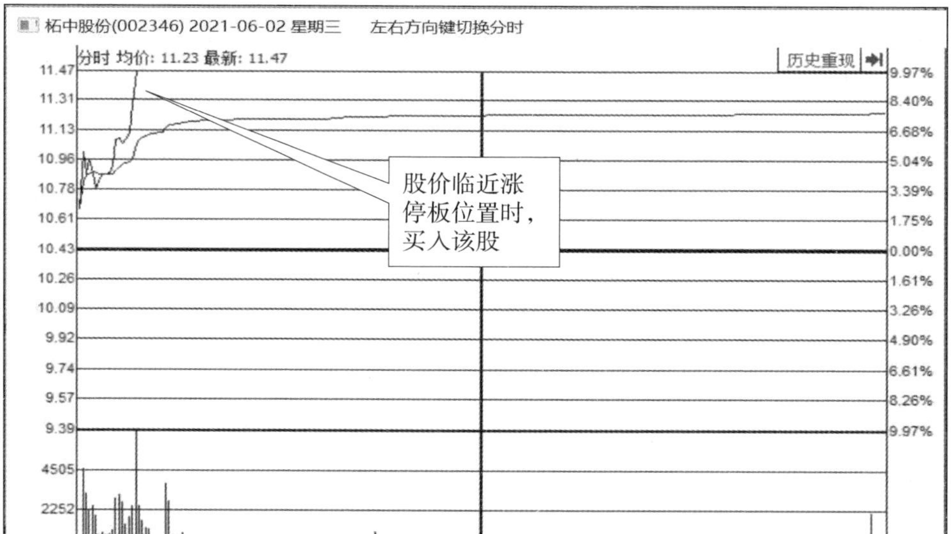

图 8-9 柘中股份（002346）分时走势图（2021.6.2）

第九章

盘口看盘细节

盘口是多空双方交战的前沿阵地，也是投资者看盘过程中需要重点关注的内容。多空双方的买入与卖出信息，都是通过盘口传递给投资者的。股票交易过程中，盘口数据一直处于变化之中，因此，投资者看盘口不仅要关注买单与卖单的变化，更要注意买单与卖单背后的信息。

第一节 盘口及挂单数据分析

盘口是股市交易过程中观察交易动向的俗称，具体表现为买入与卖出的委托挂单情况和交易情况。

目前，大多数交易软件提供买卖盘各 5 档的挂单数据，如图 9-1 所示。

买盘 5 档挂单是按照投资者买入下单的价格自上而下排列的，卖盘 5 档挂单是按照投资者卖出下单的价格自下而上排列的。在每档买卖盘位置，集中了市

R 恒立液压 601100

84.10 -1.94 -2.25% 陆

委比		+53.38%	71	买 卖
卖盘	5	84.16	1	
	4	84.15	10	
	3	84.14	11	
	2	84.13	5	+3
	1	84.12	4	+3
买盘	1	84.11	1	
	2	84.10	5	
	3	84.08	45	
	4	84.05	3	
	5	84.04	48	

图 9-1　恒立液压（601100）盘口挂单数据（2021.10.15）

场上所有投资者愿意在该位置买入或卖出股票的总手数。例如，图中的买 3 位置共有 45 手买盘。这 45 手可能是一位投资者的下单数据，也可能是多位投资者合计的下单总数。如果有多位投资者下单，在成交时，将会按照下单的先后顺序成交。

一、盘口挂单的基本特征

一般来说，股票不同，盘口挂单情况也有所不同。盘口挂单情况，具有如下三个典型特征。

第一，开盘时段，挂单较为稀疏。

刚刚经历早盘集合竞价之后，投资者的观望气氛较浓，因而大家不愿意立即挂单交易，这就使得早盘阶段各个档位的挂单容易出现空白地带。其实，这也是早盘前几分钟股价波动较为剧烈的原因所在。

第二，整数关口及前后位置挂单较多。

在实战中，很多投资者都会将股票的整数位置看成一个重要的关口，因而在这些整数关口总会挂出大量的买单或卖单。同样，也有很多投资者基于自己的考量，为了提前成交，往往会在这些整数价位之上设置自己的买单，在这些整数价位之下设置自己的卖单。

第三，午盘开盘时段，盘口或有异动。

经历了中午休市之后，市场可能会出现各类传闻，而午盘开盘后又没有集合竞价，这就使得在这一时段盘口挂单数据会大量增加，进而导致股价出现短暂的异动。

二、盘口挂单数据分析方法

通常情况下，可以从以下 4 个维度分析盘口挂单数据。

1. 买盘与卖盘总挂单数据对比

这是最简单的多空力量对比方法。若买盘挂单多于卖盘，则意味着多方实力较强；反之，则意味着空方实力较强。这一数据对比可以通过委比数据直接得到，即委比为正数，并且数字越大，说明买方实力越强；反之，委比为负数，则说明卖方实力较强。比如图 9-1 中，恒立液压的委比数值为 53.38%，说明买方实力较强。

2. 支撑位与阻力位

若买方在某一价位挂单较多，则说明该价位有很多资金想要买入，该位置具有较强的支撑作用。反之，若卖方在某一价位挂单较多，则说明该价位有很多股票想要出清，该位置具有较强的阻力作用，股价上升至该位置就会受到较大的压力。

3. 连续挂单与非连续挂单

连续挂单是指买卖盘口各个价位都有一定的挂单，即每隔 1 分钱，就会有一定的挂单量（目前，最小的挂单价差为 1 分钱）。非连续挂单是指买卖盘口中有些价位没有挂单，即各档位的挂单价差有多于 1 分钱的情况。

一般来说，越是高价股，盘口价位的分布越分散。比如图 9-1 中，买 2 位置的价位为 84.10 元，买 3 位置为 84.08 元，买 4 为 84.05 元，有些档口存在价格空白，属于非连续挂单。若该股股价为 10 元以下，那么其盘口的各个档口挂单价格通常不会出现空档，多为连续挂单。

同时，若股价上升或下跌速度较快，投资者来不及挂单，盘口各个档位也容易出现非连续挂单的情况。

4. 盘口价位变换速度

这与股票价格有一定的关系，但若股价出现快速上升或下跌，盘口价位变换的速度也会加快，这与盘口价非连续挂单直接相关。

三、上攻盘口挂单分析

股价上攻时，盘口挂单数据必然会出现整体持续上移迹象。然而，在看盘过程中，买盘与卖盘数据还是会有一些不同的。

1. 买盘挂单大于卖盘挂单

股价启动上攻，买盘价格逐渐上移，并且买盘挂单常常大于卖盘，说明多头处于强势地位，处于攻击态势中。随着股价上移，成交量必然增大，若买盘能始终大于卖盘，则说明多方准备充分，拉升意愿强烈。

如图 9-2 所示，2021 年 10 月 15 日，登海种业的股价开盘后呈现出快速上攻迹象。随着股价的上攻，买卖盘的挂单数量不断增加，并且买盘大于卖盘，这说明多方处于强势进攻模式，并占据了优势地位。

2. 卖盘挂单大于买盘挂单

股价上攻，买盘价格逐渐上移，但卖盘挂单常常大于买盘，说明多头虽处于

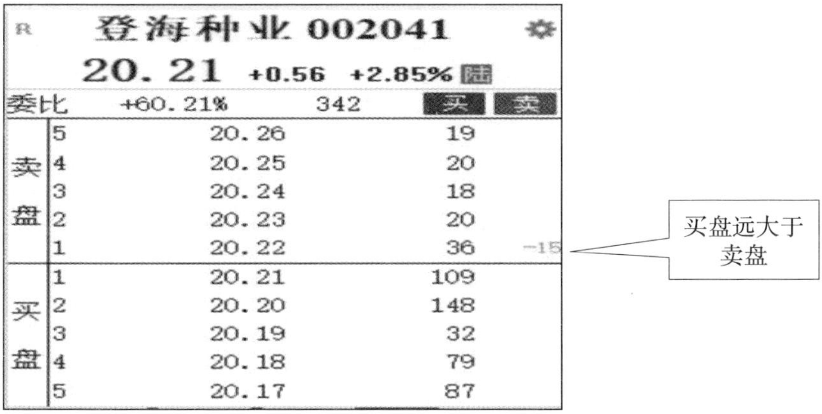

图 9-2　登海种业（002041）买盘大于卖盘

强势地位，并处于攻击态势中，但空方仍有阻止股价继续上涨的能力。这些大卖单所处的价位就是股价上攻的阻力位，一旦股价向上突破这些阻力位，继续上涨的可能性较大，否则股价有回落的可能。

如图 9-3 所示，2021 年 10 月 15 日，中海油服的股价午盘后呈现出快速上攻迹象。随着股价上升，买卖盘的挂单数量不断增加，并且卖盘大于买盘。这说明多方虽处于强势进攻模式，但空方仍有较强的实力。

卖盘中较大单子所处的价位，是空方的主要防线，股价一旦向上突破这些价

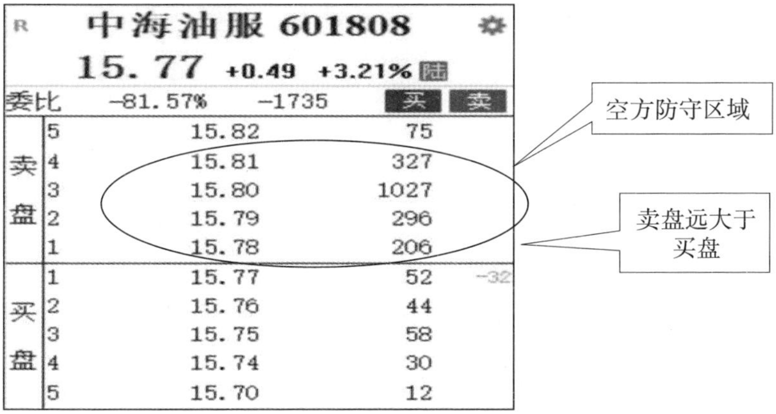

图 9-3　中海油服（601808）卖盘大于买盘

位，股价可能会快速上攻。

四、打压盘口挂单分析

股价分时线处于下行态势，也可能出现买盘大于卖盘或卖盘大于买盘的情况，其交易含义有所不同。

1. 买盘挂单大于卖盘挂单

股价处于下跌趋势中，卖盘价格逐渐下移，并且买盘挂单常常大于卖盘，说明空头处于攻击模式中，但多方仍有较强的实力。随着股价下移，成交量必然会增大，若买盘能始终大于卖盘，则说明多方准备充分，股价可能在大买盘位置受到强有力的支撑。

如图 9-4 所示，2021 年 10 月 15 日，万孚生物的股价开盘后呈现出快速下跌迹象。随着股价下跌，买卖盘的挂单数量不断增加，并且买盘大于卖盘。这说明空方虽处于强势进攻模式，但多方仍有护盘的决心，并拥有较强的实力。

买盘中较大单子所处的价位是多方的主要防线，一旦跌破这些价位，股价可能会快速下跌。

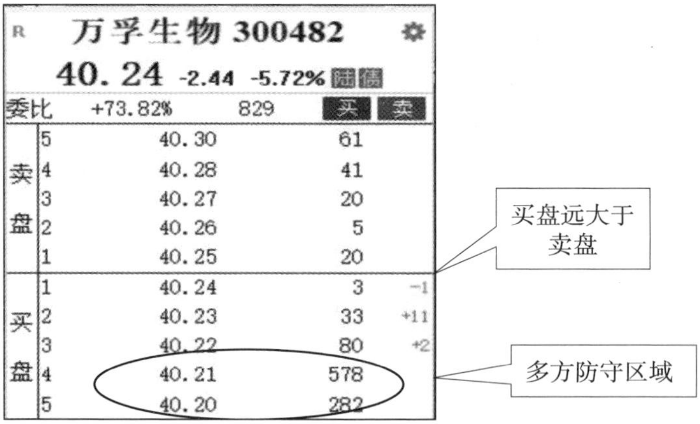

图 9-4　万孚生物（300482）买盘大于卖盘

2. 卖盘挂单大于买盘挂单

股价处于下跌趋势中，卖盘价格逐渐下移，并且卖盘挂单常常大于买盘，说明空头处于攻击模式中，具有较强的实力。这种情况说明多方处于弱势地位，很难对股价下跌进行有效的抵抗，股价继续下跌的可能性较大。

如图 9–5 所示，2021 年 10 月 15 日，高澜股份的股价开盘后呈现出快速下跌迹象。随着股价下跌，出现了卖盘大于买盘情况，这说明空方处于强势进攻模式，并占据了优势地位。

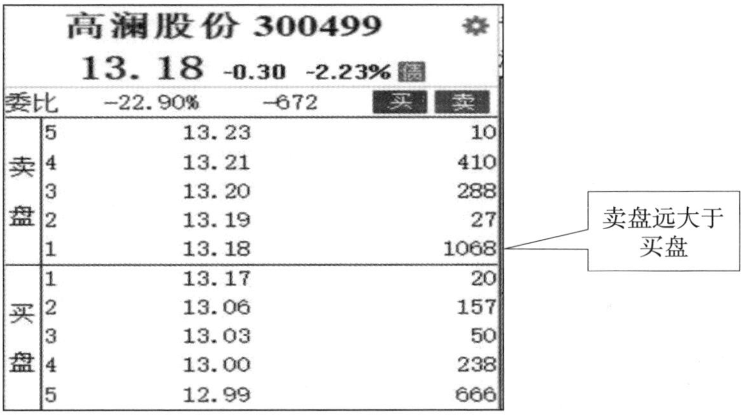

图 9–5　高澜股份（300499）卖盘大于买盘

五、连续挂单与非连续挂单

通常情况下，连续挂单属于正常的挂单情况。出现非连续挂单，说明该股票的成交比较清淡（高价股中，出现非连续挂单的情况较多）。下面简单介绍几种典型的连续挂单与非连续挂单情况。

1. 连续大单

大单是主力留在盘口的痕迹。连续出现大单，说明主力动作频频。这些大单的方向，往往就是主力想要股价运动的方向。若股价出现上涨态势，并且在买盘出现连续的大单，则说明主力正在努力向上抬升股价。

如图 9-6 所示，2021 年 10 月 18 日，中煤能源的股价开盘后呈现出振荡上升态势。随着股价上涨，成交量逐渐放大。在盘口位置，可以清楚地看到每个档位都有较大的挂单（特别是卖 3、卖 4、卖 5），并且随着股价上涨，买盘位置的挂单逐级上移，说明主力正在稳步向上抬升股价。

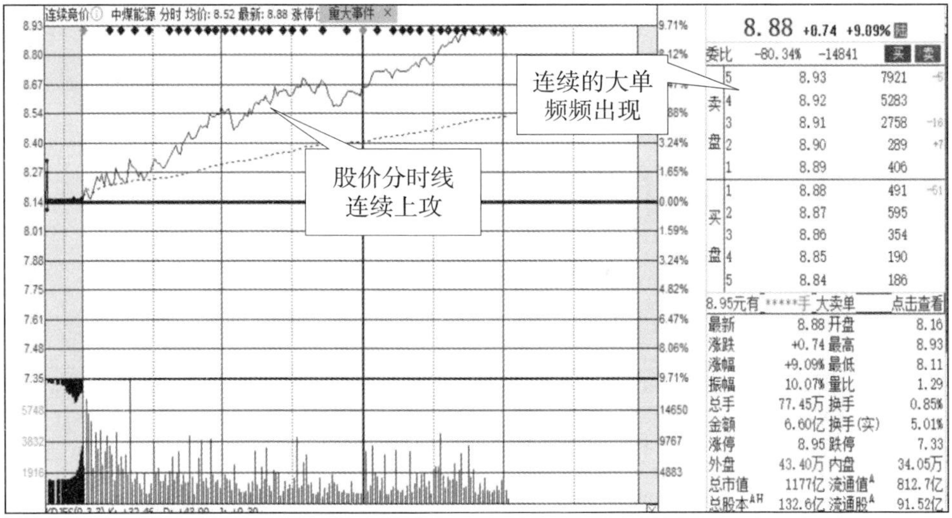

图 9-6　中煤能源（601898）连续的大单（2021.10.18）

2. 上涨时段出现非连续挂单

股价启动快速上冲攻势时，若空方并未及时抵抗，也可能会出现非连续挂单的情况。出现该情形可能会有两种结果：其一，股价快速拉升一段幅度后，空方快速反攻，股价就会快速回落，这往往是盘中出现倒 V 形顶的原因（这种情形，往往是主力做出的一种诱多行为）；其二，主力下定决心快速拉升，并一直将股价拉到高位甚至涨停板，说明主力非常强大，未来看涨。

如图 9-7 所示，2021 年 10 月 18 日，华图山鼎的股价开盘后盘整一段时间，突然开始快速拉升。随着股价的拉升，盘口中卖盘的挂单量并未及时增加，买 1

和买 2 的价差达到了 0.17 元，卖 1 和卖 2 档位也存在较大的价差。随后，在空方打压时，股价出现了快速回落，这说明主力暂时没有拉升至涨停位的计划，股价短线有大幅波动的可能。

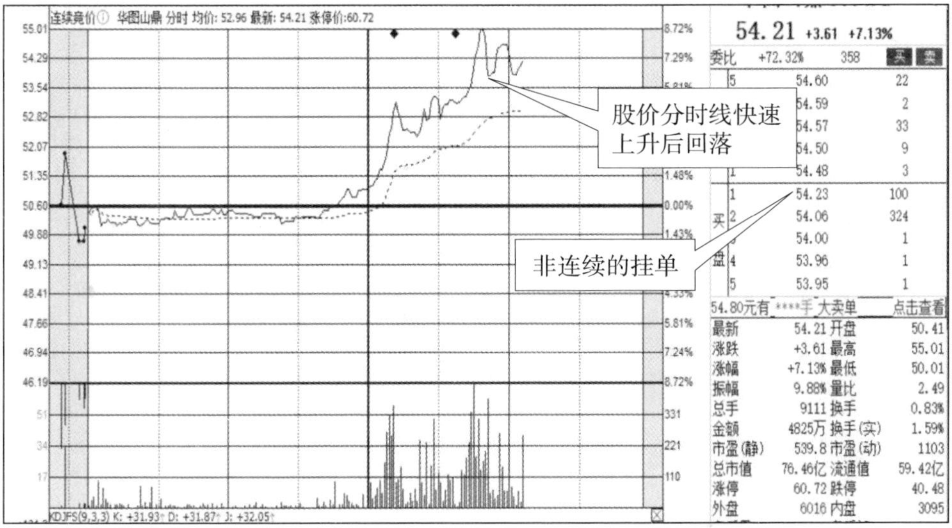

图 9–7　华图山鼎（300492）非连续挂单（2021.10.18）

3. 下跌时段出现非连续挂单

股价启动快速下跌攻势时，若多方并未及时抵抗，也可能会出现非连续挂单的情况。出现该情形可能会有两种结果：其一，股价快速下跌一些幅度后，多方快速反攻，股价就会快速反弹，这往往是盘中出现 V 形底的原因（这种情形往往是主力做出的一种诱空行为）；其二，主力下定决心快速打压，并一直将股价打到低位甚至跌停板，说明主力做空意愿坚决，未来看跌。

如图 9–8 所示，2021 年 10 月 18 日，华测导航的股价开盘后出现振荡下跌走势。14:00 左右，该股股价下跌出现加速迹象，盘口中买卖盘的挂单量并未及时跟进，卖 2 和卖 3 存在一定的价差，买 1 和买 2 档位也存在较大价差，并且挂单量较少。这说明主力正在加速打压股价，市场上多空双方都没有足够的准备。

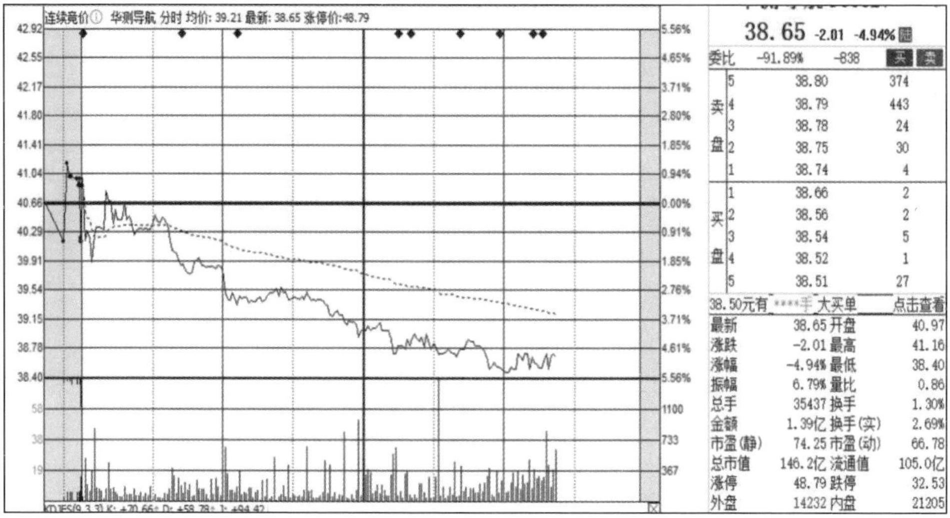

图 9-8　华测导航（300627）非连续挂单（2021.10.18）

第二节
盘口交易信息解读

基于盘口挂单的交易含义，主力经常利用挂单来恐吓或引诱投资者。不过，主力不是每时每刻都会采取行动。投资者盯盘过程中，不需要对每一笔单子都进行解读，那样效率不高，也无实际意义。毕竟，主力进出的单子都会比较大，因此在实战中，投资者只要盯紧大单的异动即可了解主力意图。

一、卖盘大单

大卖单是压力的代名词。上方挂大卖单，通常会认为卖盘压力较重，股价上涨将受到阻力。不过，在具体的交易实战中，挂大卖单的情况不同，其含义也不尽相同。

第一，如果股价处于低位，盘中虽然有大卖单，但买盘依旧非常活跃，说明庄家正在吃货，这时投资者可以追随庄家建仓。股价处于低位时，已经没有多少投资者愿意卖出自己手中的筹码了，这时的大卖单很可能是庄家自己设下，用来迷惑投资者的，故意让投资者感到股价还将继续下跌，逼其卖出手中筹码，接着，庄家再利用活跃的买盘将投资者的卖盘全部吃掉，从而完成建仓任务。反之，如果这时的大卖单是真实的，即大卖单不是庄家设下的，那么就不会出现活跃的买盘了，因为在上方有大卖单的情况下，是不会有很多投资者积极买入的。

第二，当一只股票开始拉升时，上方立刻出现大卖单，有时甚至先出现大卖单而后股价上涨。出现这种情况时，如果大卖单不能被迅速吃掉，说明庄家吸筹不足，或者不想发动上攻；如果大卖单被慢慢吃掉，而且上攻速度不是很快，说明庄家已经控盘，既想上攻，又不想吸纳太多筹码。

第三，若股价逐步下跌，大卖单也接连出现，则说明庄家在刻意打压股价，此时投资者要保持关注，一旦股价调整到位，即适时跟进。股价逐步下跌一般有两种可能：一是庄家出货；二是庄家在刻意打压股价。在股价下跌过程中，庄家想出货，也一定会使用小单向下砸，逐步完成出货。采用大单向下砸的方式是无法完成出货的，因为在股价逐步下跌过程中，是不会有很多投资者愿意积极买入的，因而大卖单是不可能成交的。由此可以推断，这些大卖单是庄家用来刻意打压股价的。

二、买盘大单

买盘大单是一种承接力的体现。下方挂大买单，通常说明下方承接有力，股价将止跌上涨。不过，在具体的交易实战中，下方挂大买单的情况不同，代表的含义也不尽相同。

第一，股价在横盘振荡或者下跌时出现大买单，说明庄家很可能在被动护盘，投资者最好不要盲目跟进。很多投资者都有这样的心态：股价上涨时会积极买入，股价下跌时会积极卖出。股价横盘振荡或下跌时，是不会有多少投资者愿意买入的，这时下方接连出现大买单，并且这些大买单又不积极向上买入，这只能说明庄家为了阻止股价进一步下跌而采取了护盘行动。

第二，股价连续上涨过程中出现大买单，同时买盘又比较多，说明庄家在吸引买盘入场。如果此时股价处于刚刚启动阶段，那么庄家很可能在借力拉升，投资者可以积极买入。但如果此时股价已经出现较大涨幅，庄家有可能在拉升出货，投资者应该谨慎行事。事实上，拉高出货是庄家惯用的出货手法，投资者要特别注意。

第三，主力拉升过程中，通过在买盘设置大单，可以防止股价出现过大回撤。毕竟，股价拉升速度较快，卖单也会频频出现，若买盘位置没有设置足够的大单，股价可能会被打压较大幅度，容易给投资者造成股价上升乏力的错觉。

三、缺少承接买单

庄家多在股价下跌过程中吸筹。在股价下跌过程中，没有出现大的承接盘时，说明买入的都是一些散户，庄家并没有买入股票。

出现这种情况，有两种可能：一是市场普遍认可该股的下跌，说明该股的跌势还将继续，投资者应远离这类股票；二是庄家很有可能已经具备了控盘能力。庄家利用股价下跌适当地减仓，很可能是为进一步拉升做准备。投资者应该密切关注股价的走势，一旦股价结束下跌，就要立即跟进买入。

实战中，面对这种情况，主力还可能使用快速杀跌的技法，即持续大幅向下打压股价，迫使很多投资者抛出筹码，自己则趁机吸筹，之后再拉升股价。

无论是基于何种原因出现的下跌过程中没有买单，投资者都不要轻易参与进去，一定要等股价企稳之后再建仓。

四、大阳线次日挂单多少

一只没有被庄家控盘的股票，在大阳线过后的交易日，会有很多投资者卖出股票以兑现盈利，同时，还会有另一批投资者认为股价会继续上涨而追高买入，因而买卖盘口会有较多挂单，成交也会非常活跃，股价变化较大，说明多空分歧较大。

被庄家控盘的股票，在大阳线过后的交易日，成交会比较清淡，因为该股的大部分筹码早已被庄家锁定，只要庄家不想出货，买卖盘口挂单就会较小，成交量也无法放大。这正说明当时庄家无意派发筹码，后市仍然看涨。

股票很快拉出大阳线，甚至涨停板后没有再度上攻，而是连续缩量回调，就属于这种情况。一旦股价调整到位，很可能会重启上升通道。

五、盘中大买单和大卖单

看盘过程中，投资者经常会遇到这种情况：当“买 3”或“买 4”档出现大买单时，突然出现的大卖单将其打掉。正当投资者认为股价可能会下跌时，在“买 3”的位置再次出现大买单，随之而来的大卖单再次将其打掉，如此反复。

出现上述情况，只能说明盘口出现了异动，这时投资者就要密切关注盘口动向，并仔细分析这些现象背后的玄机。这里，如果投资者发现诸如下面所列的 4 个细节，那么就需要特别关注。

第一，卖出盘口挂出的单子都很小。

第二，大买单是先出现在买盘上的。

第三，大卖单只是一到两笔就把买单打掉了。

第四，此类现象反复出现。

不断出现又不断被消化掉的大买单背后，往往都会有一双无形的手。无论大买单的数量是多少，总会被几张大卖单给打掉，说明盘口显示的信息都是庄家刻意而为的。庄家如此操作，一定有自身要达到的目的，投资者要有所防备。通过上述4个细节，投资者至少可以判断出以下三点。

第一，买卖盘口挂单很小，说明市场交易非常冷清，所以市场上的大买单应该是庄家自己设下的。

第二，庄家将买单设在“买3”的目的，是希望投资者能够将单子挂在“买1”或“买2”的位置。庄家在“买3”位置设置大买单，能够达到两个效果：一是告诉投资者该股有大的承接盘，可以放心买入；二是告诉投资者“买3”位置有大买盘，所以你要想买入，将买单放在“买3”位置是不可能成交的，必须放到“买1”或“买2”的位置才能成交。

第三，大买单频繁出现，说明大卖单就是庄家自己的，因为如果是别人的大卖单，那么庄家不会一个接一个地设置大买单。

综合以上分析可以做出如下判断：庄家希望投资者能够将买单挂在“买1”“买2”的位置，以承接自己的大卖单。当“买1”“买2”挂单数量达到一定程度时，投资者的大卖单就会出现，将买单的单子全部打掉，这时庄家就完成了一次减仓操作。如此多次反复，庄家就会达到一定的减仓目的。

六、时有时无的买单与卖单

投资者经常会遇到这种情况：一只股票在价格回落过程中，在“买1”“买2”“买3”“买4”“买5”5个档口都有相当数量的挂单，但是前三个档口位置的买盘挂单总是飘忽不定，开始时挂单300手，一会儿就变成了50手，一会儿又变成了250手，接着又变成了300手。这时的300手有可能已经不是一个整数了，也许是301手、302手，但这都不妨碍投资者对这一现象的研究。

投资者仔细观察这一现象就会发现：这些单子虽然变来变去，但是总数没有太大的变化，与最开始时的单子总数相差不多。其实，在一个很短的时间内，在同一价位上频繁地撤单又挂单，这只能是某一个人的做法，不可能是市场的自发行为，而这个人很可能就是该股的庄家。

庄家这样做的原因，不外乎以下两种。

第一，让投资者的挂单先成交，以维护股价。

投资者应该了解：市场上，在同一价位的挂单不可能只是一张单子，而是由多张挂单共同构成的。而我国股市的成交规则是，在同一价位上，排在前面的挂单先成交。庄家利用的就是这一规则。

庄家先在某一个价位挂好买单，以吸引更多的投资者跟随其挂单，然后再将自己的挂单撤出，这样，投资者的挂单自然就会出现在比较靠前的位置，当市场上出现卖单时，投资者的买单就被市场上的抛单打掉了。由于庄家的单子在后面，所以并没有成交，这样，庄家在没有损失买单的前提下，维持了市场的股价。

第二，吸引市场买单，震慑卖单。

如果庄家一味地选择撤单而不追加买单，那么，当市场上的卖单将投资者的买单吃掉之后，股价自然就会下降。为了防止出现这种情况，庄家往往会选择再将自己的买单挂到投资者的买单之后，使这一档口的买单看起来非常多。这样做有两个目的：一是吸引更多的买单加入；二是震慑卖单，不让过多的卖单流出。如果卖方看到市场的买盘较多，那么就会选择观望的态度，不会主动地卖出，这就是庄家要达到的效果。

总之，庄家就是通过不断地撤单、挂单的手法，一方面吸引市场的买单以帮助其维护股价，另一方面又想让卖方看到市场的买盘很大，股价不会轻易地下降。

七、阻截式大单的奥秘

盘中经常会出现这样一种情况：上档卖盘中全部都是大卖单，而下档买盘中的买单大都比较小，只有“买 1”位置有一个大单，而且上档的大卖单迟迟不下来，“买 1”位置的大买单就长时间放在那里。这个在“买 1”位置的大买单，就可以称为“阻截式大单”。

先来看一下惠天热电的案例。

如图 9-9 所示，2021 年 10 月 18 日，惠天热电（000692）的盘口中，在“卖 1”到“卖 5”这 5 档上积累了大量的卖盘，而“买 2”到“买 5”的买盘相对比较小，最大的“买 3”为 2107 手，在“买 1”位置却横着一个 3749 手的大买单。而且，这个大买单放在这里很久，也没有大卖单将其打下来。

惠天热电 000692

3.88 +0.28 +7.78%

委比		-80.43%	-56769
卖盘	5	3.93	12172
	4	3.92	28600
	3	3.91	9686
	2	3.90	11069
	1	3.89	2148
买盘	1	3.88	3749
	2	3.87	620
	3	3.86	2107
	4	3.85	346
	5	3.84	84

图 9-9　惠天热电（000692）买卖盘口（2021.10.18）

下面初步分析一下产生这种现象的原因。

1. 想卖的大单其实并不多

从惠天热电买卖盘口中可以看到，其实大卖单的数量远远超过了买单的数量，如果大卖单向下走，那么买单是不可能阻截得住的。但是，“买 1”位置的大单却长久地保住了，这说明两个问题：第一，上面的卖单与下面的买单都是庄家自己设下的。如果上面的卖单是普通投资者的，那么很可能早砸向“买 1”位置的挂单了，不会长时间挂在卖盘的位置；第二，庄家并不想让股价向下运行，庄家用一个大买单横在“买 1”位置，就是为了防止股价下行，这个大单这时就起到了护盘的作用。

2. 庄家目标直指“卖 1”

庄家在“买 1”位置设下大买单，实质上就是告诉投资者，如果想买就要直接去“卖 1”上去买，因为“买 1”上需要先成交大单之后，才能轮到投资者的小单。这样，投资者为了买入股票，就只能选择主动出击的方式，打掉“卖 1”的卖单。

可以这样说，庄家如此布局的目的，就是为了将“卖 1”位置上的卖单出掉。至于“卖 1”位置上有多少是庄家的单子，这是很难判断的。但如果“卖一”位置的单子不断被消化，又不断增加，那么可以断定“卖 1”位置的单子是庄家设下的。

庄家通过设置阻截式大单，将投资者的焦点集中到“卖 1”位置，一般是出于以下两种目的。

第一，为了拉升股价。庄家拉升股价过程中，需要吸收一定量的筹码，因此需要在拉升前先降低一下持仓量，这样在拉升过程中，才会有足够的资金吸筹。

第二，为了出货。当市场行情不理想，庄家无法利用拉高股价的方式出货时，通过这种方式出掉“卖 1”位置的抛单，可以最大程度地获得操盘利润。用一个大买单拦在“买 1”的位置，可以有效地防止股价下滑，以免给自己造成损失。

庄家到底是出于何种目的，这时投资者要考虑当时股价所处的位置。如果股价处于低位，并且已经盘整多日，那么庄家向上拉升该股的可能性比较大。反之，如果该股已经有了一定幅度的涨幅，那么庄家出货的可能性就比较大。

第十章

决战：尾盘看盘细节

股市中有这样一句话：开盘价是散户决定的，收盘价则是主力决定的。事实上，主力是非常注重尾盘操作的。特别是当股价在全天的运行态势与其预期存在偏差时，主力一般都会在尾盘采取一些修正行动，使股价收盘价符合自己的预期。

第一节 尾盘三大看点

收盘价是股票最核心的 4 个价格中的一个，也是最重要的一个。在很多技术指标中，都直接选择每日的收盘价作为计算和预测的基准。因此，看尾盘，关注收盘价，是投资者当日看盘中最重要的一部分。

在尾盘看盘过程中，需要关注这样三点：其一，尾盘的修正；其二，量价关系研判；其三，集合竞价与收盘价。

一、尾盘修正

经常看盘的投资者会发现，很多股票在临近收盘阶段，股价会出现一小波快速拉升或下跌走势。从本质上来看，这种波动都属于主力对当日股价走势的一种修正。也就是说，主力在控盘过程中，往往会对各个交易日股价的波动幅度有所预估，有时喜欢提振投资者的信心，有时需要恐吓投资者。总之，很多股价的走势，都是主力刻意制造出来的。主力不可能全天管控股价的波动，尤其是盘中出现一些异动，导致股价偏离主力的预期时，主力就可能会在尾盘阶段进行修正，包括拉升与打压等。

下面来看一下力星股份的案例。

如图 10-1 所示，2021 年 8 月 17 日，上午经过一波振荡上升后，力星股份的股价出现回落走势。进入下午时段，该股下跌态势明显加速。14:00 以后，下跌态势有所缓和，但临近尾盘时段，该股再度大幅下跌，这说明该股当天的下跌走势并未达到主力的预期。

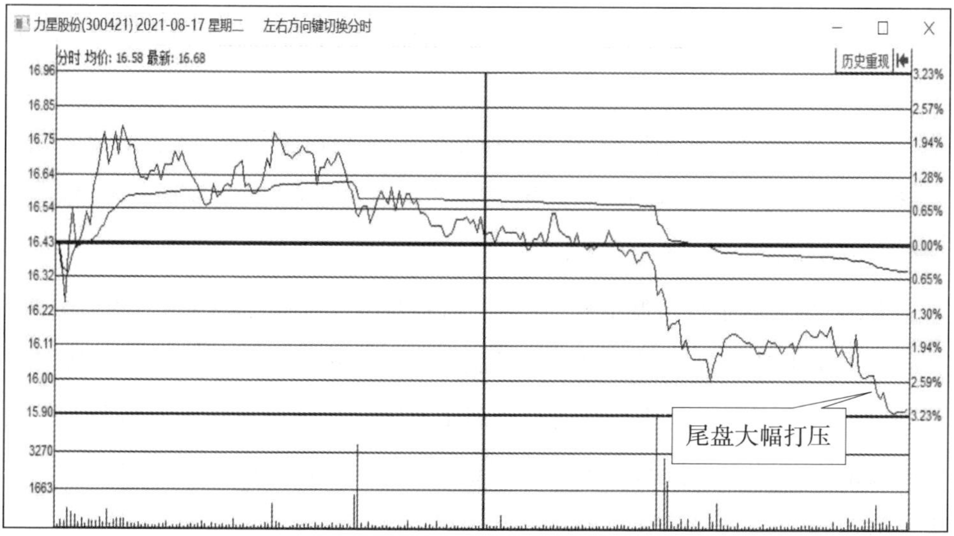

图 10-1　力星股份（300421）分时走势图（2021.8.17）

当然，主力选择尾盘修正股价有这样两个好处。

第一，经过全天的交易，很多散户已经完成了交易活动，在尾盘采取各类修正行为，付出的资金或筹码相对较少，即尾盘行动往往可以起到事半功倍的效果。

第二，尾盘结束后，直接决定了一个交易日的收盘价。尾盘采取行动，可以起到出其不意的效果。

二、量价关系研判

尾盘阶段是当日交易情况定型的阶段，也是一天量价形态成型的阶段。在临近收盘阶段，投资者可以研判某只股票当天的量价形态，并积极准备次日的交易计划。

在量价关系研判方面，要特别注意以下三种异常的量价关系。

第一，明显低量柱的出现。股价分时线经过一天的多空交锋后，在尾盘区域趋于平稳，但成交量出现了明显的低量，这往往属于行情即将发生转换的前奏。很多股价开启上升通道的起点，就是出现了成交量与股价低点，即“地量见地价”。

第二，与低量柱的出现相反，天量的出现也是值得警惕的。无论何种行情，若形成天量或一段时间内的极高量柱，都可能为未来股价的走势制造一定的阻力，这是投资者尾盘阶段需要警惕的情况。

第三，相对高量柱与低量柱的出现，则需要结合自身持股或持仓进行分析。若股价处于上升阶段，成交量呈现了温和上升，是较为理想的状况。反之，若股价出现了调整，而成交量同步出现了萎缩，也是可以接受的情况，若成交量萎缩至前一交易日的 1/2 或 1/3 更佳，这在某种程度上能够保证股价未来上涨。

先来看一下金圆股份的案例。

如图 10-2 所示，2021 年 8 月 20 日，从金圆股份的分时图上来看，该股的量价在盘中时段出现了异常拉升，而尾盘相对比较平缓。但在尾盘阶段，通过观察该股的日 K 线图，是可以发现其量价形态的。

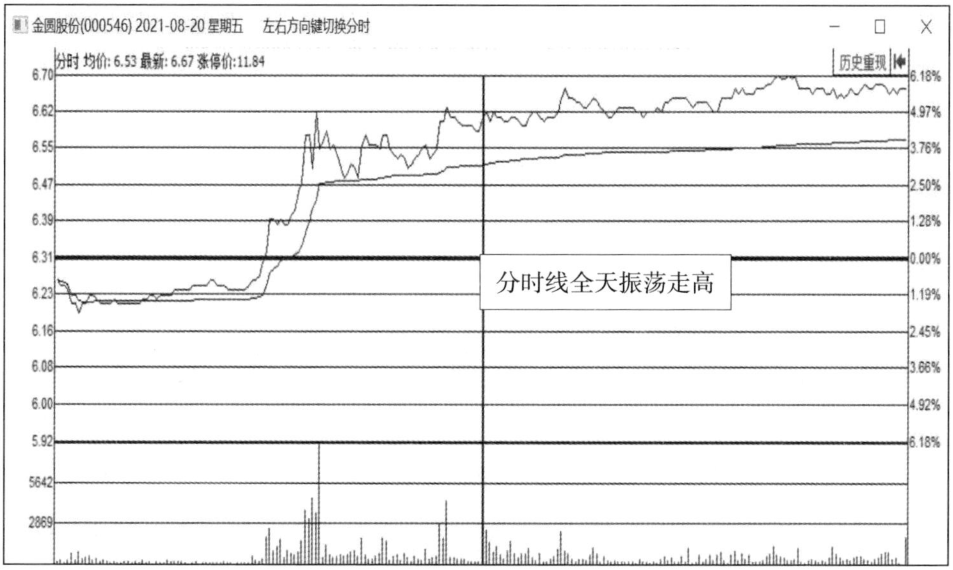

图 10-2　金圆股份（000546）分时走势图（2021.8.20）

如图 10-3 所示，金圆股份的股价经过一段时间的振荡下跌后，2021 年 8 月 20 日该股股价放量上攻，成交量放大了一倍以上，股价突破了之前的整理区域。在尾盘阶段，该股股价的量价形态就已经基本确立，投资者可放心入局做多该股。

三、集合竞价与收盘价

一般来说，集合竞价等同于某只股票当日的最后一笔交易，若无异动情况，收盘价会与集合竞价开启前的价格相差不大。但是，集合竞价阶段股价出现较大波动，则需认真思考其背后的原因。

第一，放量低收。

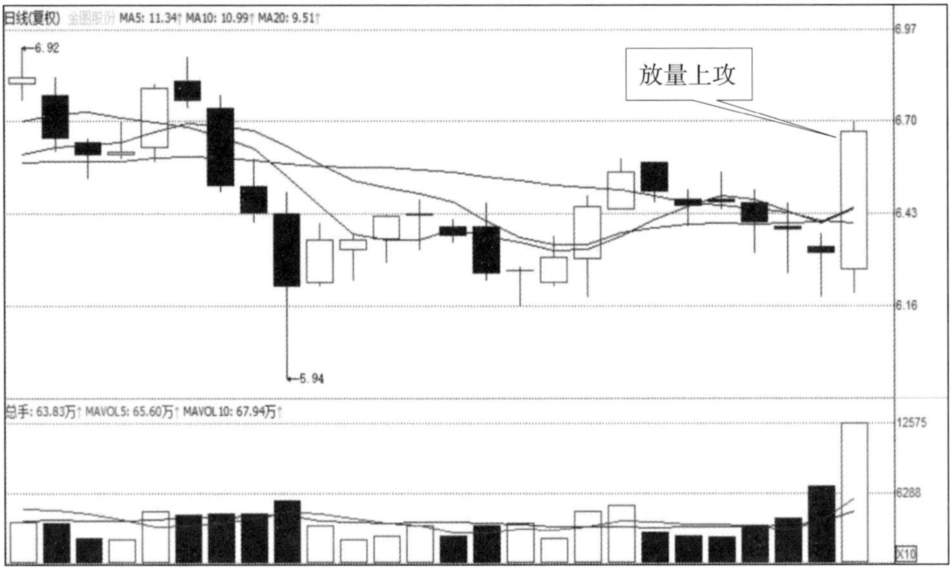

图 10-3　金圆股份（000546）日 K 线走势图

放量低收，即在集合竞价阶段出现了较大的卖盘，致使收盘价大幅低于14:57之前的价格。出现这种情形，一般有两个原因：其一，主力修正之前的股价，即临近收盘阶段，股价上升过快，主力有必要进行打压；其二，主力或大量资金并不看好以后交易日股价的走势，在收盘阶段出逃。

第二，放量高收。

放量高收，即在集合竞价阶段出现了较大的买盘，致使收盘价大幅高于14:57之前的价格。出现这种情形，一般有三个原因：其一，主力修正之前的股价，即临近收盘阶段，股价下跌过快，主力有必要进行拉升；其二，主力或大量资金非常看好以后交易日股价的走势，在收盘阶段入场抢筹；其三，主力通过尾盘阶段大幅拉升股价，为下一个交易日出货预留足够的空间。

第三，微量收盘。

通常情况下，在收盘阶段成交量都会相对较高。集合竞价之后，若成交量仍然很低，该情形存在两种原因：其一，没有主力控盘，一直以来交易清淡，未来很难形成大的行情；其二，主力控盘程度极高，不需要在尾盘调控股价，未来股价走高的概率较大。

第二节 分时线异动：急拉与跳水

尾盘是一个交易日最后的交易时段，往往也是主力表演的时刻。经过了全天的交易，很多参与交易的机构和散户都已经大致完成了交易计划。此时若股价与主力或庄家的期待有距离，或者出现了突发性利好利空消息，主力或庄家就会在临近收盘的时刻采取一定的行动，这就是尾盘异动产生的原因。

尾盘异动主要包括两种情形，即尾盘急拉和尾盘跳水。

第一，尾盘急拉，即拉尾盘，是指某只股票的股价在尾盘突然出现上涨的情况。一般来说，收盘价往往都是当天的最高价，或者近似最高价。大家对尾盘急拉的识别与判断，也要考虑拉升幅度的大小问题。若拉升幅度在两个点以内，一般就是主力的一种修正行为。倘若拉升幅度过高，则可能确实存在某些散户或其他资金不清楚的情况，这就需要投资者特别关注了。

总之，尾盘的拉升一般有两种可能性：一是股价上涨的前奏（出现突发性利好，股价即将启动大涨）；二是庄家出货的信号（拉升只是为了次日可以以更高的价格出货）。

第二，尾盘跳水，即砸尾盘，是指某只股票的股价在尾盘突然出现下跌的情况。一般来说，收盘价往往都是当天的最低价，或者接近最低价。

与尾盘急拉相反，尾盘跳水存在主力修正股价的动机，或股票本身因为突发性利空导致主力大幅出货，从而造成股价下跌，这也是投资者需要特别关注的。

总之，尾盘的跳水可能存在两种可能：一是庄家在洗盘，未来有上升的可能；二是庄家在集中出货，投资者应该避而远之。

一、尾盘急拉：上升前奏

从筹码收集角度来看，当主力无法以较低的价格收集到所需的筹码时，就会向上拉升股价。特别是，某只股票的利好即将到来，主力即将开始拉升前，还没有收集到足够的筹码时，选择在尾盘阶段快速拉升收集筹码，也是一个办法。

股价全天在低位盘整、振荡，成交量出现了明显萎缩时，无论主力还是散户都不愿意再卖出手中的筹码。这时，如果该只股票尾盘突然被拉起，那么该股未来上涨的可能性会更大。

如图 10-4 所示，2021 年 7 月 2 日，泰晶科技的股价经过一番拉升盘整，成交量逐渐缩小，说明无论庄家还是投资者都不想在当时的价位交易股票。但该股尾盘突破，携量上升，股价步步高升，说明庄家已经做好了继续拉升股价的准备。

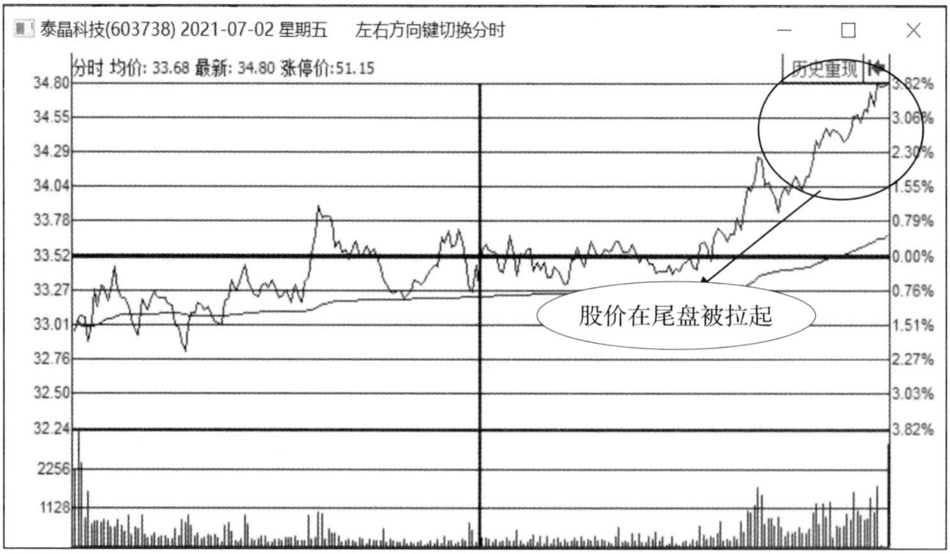

图 10-4　泰晶科技（603738）分时走势图（2021.7.2）

若能结合泰晶科技的日K线走势进行分析，则更能确认这次的短线买点。

如图10-5所示，2021年7月2日，在前日回调的基础上，泰晶科技的股价低开后振荡整理。不过，在尾盘阶段，主力突然放量拉升股价，可以确认庄家拉升股价的行动已经开始。这时，如果投资者能够及时跟进买入股票，那么后面的获利将会非常丰厚。

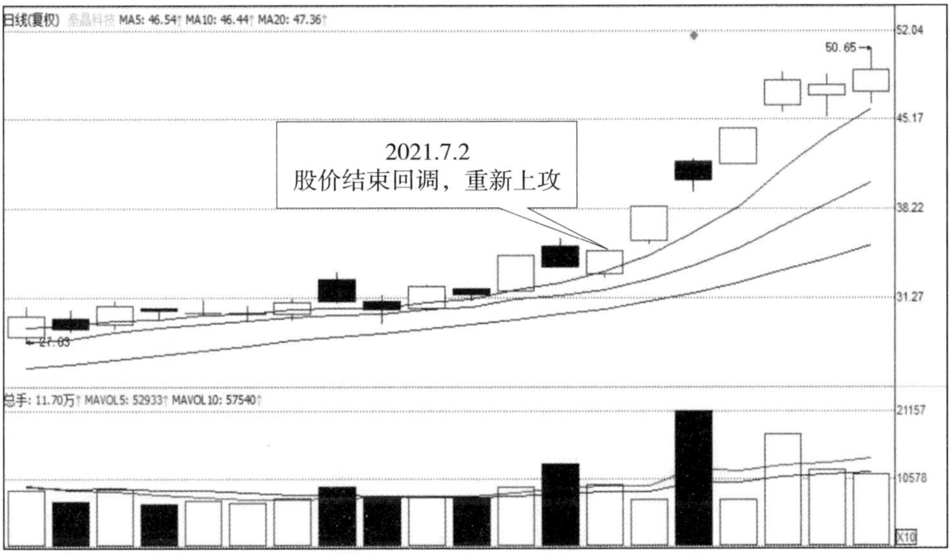

图10-5 泰晶科技（603738）日K线图

二、尾盘急拉：主力出货

站在主力的角度看，最容易出货的方式仍是向上拉升股价，而非打压。股价拉升时，就会吸引大量的跟风盘入场。当然，拉升出货存在一定的风险，而且还会损耗一定的资金。因此，在条件允许的情况下，主力会先让股价在一定区域内振荡，以完成出货，若无法实现，再拉升出货。总之，成交量居高不下，而股价不再上升，是主力出货的一个显著特征。

尾盘急拉，就是在横向振荡出货不利的情况下，主力不得不采取的一种策略。

这种拉升不仅可以更方便出货，还可以为下一个交易日出货预留足够的价格空间。如图 10-6、图 10-7 所示。

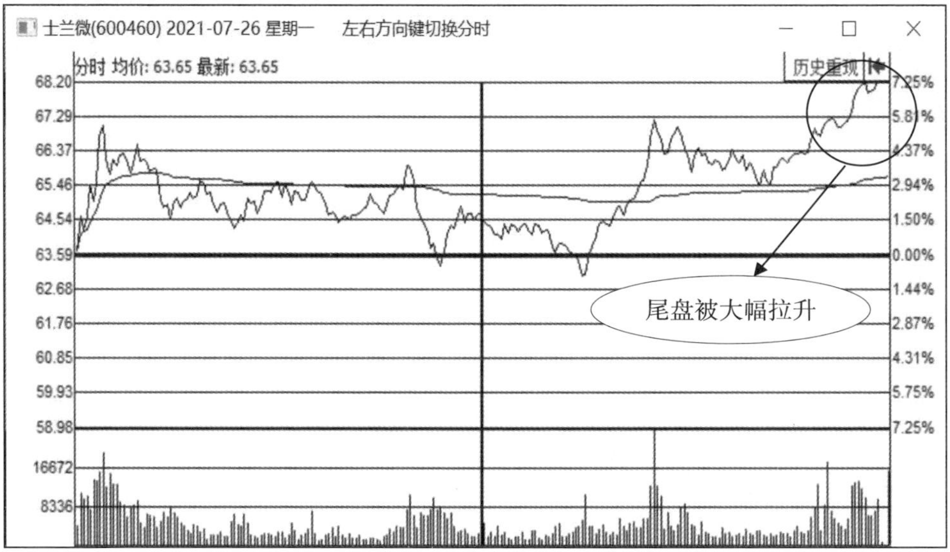

图 10-6　士兰微（600460）分时走势图（2021.7.26）

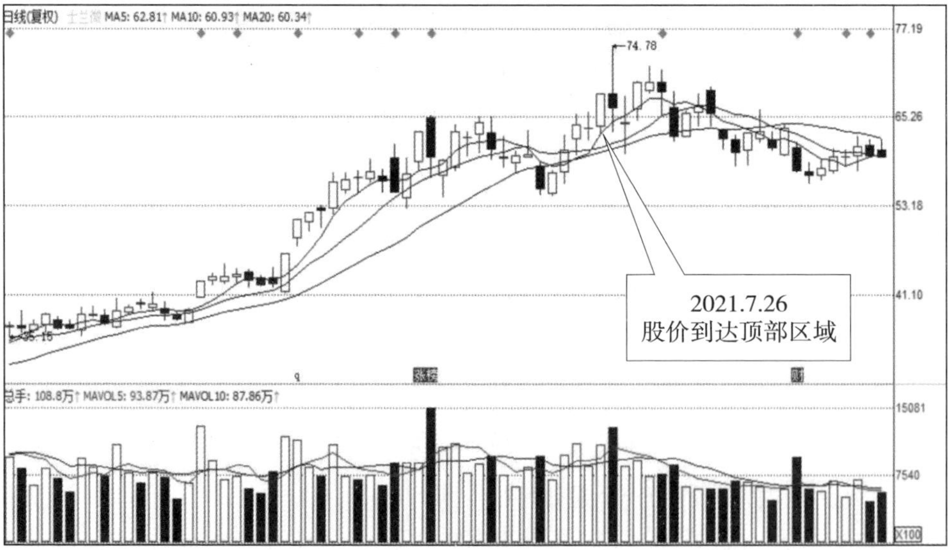

图 10-7　士兰微（600460）日 K 线走势图

从图 10-6、图 10-7 中能够看出，在 2021 年 7 月 26 日以及之前的一段时间里，士兰微的股价已经进入高位振荡区间。该股股价在高位区域振荡，并且成交量居高不下，说明主力很可能已经开始出货。

2021 年 7 月 26 日，该股股价在尾盘阶段突破，出现了放量拉升形态。此前该股股价已经进入高位振荡区域，此时的尾盘拉升是应该特别值得警惕的情况。次日，该股平开大幅振荡，成交量放大，并最终低收，这就属于明显的出货形态。从次日股价走势形态可以看出，7 月 26 日士兰微的尾盘拉升，就是主力为赢得出货空间采取的行动。

三、尾盘跳水：主力洗盘

主力洗盘是为了未来更好地拉升，也是为了促进筹码在不同投资者手中流动，以便未来拉升。

主力的洗盘方式多种多样，比如可以通过横向盘整洗盘，也可以通过打压方式洗盘。与前面介绍的情况相似，若主力即将拉升，但洗盘还没有完成，就会采取比较激进的洗盘方式。向下大幅打压股价，就是最典型的一种。主力通过大幅向下打压股价，可以让很多意志不坚定者抛出手中筹码，这非常有利于主力未来拉升股价。

先来看一下万通发展的例子。

如图 10-8 所示，在 2021 年 7 月 27 日交易的最后时段，万通发展的股价一路下跌，最后全天跌幅超过 6%，但是当天的换手率仅为 0.85% 左右，说明庄家洗盘的可能性较大。投资者可以对万通发展保持关注，不必急于入场。

再看一下该股的日 K 线图。

如图 10-9 所示，在尾盘打压的第二天，股价平开高走，收出一根中阳线，并且中阳线的收盘价达到了 7 月 27 日阴线的一半以上，说明当日的反弹很可能

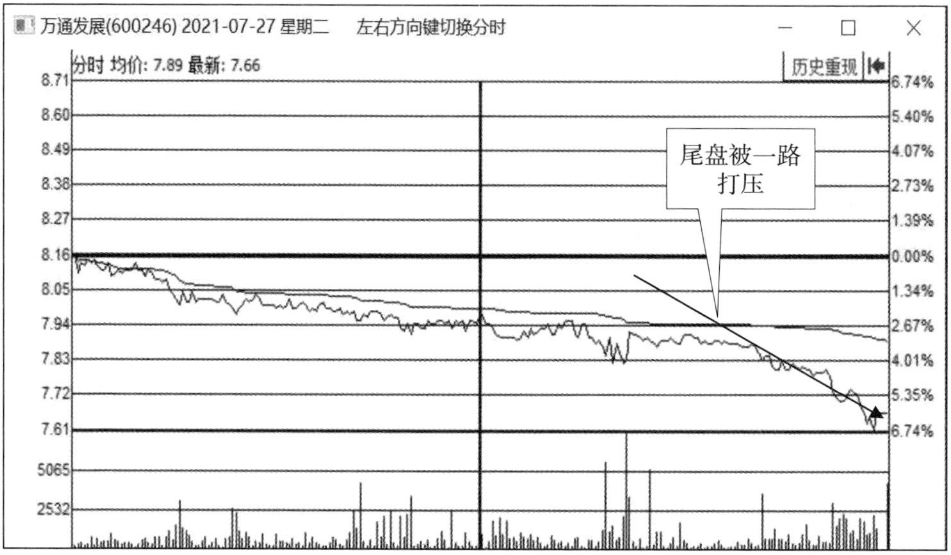

图 10-8　万通发展（600246）分时走势图（2021.7.27）

是有效的，未来有企稳向上的可能。股价突破 7 月 27 日开盘价位置后，投资者可以买入该股。

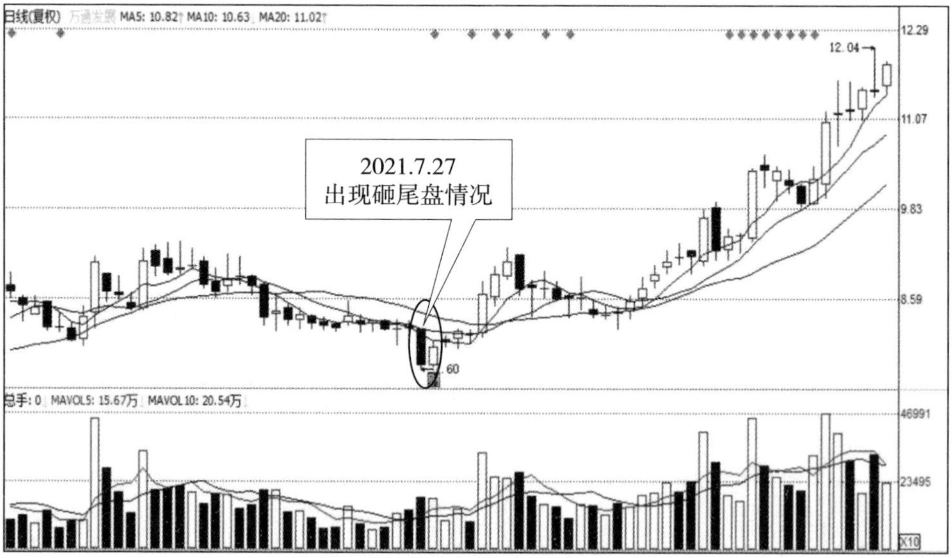

图 10-9　万通发展（600246）日 K 线图

四、尾盘跳水：庄家出货

与主力洗盘相反，若个股因为出现突发性利空，主力拼命地出货，也会表现为股价大幅下跌。不过，在成交量线上，就会与洗盘形成完全不同的情况。主力出货，成交量线会异常拉长，即量增价跌，这是典型的出货形态。

下面以惠而浦为例进行说明。

如图 10-10 所示，2021 年 7 月 1 日最后时段，惠而浦的股价一路下跌，同时成交量居高不下，尤其在尾盘，成交量比盘中放大了很多。

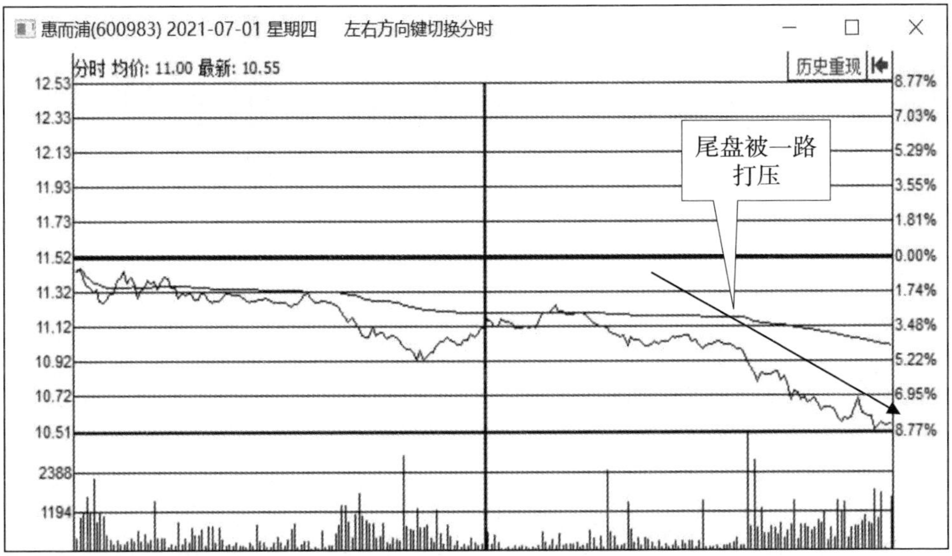

图 10-10　惠而浦（600983）分时走势图（2021.7.1）

投资者可以再结合惠而浦的日 K 线图进行观察。

如图 10-11 所示，该股 2021 年 7 月 1 日前的股价走势，属于创新高回调之后的再度反弹。前一个交易日，股价在 K 线图上留下一根长上影线，这本身就不是一种非常理想的形态。结合当日尾盘打压后形成的 K 线形态可知，此时的打压很可能是主力争相出货所致，投资者宜远离该股。

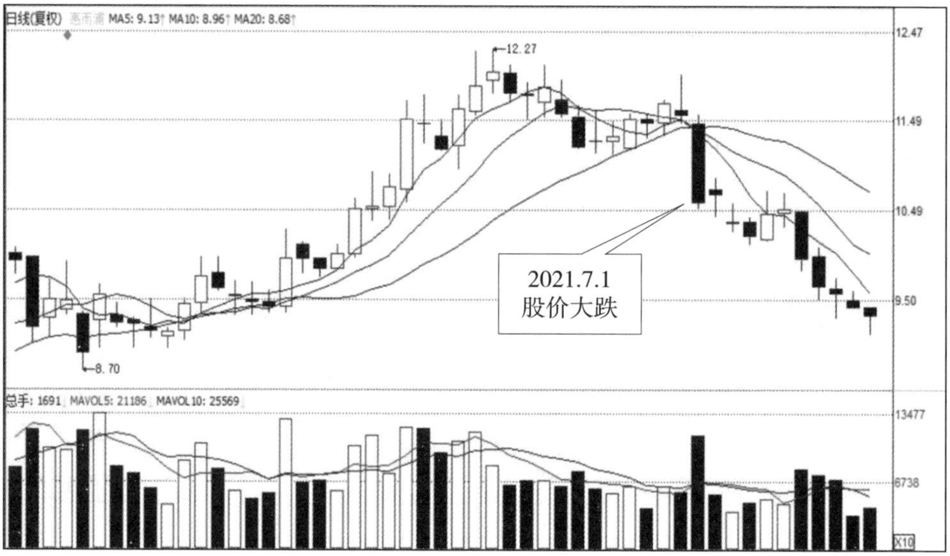

图 10-11　惠而浦（600983）日 K 线走势图

第三节
盘后选股注意要点

对于短线投资者来说，股市收盘并不意味着一天的工作结束，而是新工作的开始。盘后选股，是一项比盘中看盘还重要的工作。当然，这里的盘后选股，一般只适用于趋势投资者、短线投资者或超短线投资者。

一、缩量涨停股票

成交量放大与缩小，本质上反映了市场上多空双方对当前股价分歧的程度。成交量越大，说明分歧越大；反之，则说明分歧越小。股票缩量涨停，说明市场上买卖双方对该股价值的认识趋于一致，也就是该股将继续上涨。

一只股票某一天出现缩量涨停时，投资者第二天要特别注意这只股票的走势。投资者准备买入时，要注意以下两点。

第一，关注第二天的价量关系。只有第二天股价能够高开高走，并且成交量放大，投资者才能追涨。如果不能高开高走，投资者最好不要介入。

第二，第二天股价开盘时，不能涨幅过大。一旦涨幅过大，投资者就会陷入高风险的困境当中。一般情况下，股票第二天的涨幅不能超过 3%。

下面看一下爱康科技的案例。

如图 10-12 所示，从 2021 年年中开始，爱康科技的股价经历了一系列的振荡整理行情。8 月初，该股股价开始出现启动迹象。8 月 18 日，股价缩量涨停。投资者需要注意观察其后的走势，随时准备买入该股。

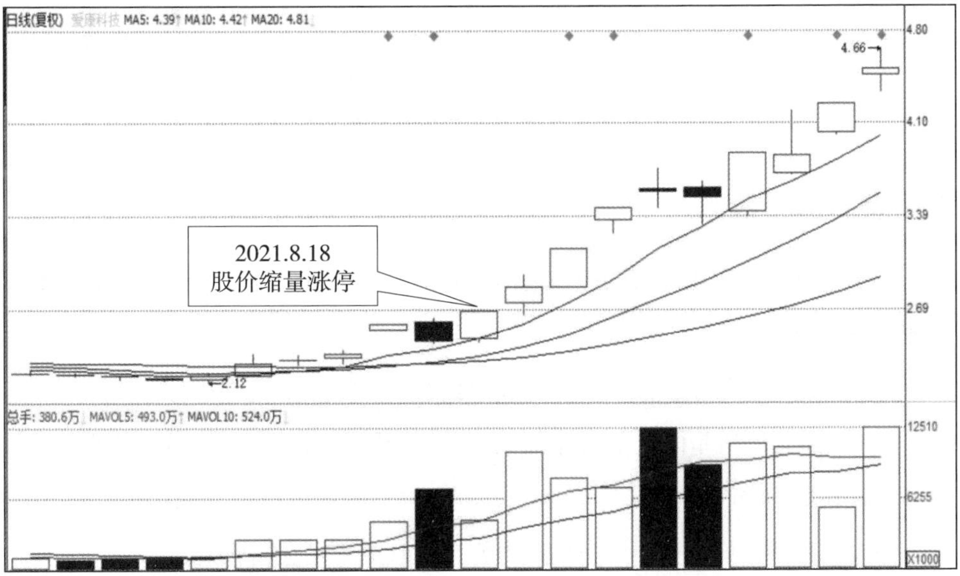

图 10-12　爱康科技（002610）日 K 线走势图

再来看一下该股的分时走势图。

如图 10-13 所示，2021 年 8 月 19 日，爱康科技的股价高开后呈反向下跌，短暂跌破均价线后又迅速回到均价线上方，并且成交量开始放大，此时投资者宜迅速追涨买入该股。其后，该股很快再度封上涨停板。最后，虽然该股没有成功封住涨停板，但上升趋势已经确立。

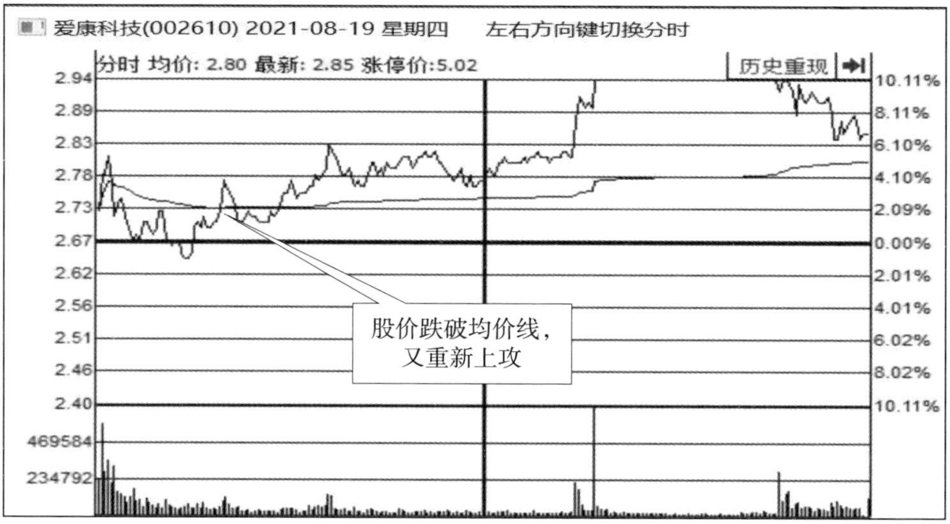

图 10-13 爱康科技（002610）分时走势图（2021.8.19）

二、量价齐升股票

追涨杀跌是股市中通行的操作准则。如果投资者想在股市中获利，那么就必须遵守这一准则。

一般情况下，处于上涨趋势中的股票具有如下特点。

第一，多条均线呈向上发散排列，即短期均线位于最上方，其次是中期均线，最下方是长期均线。

第二，K 线最好能位于 5 日均线上方，并且成交量温和放大。

第三，股价在 K 线图上留下了小阳线或中阳线等形态。

若某一只股票当日收盘后出现了上述特征，则第二天该股开盘后，投资者需要继续观察其走势。如果开盘后分时线一直位于均价线上方，或分时线自下而上成功突破均价线，并且成交量同步温和放大，此时投资者可以买入该股。

下面来看东华测试的日 K 线走势图。

如图 10-14 所示，2021 年 6 月 9 日，东华测试的股价成功突破了多条均线的压制，站在均线之上，并且此时 5 日均线向上突破 10 日均线形成黄金交叉，5 日均线、10 日均线和 30 日均线形成多头排列。6 月 9 日，该股在 K 线图上留下了一根中阳线，预示股价处于上涨趋势中，投资者宜注意观察该股次日的表现。

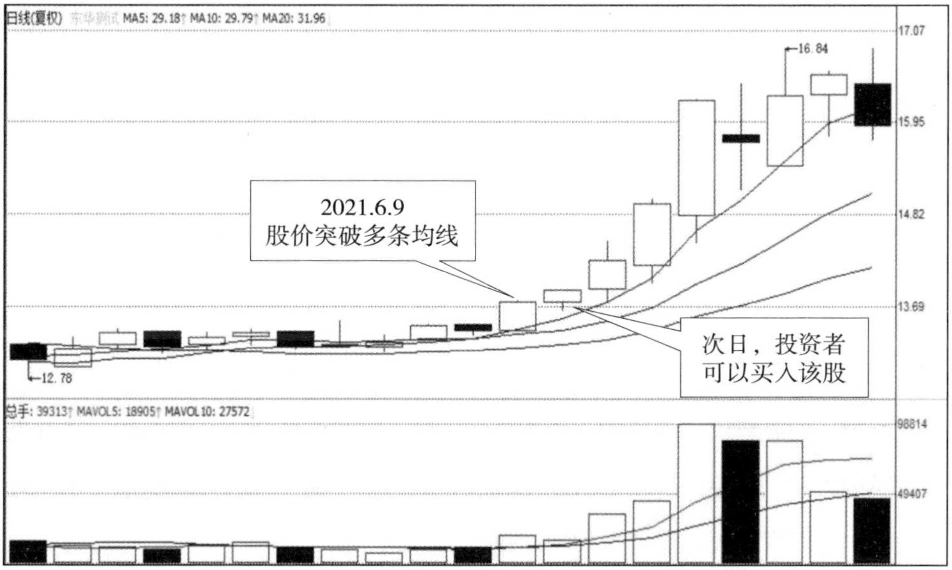

图 10-14　东华测试（300354）日 K 线走势图

下面来看一下东华测试次日的分时走势图。

如图 10-15 所示，东华测试的股价在 2021 年 6 月 10 日开盘之后，经过一轮振荡，分时线跌破了均价线，该股股价将要走弱。

午盘后，该股股价分时线再度放量向上突破均价线，此时投资者可以买入该股。当然，为了保险起见，投资者可在股价上涨之后的回调阶段买入该股。

投资者选择处于上涨趋势中的股票时，一定要在第二个交易日股价开始上涨，并且突破了均价线之后再买入该股。

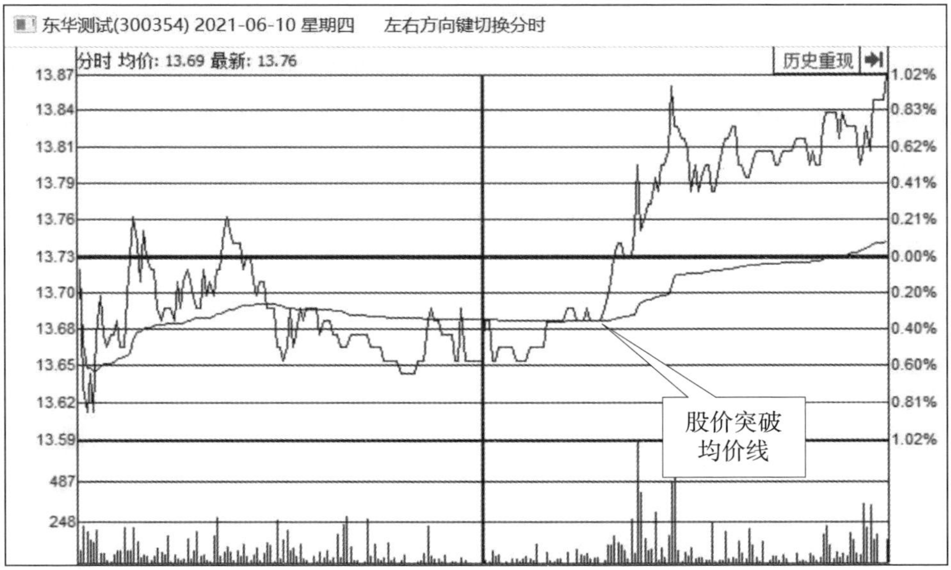

图 10-15 东华测试（300354）分时走势图（2021.6.10）

三、暴跌反弹股票

如果一只股票出现连续的、大规模的杀跌，并且跌幅较大，那么往往意味着修正股价的时机就要到了，说明这只股票短期内很可能会出现短线上涨行情。选择连续大跌的股票时，投资者需要注意以下三点。

第一，选择的股票一定是出现了连续的、大幅度的下跌，并且成交量出现了萎缩，说明空方杀跌动能不足。

第二，股价已经远离 5 日均线或 10 日均线，说明该股短期有上涨的可能。

第三，股价已经止跌企稳，并且开始上涨，此时投资者可以介入。

下面来看一下华新水泥的日 K 线走势图。

如图 10-16 所示，从 2021 年 5 月 28 日开始，华新水泥的股价出现了一波规模较大的下跌，股价跌破 10 日均线之后，进一步远离了均线，说明该股有价值修复的可能。到了 7 月下旬，该股股价放量下跌，有加速下行的迹象。

7 月 29 日、30 日，该股在 K 线图上连续收出十字线，预示股价开始企稳。此时，投资者应注意该股下一交易日的走势，如果股价出现上涨，投资者应第一时间追涨买入。

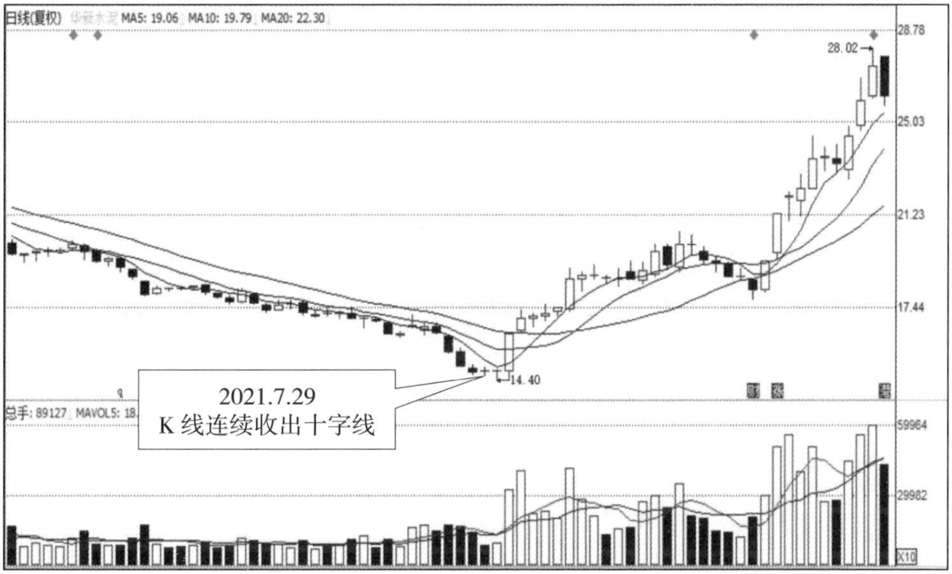

图 10-16　华新水泥（600801）日 K 线走势图

再来看一下华新水泥 2021 年 8 月 2 日（7 月 31 日、8 月 1 日周末休市）的分时走势图。

如图 10-17 所示，2021 年 8 月 2 日，华新水泥的股价低开低走之后，分时线出现了一波横盘振荡走势，并且分时线一直位于均价线下方，投资者不宜入场。

10:10 之后，分时线放量向上突破均价线，说明该股有走强的可能，投资者需要对该股保持关注。一旦股价拐头向上，并且远离均价线，投资者就可以买入。盘中，股价发动了向上攻势，投资者可迅速跟进买入该股。

投资者选择买入超跌个股时，一定要确保大盘指数是向上的，不能在大盘不利的情况下买入超跌个股。

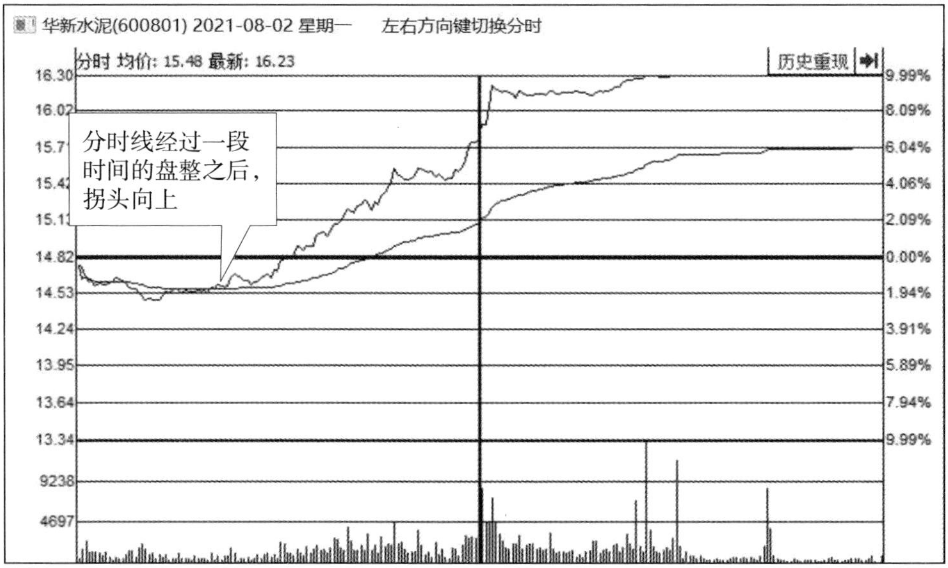

图 10-17　华新水泥（600801）分时走势图（2021.8.2）

第四篇

高阶看盘：看盘需要新思维

对于投资者来说，仅仅依靠固有的看盘知识来研判盘面是不够的，还需要有整体思维，学会换位思考（从主力角度看盘），从多个角度来理解盘面信息。

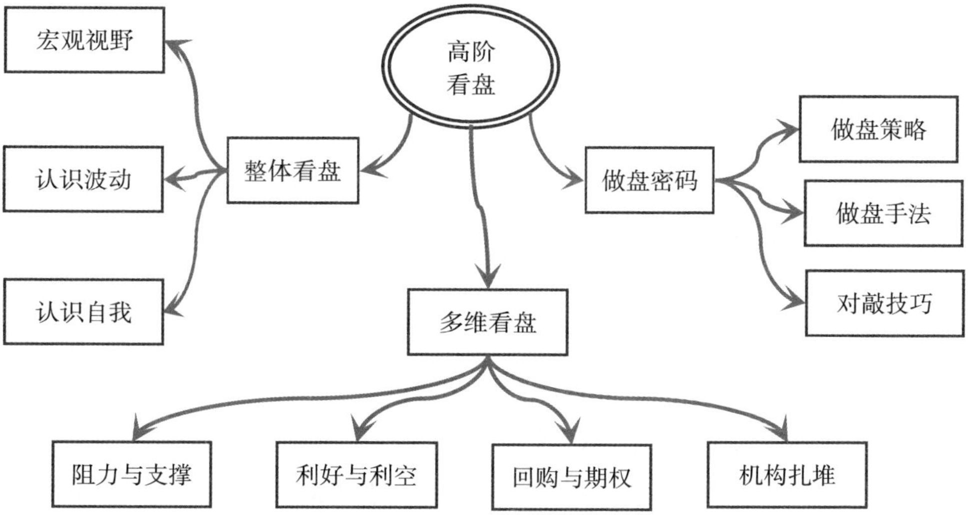

高阶看盘知识导图

第十一章

破解主力做盘的密码

“知己知彼，百战不殆”。战场如此，股市更如此。散户要想在股市中取得竞争优势，首先必须熟悉主力的思维方式和操作策略。

第一节 主力做盘的经典策略

主力的想法，与散户是不同的，否则他们就无法从股市中赚钱。

当然，市场上的主力资金很多，包括基金公司、金融机构等机构大资金，以及私募和大户等大资金。这些主力资金的操作策略与风格大相径庭。一般来说，机构长线资金是很少在盘面上做动作的，一般只在持仓股票大幅下跌时入场加仓，或者到达止盈位时减仓或清仓，而以游资为代表的短线资金或中短线庄家，则比较喜欢在盘面上搞一些动作。

其实，主力做盘的策略与兵法非常相似，也是充分地利用人性的弱点择机而动，概括起来，包括这样三类，如图 11-1 所示。

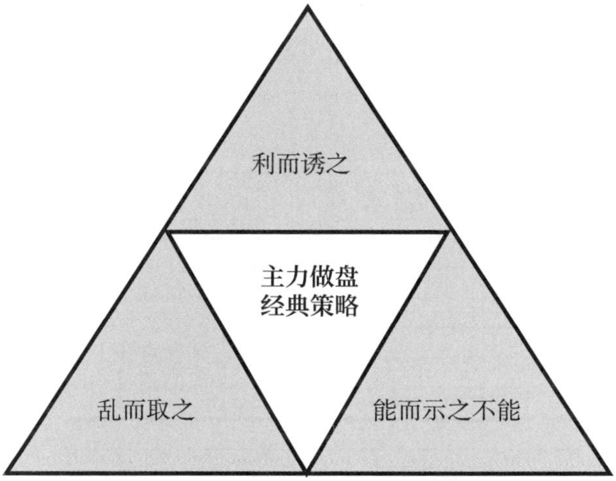

图 11-1 主力做盘三大经典策略

一、利而诱之

从本质上说，股市就是一个逐利场所。所有进入股市的人，最终都是为了追逐利润。只要你追逐利润，主力就会给你逐利的机会。主力出货阶段，常常利用这一点进行操作，即通过短线快速向上拉升，吸引跟风盘入场，然后再反手向下打压。

在很多人看来，这是一个不怎么高明的策略。股价到高位了，还要让更多人入场追涨，怎么会有这种人呢？跳出圈外来看，虽然很容易，但身在市场中，想做出这种清醒的判断就非常困难了。为何？还是一句话，主力在用“利”吸引你。股价短线启动后，几分钟内就上涨 5 个点，甚至更多，任谁能不心动？况且，股价一旦达到涨停板，次日还可能会有一个惯性冲高，这种“利”又怎能不让人动心。

下面来看一下上海机场的分时线走势。

如图 11-2 所示，2021 年 6 月 25 日 14:30 左右，上海机场的股价分时线出现直线上攻态势。随着分时线的上攻，成交量线同步拉长，给人一种股价即将启动上攻的感觉。该股股价此波段拉升幅度超过 10%，对市场上的观望资金产生了极大的吸引力，在利益的驱动下，很多资金纷纷入场，而后分时线不涨反跌。

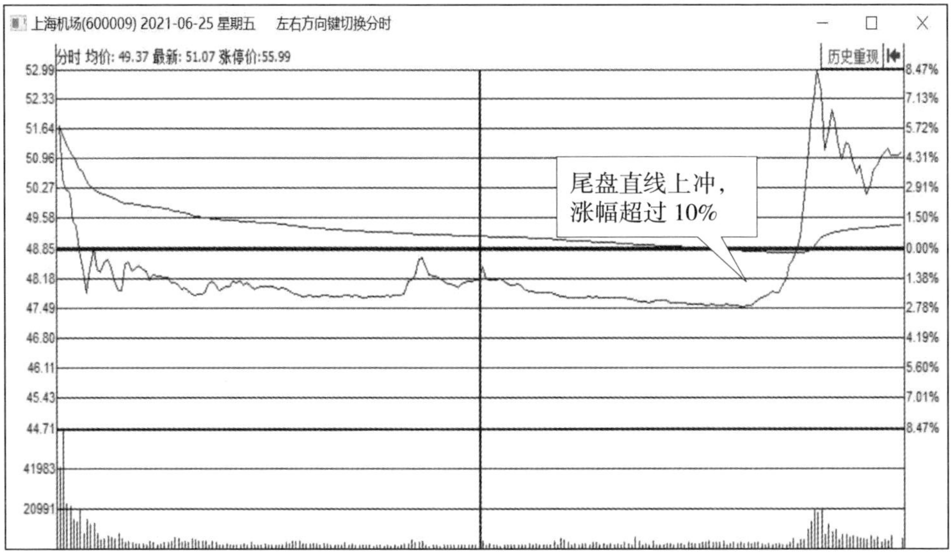

图 11-2　上海机场（600009）分时走势图（2021.6.25）

再来看一下上海机场的日 K 线走势情况。

如图 11-3 所示，2021 年 6 月 25 日前，上海机场的股价一直呈振荡下跌走势。6 月 25 日当天，股价大幅振荡，同时成交量异常放大，这说明主力很可能在借助盘中“诱多”操作进行出货。

此后，该股股价重归下跌通道。

二、乱而取之

从兵法上来讲，乱而取之就是趁着敌人处于混乱状态而消灭之。股市中，主力往往也会非常灵活地运用这一策略。

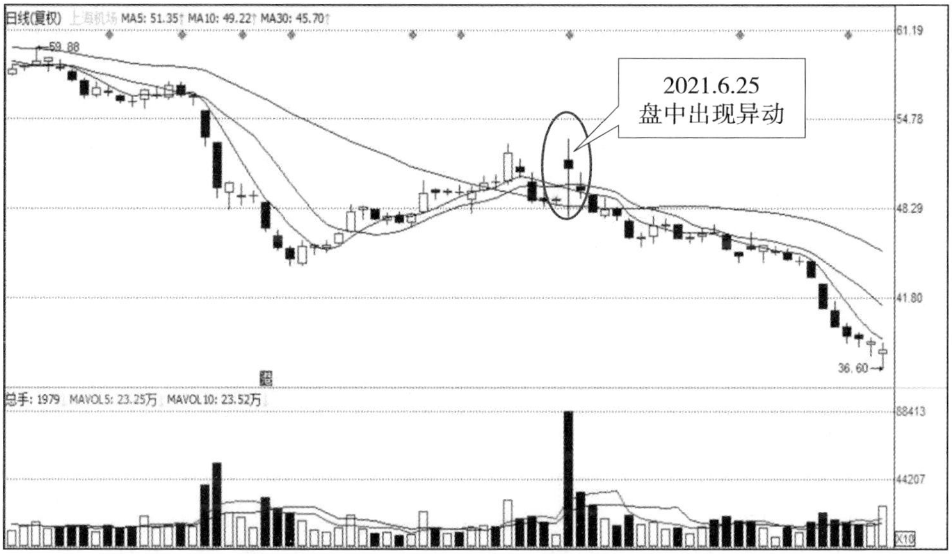

图 11-3　上海机场（600009）分时走势图

对于散户而言，何时最为混乱呢？那就是股市行情不明的时候。行情不明时，股价上蹿下跳，看不清方向，主力往往会突然采取行动，待散户看清主力意图时，股价已经上升或下跌较大幅度了。

下面来看一下盛弘股份的案例。

如图 11-4 所示，2021 年 4 月 29 日，盛弘股份的股价触及短线高点后出现回调走势。

在回调过程中，该股股价呈现出小幅波浪式下跌态势，股价小幅上升后立即转入下跌，如此往复，给人一种看不清股价运行方向的感觉。在振荡过程中，该股股价也曾向上突破，但很快又回落。因此，股价出现突破时，投资者就会保持警惕，观望意愿较高。

可是，7 月 22 日，该股股价突破前期高点后，成交量与股价同步开启快速上升走势。很多投资者还在犹豫股价是否会再度回调时，股价已经出现了较大涨幅。这也是主力惯常采用的操盘手法。

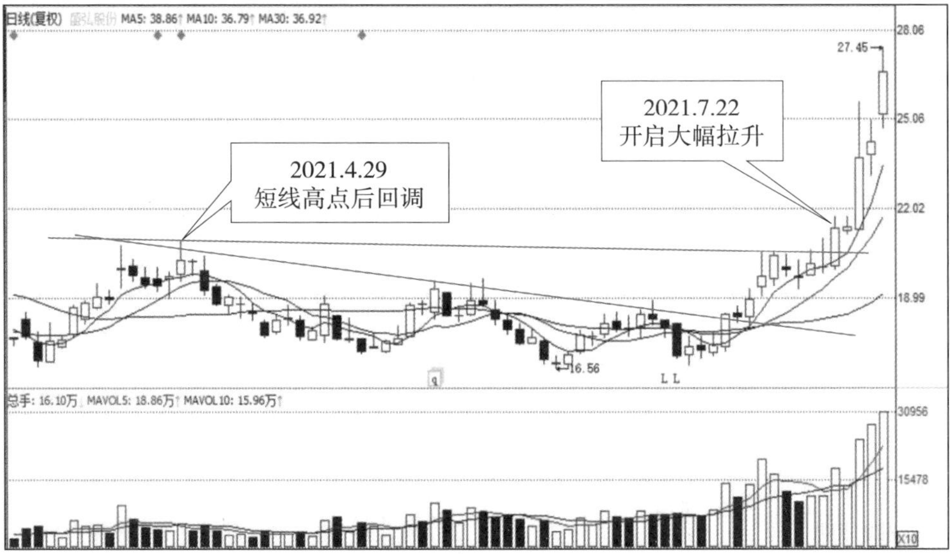

图 11-4 盛弘股份（300693）分时走势图

在顶部区域，主力也可能使用这种手法将散户套在高位。

下面来看一下兰州黄河的案例。

如图 11-5 所示，2021 年 6 月 7 日，兰州黄河的股价到达阶段高点后，出现了高位振荡走势。当然，投资者当时是能准确判断股价是在高位振荡还是拉升途中洗盘的，所以很多投资者选择了观望。

7 月 23 日，该股股价突然出现大幅打压走势，股价很快下跌 20% 以上。在很多散户还在犹豫的过程中，就被套在了高位。

这也是主力趁散户犹豫时，发动突然袭击的典型操作案例。

三、能而示之不能

能而示之不能，即明明能打，也要做出一副不能打、打不了的样子，这也是主力做盘时经常使用的一种策略。股票在底部盘整一段时间后，主力明明已经准备拉升了，但是若其直接拉升，很多投资者肯定不愿意卖出股票，毕竟大家等了

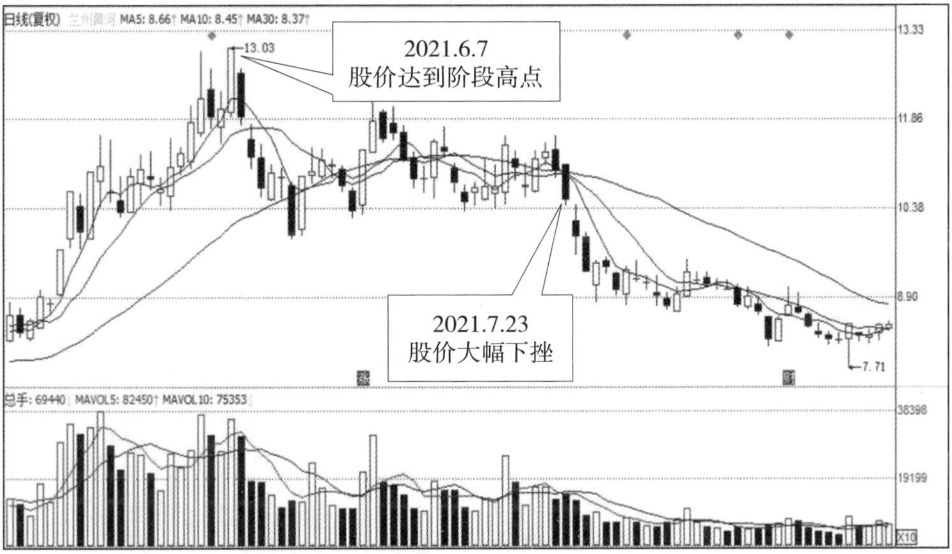

图 11-5　兰州黄河（000929）分时走势图

很久，就是为了拉升。此时，主力往往反其道而行之，在拉升股价前先大幅向下打压股价，让很多投资者对股价走势失望，甚至绝望，然后再快速拉升。股价进入高位盘整后，主力发力打压股价前，常常先进行拉升，也是这个策略。

下面先来看一下亿利洁能的案例。

如图 11-6 所示，亿利洁能的股价经过一段时间的横向振荡后，2021 年 7 月 12 日出现了放量向上突破走势，这给了很多投资者以希望。其实，这是之前很多建仓投资者的预期，即股价经过长期盘整后有望走高。

但是，该股股价并未真正走高，而是从 7 月 23 日开始连续大幅下挫，几个交易日股价跌幅就超过 15%，可以说下跌足够凶狠。

正当很多投资者感到绝望，纷纷斩仓时，主力趁机从 8 月 6 日开始大幅拉升股价。

下面再来看一下大恒科技的案例。

如图 11-7 所示，2021 年 6 月 7 日，大恒科技的股价创下阶段高点后出现

图 11-6 亿利洁能（600277）分时走势图

图 11-7 大恒科技（600288）分时走势图

回调走势。经过一段时间的横向振荡后，7 月 5 日，该股股价放量向上突破，这给了很多投资者以希望。其实，这是之前很多建仓投资者的预期，即股价经过长期盘整后有望走高。

但是，次日股价直接低开后，主力大幅打压股价，直至跌停板，直接将 7 月 5 日入局者全部套于高位。

第二节 主力做盘三大经典手法

在实际操作过程中，主力会根据确定的做盘策略，选择不同的做盘手法。一般来说，主力常用的做盘手法包括以下三类，如图 11-8 所示。

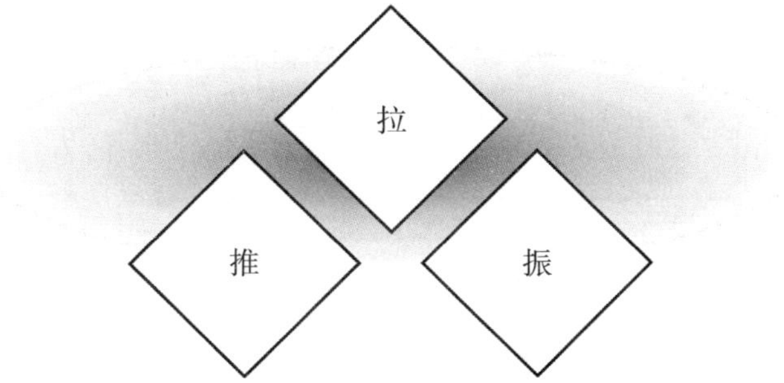

图 11-8　主力做盘三大经典手法

一、经典手法 1：拉

拉，本质上就是一种诱多行为。主力拉升股价，是为了让更多散户跟风买入，因此，最小的消耗、最大的涨幅是其最合理的目标。在拉升过程中，主力会将自己的一些相对较大的卖单挂在卖 2 或卖 3 的位置。当主力启动拉升后，市场上的气氛很容易被调动起来，一些跟风入场的资金为了能够快速成交，就会主动向上买。这样，主力一方面实现了拉升股价的目标，另一方面在一定程度上也减轻了仓位，以便其后股价回落后再度拉升。这也是股价快速上升期，盘口挂单频繁增加和减少的原因。这些减少的卖单，很多都不是被买盘吃掉了，而是主力将其从卖 1 或卖 2 的位置撤掉，挂在了卖 2 或卖 3 的位置，以吸引资金拉高股价，这样自己就事半功倍了。

如图 11-9 所示，2021 年 10 月 19 日，温氏股份的分时线出现了振荡走高态势。股价上升过程中，右侧盘口位置各个档口的单子数量在不停变化。其中，在卖 3 到卖 5 位置挂了较多的卖单，而卖 1 和卖 2 相对较少，并且卖 1 还出现了明显的撤单现象。其实，主力这种操作方式就是让散户放心地追涨买入，这一方面可以减少拉升的阻力，另一方面也能消化手中的一部分筹码，以便于未来的操作。

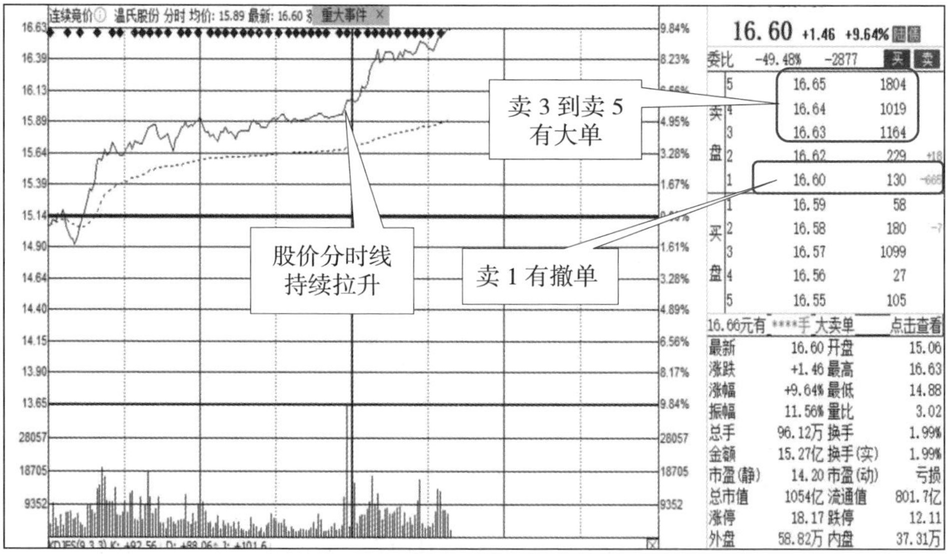

图 11-9 温氏股份（300498）分时走势图（2021.10.19）

二、经典手法 2：推

在交易中，投资者经常会看到一种情形：股价上行过程中，卖盘并不大，但买盘，特别是买 2 或买 3 位置频繁地挂出大单。若这些大单上攻，其实上方的卖盘根本就不够吃，但这些买单就是不上去。

这些大买单就是给新入场的资金“助阵”用的。一方面，为了告诉资金想要拿到筹码就必须向上买；另一方面，也可以提升拟入场资金的信心，告诉想要买入的资金，下方有托底的，不用怕。市场环境较佳时，这些买单甚至会挂到买 1 的位置，这就更具有进取精神了。当然，敢把自己的买单挂到买 1 位置，也说明主力控盘程度较高，即上方的卖单也是自己的，挂点儿买单也没什么可怕的，反正卖单又下不来。

从本质上来说，这些买单并不是真的要成交，而是为了“推”股价上行做出来的。

如图 11-10 所示，2021 年 10 月 19 日，爱康科技的股价在盘中出现了振荡上升走势。分时线上攻过程中，盘口的单子不停地变动，特别是买盘的单子非常大，而卖盘要小很多。买盘要想吃掉卖盘是非常容易的，但这些买盘偏偏不往上

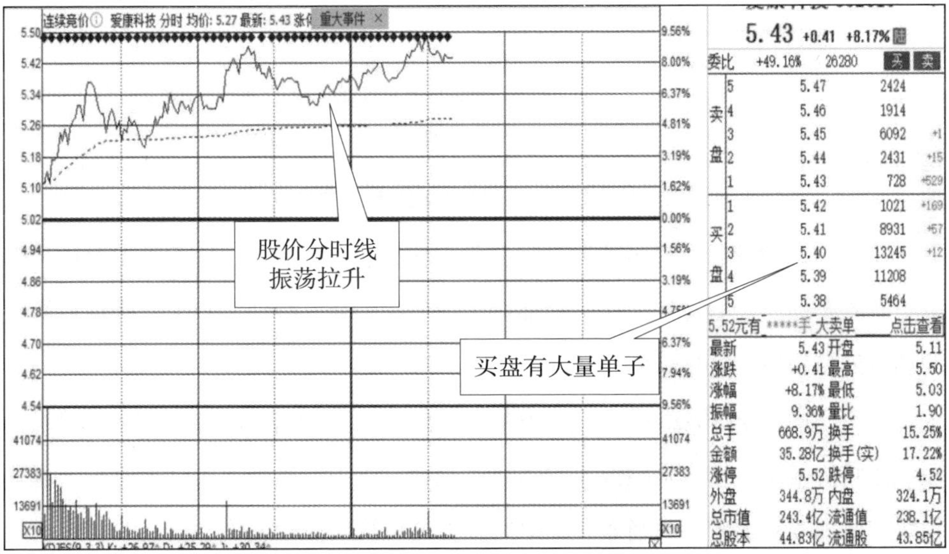

图 11-10　爱康科技（002610）分时走势图（2021.10.19）

走。其实，主力就是想通过“推”的方式拉升股价，通过自己的买盘保证股价不跌下来，而让散户去打上方的卖单。

三、经典手法 3：振

主力振盘的手法是非常多样的，很多散户都是在主力拉升前被振出局的，如图 11–11 所示。

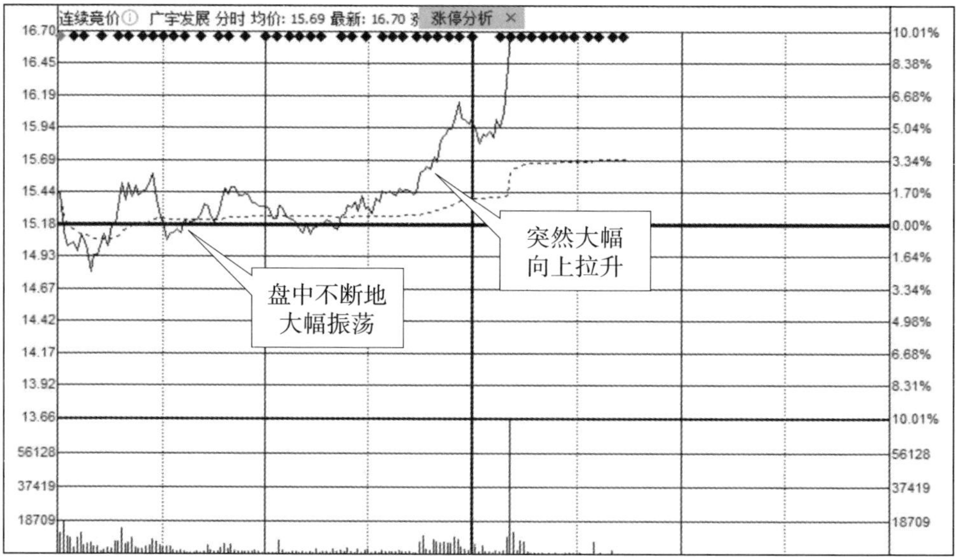

图 11–11　广宇发展（000537）分时走势图（2021.10.19）

主力启动拉升后，很多获利盘就会急于获利而止盈撤出，从而给主力拉升带来一定的麻烦。主力拉升前，一般都会进行多次振仓，特别会利用一些真真假假的利空消息将散户振到局外。

主力不同，操盘策略不同，振仓的手法也不同，但大都会大幅向下打压股价，短线让股价暴跌，彻底击溃散户的防线。振仓过程中，从技术指标来分析，这些股票往往都该卖出了，而当散户卖出后，主力再反向拉升股价，自己的目标也就达到了。那么，这些技术指标没用吗？当然不是，这恰恰说明了这些技术指标的价值。大家要清楚，主力对这些技术指标学得更深入，用得更灵活，正因如此，他们才常常用其来为散户设套。因此，投资者使用技术指标时，除了要吃透这些技术指标外，还要懂得活学活用。

第三节 主力对敲手法

对敲，即主力自己买入自己卖出的股票（一般是通过不同账户进行的）。主力对敲，对敲并不是目的，而是要为散户制造某种诱多或诱空的陷阱。随着证券监管趋严，这类手法的应用会越来越少，但在过去，很多主力做盘时，经常使用对敲手法。

主力常用的对敲手法包括以下 4 类，如图 11-12 所示。

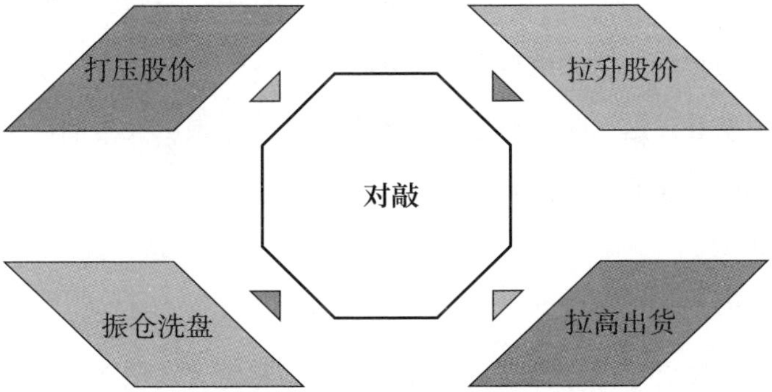

图 11-12　主力对敲的目的

一、对敲：打压股价

在建仓阶段，为了吸收廉价筹码，主力会刻意大幅打压股价。这一时段，底部大买单与频繁出现的大卖单会将股价打压至较低位置，从而使很多散户因为恐慌跟风卖出股票。此时，主力则在底部吸筹。频繁出现的大卖单，其实就是主力用来恐吓散户的，快速下跌的股价则是主力通过大卖单实施打压造成的。

这种情形多出现在主力建仓末期，是主力为了加速吸筹采取的行动。比如，股价经过一段时间的横向整理后，成交量已经萎缩到极低水平，整个市场都在观望股价的突破方向，此时主力对敲打压股价，能给散户造成股价将走向下跌通道的错觉，主力则趁机吸筹。

二、对敲：拉升股价

大家可以发现，市场上经常存在这样一种现象：股价启动上升后，成交量会迅速放大，无论之前交易多么清淡的股票，只要股价一启动，成交就会变得非常活跃，而且大单频出。其实，这一切都是主力自导自演的局面。在启动拉升过程中，主力经常会通过对敲买入自己的股票，让整个市场看起来交易非常活跃，这样散户才会入场。事实上，散户，特别是短线投资者是非常看重成交活跃程度的，毕竟成交清淡的股票很难出手。因此，在拉升过程中，主力会不断地通过对敲来制造成交活跃的假象，以让更多散户入场。

从盘口上来看，这一阶段对散户并不友好。小单很难在当前报价成交，想要成交就必须支付更高的价格，其实这也是主力的真实想法。

三、对敲：振仓洗盘

主力拉升一波后，往往会通过洗盘将意志不坚定者“请下车”，换一波新的散户入场。因此，在盘中时段，主力会通过对敲制造大幅振荡，以恐吓散户。股价上行或下跌的幅度都比较大，大单频出，给人一种主力可能出货的感觉。

一般来说，在盘中高点和低点位置，主力都会设置一定的大单，以防股价波动超出自己的掌控范围。

四、对敲：拉高出货

主力与散户不同，主力的资金量和筹码量都十分庞大。因此，主力想要出货要比散户困难得多。主力要将账面的盈利兑换成现金，就必须为个股营造良好的运行环境，要让整个市场都看到股价已经展开了主升浪，这时股价继续上攻，主力同时进行对敲。不过，这种对敲往往表现为买单大但数量少，买单小但数量多。总之，主力通过大单将股价拉升至高点，散户跟风入场继续拉升股价，主力则趁机抛出筹码，如此往复。

从 K 线图上来看，此阶段股价的上涨是与成交量放大相配合的。只有成交量放大，主力才能顺利出货。

当然，拉高出货的情况，还包括以下两种情形。

其一，股价进入顶部区域，股价反复振荡，成交量放大，但就整体而言，股价并未拉升多少。量价背离是这一阶段的典型特征，此时往往是主力对敲出货的尾声。

其二，股价快速下跌，散户已经被套于高位，之后，主力因为手中还有部分筹码有待清理，可能会采用拉高对敲的方式出货。

第十二章

多维度理解盘面信息

事实上，仅仅掌握基本的看盘技法是不够的。很多情况下，投资者需要用辩证的思维来看待这些基本的看盘技法，活学活用。毕竟面对的对手是主力，任何机械的操盘技术都有可能被主力拿来利用，并成为其“诱多”或“诱空”的工具。

第一节
阻力位与支撑位

在看盘过程中，大家对股价突破、支撑、阻力的判断依据，很大程度上是借助阻力位与支撑位来完成的。不过，这些阻力位与支撑位都是肉眼可见的，也都是固定不变的，不仅散户可以看到，主力也可以看到。那么在操作过程中，依靠阻力位与支撑位来做交易决策是否有用呢？这就是一个值得辩证思考的问题。

一、阻力位与支撑位的作用

先来看一下雄帝科技的案例。

如图 12-1 所示，2021 年 3 月 8 日，雄帝科技的股价创下阶段高点后，出现振荡调整走势。其后，3 月 24 日、4 月 20 日和 5 月初，该股股价曾几度触及 3 月 8 日的高点，但均出现了回落走势。

2021 年 5 月 19 日，该股股价放量突破了前期高点，经过一个交易日的整理后，连续向上发动攻势。

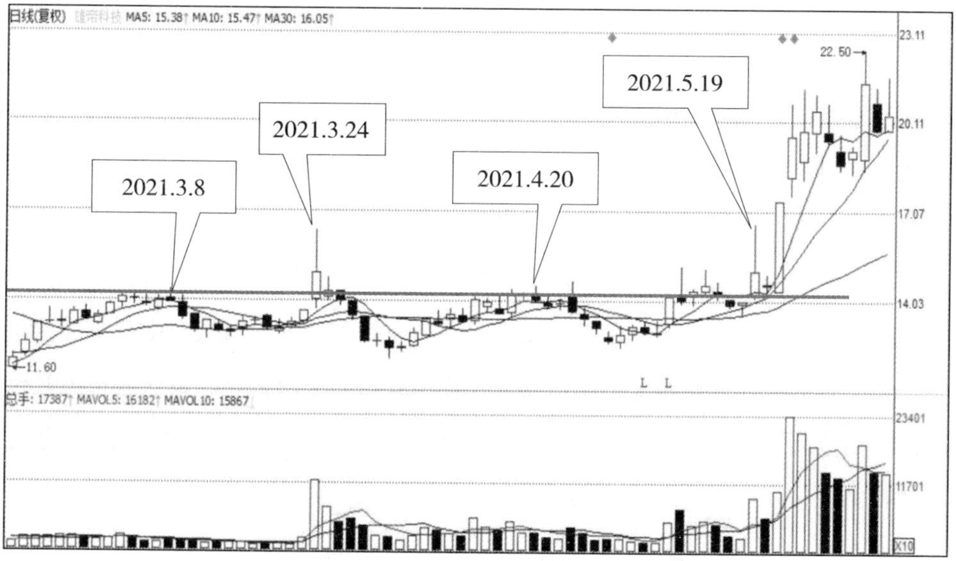

图 12-1　雄帝科技（300546）日 K 线走势图

雄帝科技的股价走势，其实是非常有代表性的一种走势。大家从中能够看出这样三个特点。

第一，3 月 8 日的高点附近具有一定的阻力作用。否则，其后该股股价不可能几次在此位置受阻。

第二，尽管 3 月 8 日的高点具有阻力作用，但这个高点并非具体某一点位。事实上，该高点曾在其后被突破过，只是突破后又再度回落而已。

第三，5 月 19 日，雄帝科技的股价携量向上突破了前期阻力位。也就是说，这一个阻力位最终没有阻止住股价上行。这与市场上其他阻力位有着相同的宿命，即阻力位所能发挥的作用是有限的，一旦外界环境或股票本身发生变化，那么这种外在的阻力作用就很难发挥持久效力。

那么，阻力位与支撑位为何会发生作用？为何有时又会失去作用？

1. 阻力位与支撑位为何会发生作用

这种作用的发生不外乎两个原因：其一是事实原因，即在阻力位或支撑位附近存在大量的未成交卖单或买单。比如，在阻力位附近，往往会有大量的套牢盘，这些套牢的投资者肯定希望有朝一日能够解套，因此当股价升至阻力位附近时，这些套牢盘就会蜂拥而出，从而推动股价下行；反之，在支撑位附近存在一定的未成交买盘，这些买盘能够推动股价上行。其二是心理因素，即投资者的心理在作怪，这个原因所起的作用更大。一旦股价形成高点或低点，构筑阻力位或支撑位后，市场上的投资者就会从心理上接受这一位置。特别是股价运行至这些阻力位与支撑位附近时，事实上起到一定的阻力与支撑作用后，投资者就会更加认可这一位置。因此，这些位置的阻力与支撑作用就会越来越强化，每次股价上升至阻力位附近时，投资者都会减仓或清仓以回避这些位置，这就更加强化了这些位置的作用。

2. 阻力位与支撑位作用的消失或转化

事实上，阻力位与支撑位之所以无法发挥作用，是因为并非这些位置真的有多大的阻力与支撑，而是主力需要这些位置有阻力与支撑。换句话说，主力不想让这些位置再发挥阻力与支撑作用时，股价就会形成新的运行趋势，包括上行或下行。主力向上拉升股价或向下打压股价，就需要突破阻力位或支撑位，而一旦完成对这些位置的突破，那么这些位置的阻力与支撑作用就可能发生相互转化，即阻力位转化为支撑位，支撑位转化为阻力位。

当然，主力不会肆无忌惮地想拉就拉，想打压就打压，而是会结合当时的市场环境以及自己的仓位来综合考虑。善于借力打力，也是主力操作中经常使用的一招。

二、主力反向利用支撑位与阻力位

在看盘过程中，投资者要清楚一件事，即主力是不会为散户作嫁衣的。也就是说，大家都盼着主力拉升的时候，主力大概率是不会拉升的；反之，若主力真的拉升了，很有可能会设下一个天大的陷阱。

下面来看一下晋亿实业的案例。

如图 12-2 所示，2021 年 4 月—7 月，晋亿实业的股价出现了长期的横向盘整走势。其实，很多坚持持仓的投资者都会想到这样一句话——“横有多长，竖有多高”。也就是说，这类股票一旦涨起来，涨幅一定是非常大的。其实，对于散户的这种心理，主力是心知肚明的。

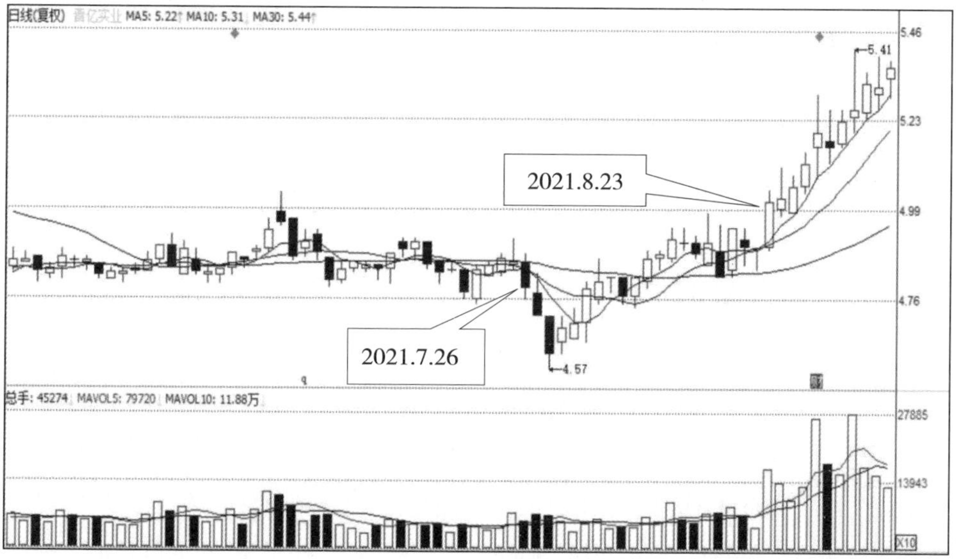

图 12-2 晋亿实业（601002）日 K 线走势图

主力即使想要往上拉，也不可能直接向上拉升的。如果这样的话，没有人愿意在低位放弃手中的筹码，这可能会为主力后面的拉升制造很大的障碍。正当所有人在憧憬着何时启动上升时，主力发力向下打压股价。

连续三个交易日的打压，股价下跌幅度已经超过了很多投资者的预期，特别是按照经典的支撑位理解。当一只股票的股价连续三个交易日跌破支撑位，则意味着此次跌破为有效跌破。此时很多人可能会卖出手中的股票，之后主力则会很快重新向上拉升。

2021 年 8 月 23 日，该股股价经过了一波振荡修复，很多投资者对先前股价的下跌仍然心有余悸。此时，主力突然向上拉升股价。很多投资者还没有来得及反应，股价已经升到了高位。

实际上，这就是主力要达到的目的。借助跌破支撑位让投资者丧失对股价的期望，然后反向拉升，让投资者看不清方向，最后再突然启动大幅拉升。其实，经过多次横盘整理之后的股票，都可能出现这类走势。明明要向上拉升，偏偏先向下大幅打压；反之，明明要向下打压，却偏偏先向上拉升股价。

第二节 利好与利空消息

利好与利空消息，是扰动股价盘面走势的一个非常重要的因素。按照正常的理解，一个利好消息出现，股价势必会上扬；反之，利空消息袭来，股价很可能会大幅走低。不过，在实战中，利好、利空却与上涨、下跌并不总是那么一一对应。

一、利好与利空消息的作用

市场上，很多投资者都是根据利好和利空消息来炒股的。先来看一下利好消息作用下的股票。

2021 年 10 月 20 日，国家发改委重拳出击，打击恶意炒作煤炭价格，维护煤炭市场价格稳定，同时逐步推进电力价格市场化改革。当日早盘开盘后，受此利好消息刺激，电力板块活跃，一些股票甚至封上了涨停板。

如图 12-3 所示，2021 年 10 月 20 日，华电国际的股价早盘开盘后，在利好刺激下，很快便直接上冲涨停板。由此可见，利好消息对股价走势具有很强的刺激作用。

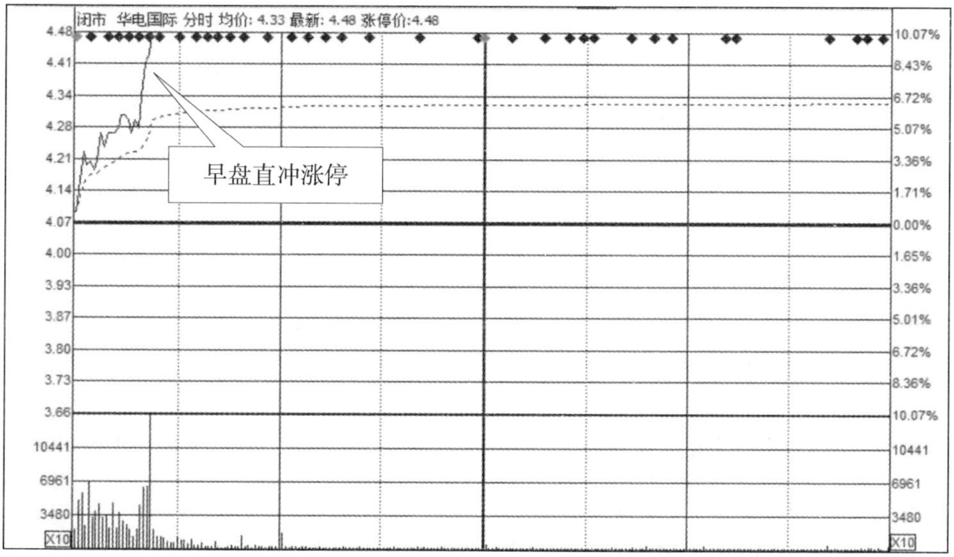

图 12-3　华电国际（600027）分时走势图（2021.10.20）

下面再来看一个利空消息刺激的股价下跌情况。

2021 年 10 月 18 日开盘前，出现白酒消费税传闻，全球持有贵州茅台最多的基金，即美洲基金 - 欧洲太平洋成长基金第三季度大手笔减持贵州茅台。基于以上消息，一时间，市场对白酒股的担忧开始显现。当日早盘开盘后，以贵州茅台为代表的白酒股大幅低开。

如图 12-4 所示，2021 年 10 月 18 日，贵州茅台的股价早盘开盘后，在利空刺激下直接低开低走，全天跌幅超过 6%，这在贵州茅台的走势中是非常少见的。由此可见，利空消息对股价走势具有较强的刺激作用。

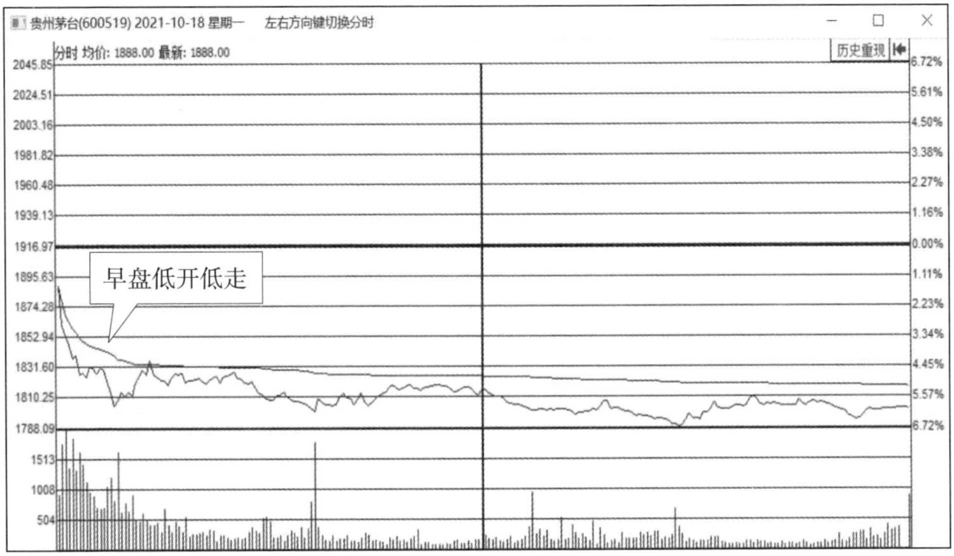

图 12-4 贵州茅台（600519）分时走势图（2021.10.18）

二、反向利用利好与利空消息

在实战操盘中，并不总是存在“利好刺激，股价上涨；利空刺激，股价下跌”这种逻辑。有时，主力还会趁利好将股价拉升后反向大幅出货；利用利空低开后，反向拉升股价，以完成吸货。

下面来看一下宁波华翔的案例。

如图 12-5 所示，2021 年 10 月 20 日，宁波华翔公布了最新的三季报分红计划。当期分红高达 10 股送 32 元。这一分红计划超过了很多超级绩优股的分红标准。因此，该股当日直接高开，但很快主力发力向下打压股价，最终该股

以 -2.96% 报收。

由此可见，分红利好并没有刺激股价上行，反而成了主力出货的一个契机。

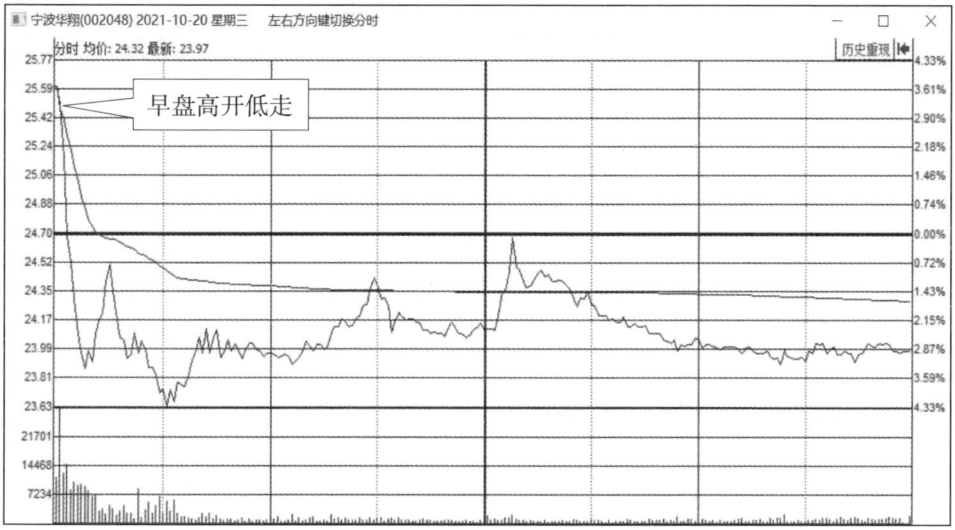

图 12-5 宁波华翔（002048）分时走势图（2021.10.20）

再来看一下公牛集团的案例。

2021 年 9 月 27 日，因公牛集团涉嫌垄断价格，工商总局开具了 2.95 亿元的罚单。按说，这一大罚单势必会对当期企业业绩产生较大的冲击，属于典型的利空消息，股价应该下跌。

下面来看一下该股次日的分时走势。

如图 12-6 所示，2021 年 9 月 28 日，公牛集团的股价早盘开盘后，并没有受利空消息影响，反而直线上冲。其后，该股股价全天出现横向振荡，最后小幅下跌报收，说明利空消息对当天股价走势影响不大。

三、利好利空预期与兑现

利好利空因素是否能够直接刺激股价上涨与下跌，其实并没有一定的固定公式。投资者必须辩证地看待这一问题，分清以下 4 个基本因素，如图 12-7 所示。

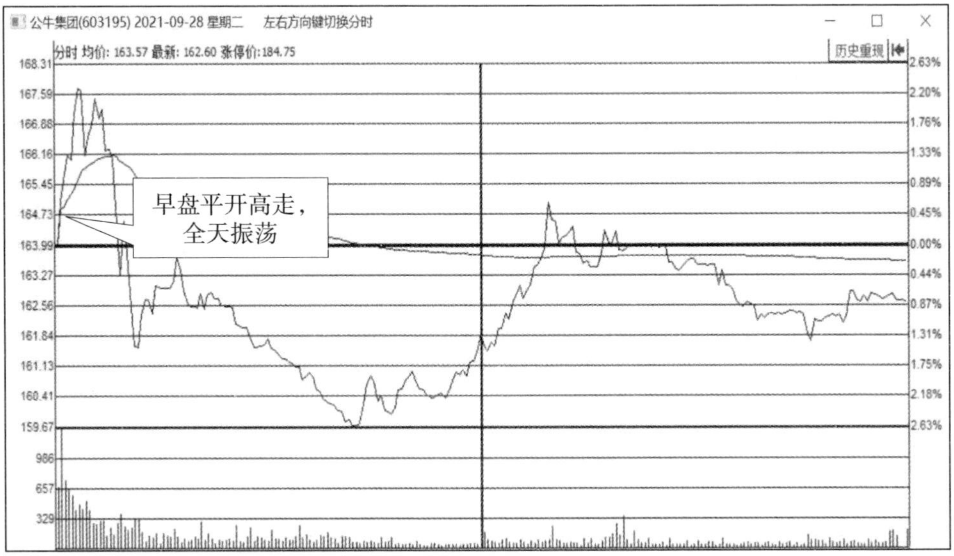

图 12-6　公牛集团（603195）分时走势图（2021.9.28）

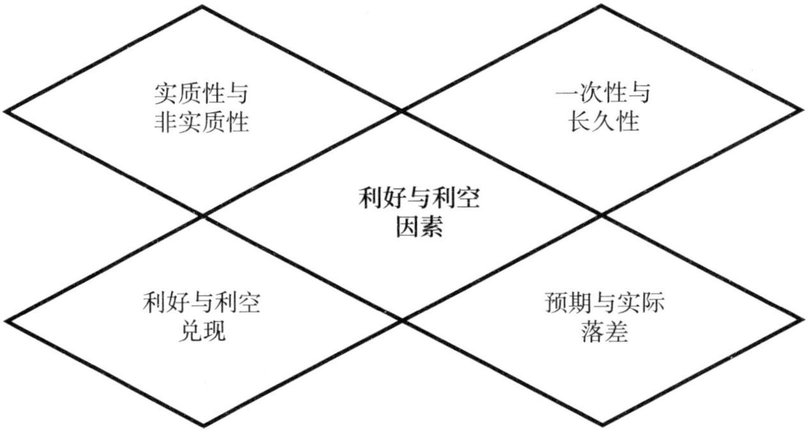

图 12-7　利好与利空因素

1. 实质性与非实质性因素

实质性与非实质性因素要分清。盘面信息鱼龙混杂，有些所谓的利好信息或利空信息，不过是主力为了配合自己的操盘计划而放出的“烟雾弹”。事实上，只有那些对企业业绩能够产生实质性影响的因素（包括预期和期望），才有可能真正地推动股价上行。而那些比较虚的消息，可能只在盘面上起一个“涟漪”，之后就会消散。

这里有一类利好或利空因素，即一些与企业整个盈利模式、获利方式有关的因素，是需要特别关注的。这类因素可能会对企业未来数年的利润产生较大影响，比如医药领域的集采、国家推行的“碳中和”等政策。

2. 一次性与长久性因素

盘面上获得的很多利好利空因素的持久性是需要甄别的。企业经营过程中，不可避免地会遇到各类突发性利好利空消息的影响，比如某企业意外获得一个订单，某个企业因某个客户违约而出现一定的损失，等等。从某种意义上来说，这些消息可能都会短期影响企业的业绩，但并不具有可持续性，其对企业未来业绩的影响十分有限，对股价的影响也会十分有限。

相反，某家企业若因一项事关未来的新业务开始取得订单，并取得不错的业绩，则这种利好因素可能会持续为企业带来收益，对企业利润的影响可能逐渐加大，这就是一种长久性因素，这种因素对股价走势的影响往往非常大。

3. 利好利空的兑现

事实上，很多利好利空因素出现前，市场都会有所感知。很多相关股票的股价也会据此出现一定的波动。利好消息兑现时，先前介入的获利资金就会趁机出逃；反之，利空消息兑现时，很多资金可能会借助利空开始介入。当然，这里的利空是不会伤及企业整体运行态势的利空消息。若为毁灭性利空消息，是不会有资金愿意介入的。

4. 预期与实际落差

预期与实际落差，也是利好利空因素出现，但股价并没有按照预想上涨或下跌的重要原因之一。很多可以预见的事情，市场上的投资者都会有一个大致的预期，股价也会基于这种预期给出一定的反应。不过，预期与实际情况总会有一定的落差，这种落差会直接作用于当时的盘面。

比如，市场普遍预期某只股票在第二季度业绩可能取得 500% 的涨幅，但是该企业公布的业绩公告显示，该公司的业绩仅增长了 200%。尽管 200% 也是一个相当不错的增速，但其与预期仍有较大的差距，因而在业绩公布后，当日的股价很可能会转向下跌。反之，若市场预期某种股票的亏损可能有 10 亿元，但业绩公告显示，亏损仅为 1 亿元，这类利空信息也可能直接促成股价上升。

第三节 公司回购与期权

股票回购是指上市公司利用现金等方式，从股票市场上购回本公司发行在外的一定数额股票的行为。通常情况下，公司从市场上回购企业股票后，因市场上流通股票数量减少，股价上升的概率就会增大。不过，在执行环节，不同的回购也可能对股价产生不同的刺激效果。

一、基于注销需求的回购

回购股票后，直接将其注销，以提振股价，使投资者获利，这看起来是一种对普通投资者非常有利的做法，尽管企业回购股票的钱也来自原股东。通常情况下，企业会用自身留存的利润或融资回购企业股票，无论选择何种方式，都会影响企业当前或未来的流动资金。不过，若对企业正常的经营没有任何影响的话，这对靠股价上升来获利的投资者而言，无疑是一个较大的利好。当然，有时公司回购股票，也有稳定股价的目的。例如，伊利股份曾在 2020 年 7 月 28 日、8

月 5 日、12 月 17 日和 2021 年 7 月 30 日先后 4 次回购并注销股票，以维护企业的股价，如图 12-8 所示。

变动日期	变动原因	变动后A股总股本(股)	变动后流通A股(股)	变动后限售A股(股)
2021-10-22	激励股份上市	60.82亿	59.60亿	1.22亿
2021-07-30	注销回购股份	60.82亿	59.30亿	1.52亿
2020-12-31	定期报告	60.83亿	59.30亿	1.52亿
2020-12-17	注销回购股份	60.83亿	59.30亿	1.52亿
2020-10-22	激励股份上市	60.83亿	59.30亿	1.53亿
2020-08-05	注销回购股份	60.83亿	59.00亿	1.83亿
2020-07-28	注销回购股份	60.83亿	59.00亿	1.83亿
2020-07-01	期权行权	60.84亿	59.00亿	1.84亿

图 12-8　伊利股份（600887）股本结构变动数据

再来看一下公司宣布回购并注销股票时，该股股价的走势。

如图 12-9 所示，伊利股份宣布回购并注销股票当日，该股股价都出现了不同程度的上升，其实，这也是企业管理层稳定投资者信心的一种方式。不过，靠回购并注销股票，不能从根本上改变企业的经营情况，因而其对长线持股的投资者来说，带来的影响十分有限。

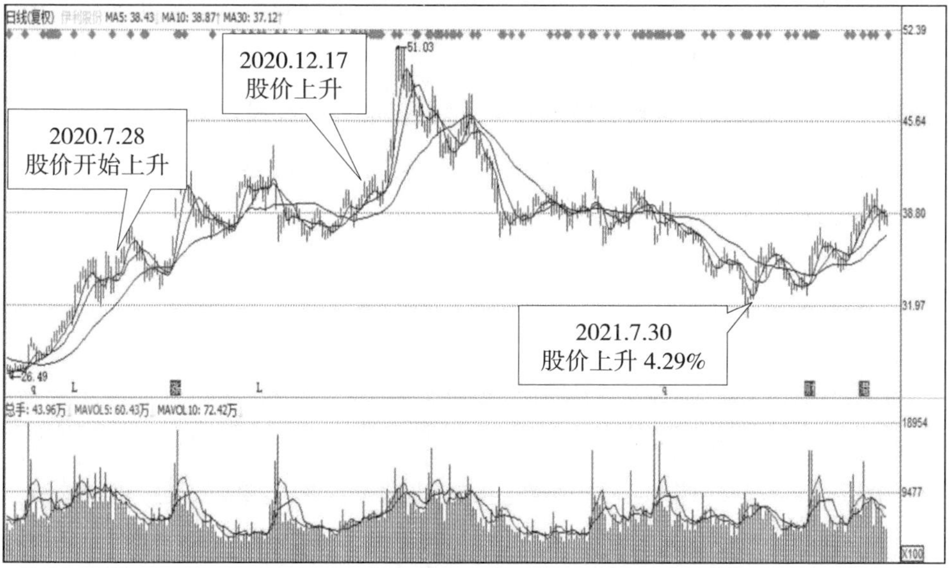

图 12-9　伊利股份（600887）日 K 线走势图

大家需要辩证地看待企业回购并注销企业股票的原因。通常情况下，一家处于良性运营的企业，没有回购并注销股票的必要。回购股票不仅损失企业的流动资金，也容易压缩企业的市值，没有多大的好处。

事实上，确实有很多企业回购股票了，其原因不外乎以下 4 种。

第一，企业现金流特别充裕，没有多少可投资项目，因而选择回购股票。目前，A 股市场很少有基于这个理由回购股票的企业，倒是巴菲特旗下的伯克希尔做过。

第二，企业股票股价偏低，严重低于其内在价值。熊市时，很多企业或大股东会回购股票，以稳定投资者的信心。当然，期间有一些企业确实拿出了大笔资金用于回购股票，有的企业只是象征性地进行一下回购，这种回购其实恰恰说明企业对自己都没有多大信心。

第三，企业高管另有所图，很多上市公司都实行了股权激励，而到了兑现股票的时候，若股价不够高，那么股权激励的股票也就等同于白纸了。于是，这些高管就会推动企业回购股票，反正回购股票的钱又不是自己的。

第四，企业有更大的融资需求，为了让自己增发的股票有个好价格，不得不想方设法抬升股价，回购并注销股票就是一条不错的路。按说，这种思路是十分诡异的，一方面自己缺钱要融资，另一方面还要花钱回购股票。

总之，回购并注销股票的动机很多，投资者需要辩证地识别和看待，不能一见到回购就将其看成大大的利好。

二、基于股权激励的回购

回购股票后，直接用于对管理层的激励，即通过动用企业资金从市场回购股票以向管理层提供股权激励方案。关于回购股票激励管理层的问题，投资者需要分三个层面来考虑：其一，回购股票的资金来源于企业，其实就是投资者的钱；其二，回购股票将会减少股票流通数量，拉动股价上升，短期内对投资者有好处，对于管理层未来行权大有好处；其三，为管理层提供股权激励，是为了将管理层个人利益与公司利益绑定，以激励其更好地为公司服务。

对管理层实施股权激励，尽管会让企业损失一部分现金，但从长远来看是有利的，毕竟管理层对企业的经营成果负有重大的责任。但是，在执行股权激励过程中，很多企业将其变成了为管理层免费送温暖。例如，通常情况下，股权激励的股票解禁都有一定的限制条件，如净利润指标达到某一标准或企业营业收入达到某一标准等，只有这些条件达成，管理层才能在某一时间抛售自己持有的股票。但是，有的企业规定的管理层解禁条件过于宽松，这就等于变相地将企业资产白送给管理层了。

因此，投资者中意的投资标的若有股权激励的意向，投资者需要研判股权激励的条件和解禁时间等因素。

第四节 机构扎堆

投资者通过炒股软件的【F10】功能，可以很清楚地查到每只股票在某一季度内主力的进出情况。主力连续增加的股票，后市上涨的概率较大；反之，主力连续减少的股票，后市下跌的概率较大。当然，除了观察各大基金入驻的情况外，还要特别留心市场上的大户动向，尤其是一些“牛散”（即市场上比较知名的、投资收益率较高的散户）的入驻情况。

一、多维度评估机构扎堆

分析投资标的机构持股情况时，需要重点关注以下三点。

第一，持股机构的数量。通常情况下，持股机构数量多，说明市场上大部分投资机构都认可其投资价值，未来股价继续走高的概率很大。比如，A 股第一高价股贵州茅台的机构持仓情况，如图 12-10 所示。

从图中可以看出，2021 年第二季度持有贵州茅台的机构达到 2307 家，而前十大流通股股东持有的流通盘占比达到了 71.34%。这说明贵州茅台的股票绝大部分掌握在各大机构手中，该股的高成长性已经获得市场的广泛认可。

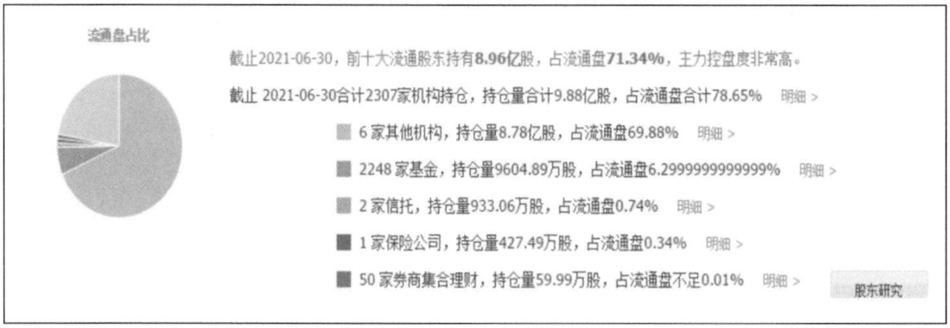

图 12-10　贵州茅台（600519）机构持仓情况

第二，较为知名机构的持仓情况。越是市场上知名的投资机构持仓，越能反映股票被市场的认可程度，特别是国家队的资金。例如，一些社保基金的持仓情况，更值得普通投资者研究，毕竟社保基金的钱，是很多退休员工的“买米钱”。

再来看一下顺鑫农业的机构持仓情况。

如图 12-11 所示，顺鑫农业的前十大股东中有两家属于社保基金旗下的投资组合。这说明社保基金非常看好该股的投资价值。当然，顺鑫农业的财务状况、盈利能力以及未来的发展空间，相比其他企业具有较明显的优势，这是社保基金投资该股的原因。

第三，机构持股变动情况。除非出现大盘暴跌或发生黑天鹅事件，否则机构扎堆持有的股票往往走势比较稳定。基金公司持股和散户持股不同，他们选择投资标的相对较为严格，买入股票后，不会轻易卖出。不过，若在某一时间段内机

机构或基金名称	持有数量(股)	持股变化(股)	占流通股比例	变动比例	股份类型	持股详情
北京顺鑫控股集团有限公司	2.78亿	不变	37.51%	不变	流通A股	点击查看
中国银行股份有限公司-招商中证白酒指数分级证券投资基金	3535.69万	↑301.73万	4.77%	↑9.33%	流通A股	点击查看
中国农业银行股份有限公司-易方达消费行业股票型证券投资基金	3506.58万	不变	4.73%	不变	流通A股	点击查看
香港中央结算有限公司	1639.10万	↓-439.52万	2.21%	↓-21.14%	流通A股	点击查看
招商银行股份有限公司-易方达高质量严选三年持有期混合型证券投资基金	914.38万	不变	1.23%	不变	流通A股	点击查看
全国社保基金一一三组合	887.72万	↓-311.82万	1.20%	↓-25.99%	流通A股	点击查看
国泰君安证券资管-建设银行-国泰君安君得鑫两年[illegible]合型集合资产管理计划	[illegible]	新进	1.18%	新进	流通A股	点击查看
中国建设银行股份有限公司-易方达消费精选股票型[illegible]资基金	654.92万	不变	0.88%	不变	流通A股	点击查看
基本养老保险基金八零二组合	600.02万	↓-610.11万	0.81%	↓-50.42%	流通A股	点击查看
新华人寿保险股份有限公司-分红-团体分红-018L-FH001深	447.97万	新进	0.60%	新进	流通A股	点击查看

社保基金

图 12-11 顺鑫农业（000860）机构持仓情况

构或基金的持股出现大幅减持的情况，或之前的十大股东退出十大股东行列，投资者就要分析背后的原因。

二、机构扎堆并非绝对安全

通常来说，机构扎堆股票一般走势较稳，很少出现暴涨暴跌的行情。不过，若市场对某类股票过分关注或推崇，则很容易导致这类股票短期出现过大的涨幅，进而可能会造成股价回调或下跌。机构扎堆股票的回调或下跌是十分凶狠的，由于这些股票的投资者多为机构投资者，所持股票市值较高，各家机构都想在第一时间完成出货，这就很容易造成踩踏效应。换句话说，每波基金持仓股票主导的行情，大都会以基金之间互相踩踏收场。

下面看一看基金重仓持有的贵州茅台在 2021 年年初前后的股价走势情况。

如图 12-12 所示，2020 年下半年，贵州茅台的股价出现加速上升走势。一般来说，这类机构重仓股不易出现连续暴涨行情，但在 2021 年年初却出现了连续大幅上攻走势。投资者要有清醒的认识，这类股票存在触顶的可能。与单独主力庄家控盘的股票不同，这类股票不会有缓慢的出货时间，因为所有的主力都想第一时间出逃，于是，2021 年 2 月 18 日，该股股价触顶，开始反向下跌，股价连续出现大幅下挫走势，这就是典型的机构互相踩踏的结果。

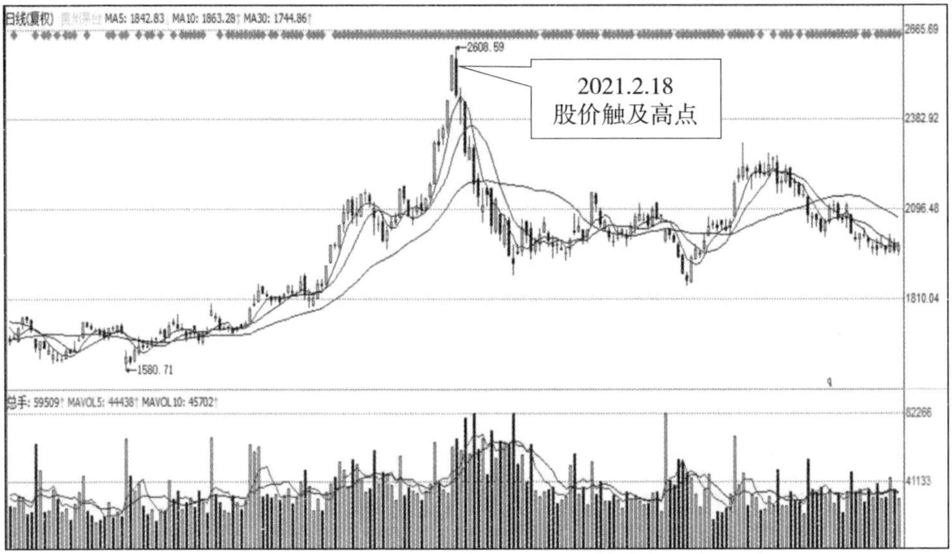

图 12-12 贵州茅台（600519）日 K 线走势图

第十三章

看盘，要有整体思维

看盘，不只是看盘面走势那么简单，盘面波动的背后，往往有更深层的原因。投资者不能只见树木不见森林，看盘时要有一种全局性思维。

第一节 看盘，需要宏观视野

市场上很少出现各个板块全部上涨或全部下跌的格局，更多地是在某一时段某些板块上涨，在另一时段另外一些板块上涨。投资者要想了解这些板块轮动的原因，就必须掌握推动板块轮动的力量。

一、板块轮动根源：宏观经济形势

宏观经济面影响的板块轮动，从某种意义上来说，可能会对整个股市的涨跌起到重要的影响。换句话说，整个宏观经济面情况、股市大趋势以及特定轮动板块之间存在着密不可分的关系。

1. 受宏观经济面影响的板块轮动

受宏观经济面影响的板块轮动，一般会遵守一定的秩序。宏观经济形势大致可以分成这样 4 个阶段，如图 13-1 所示。

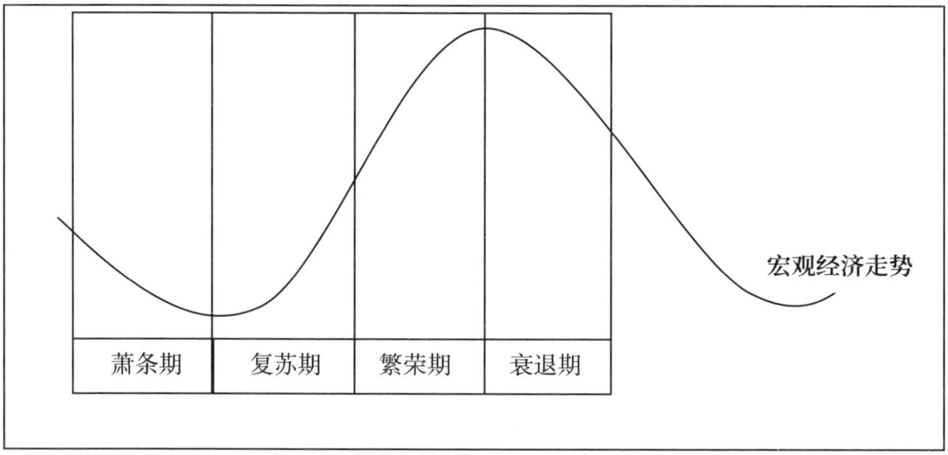

图 13-1　宏观经济走势的 4 个典型阶段

（1）萧条期

国民经济连续衰退，已经使很多投资者对股市丧失信心，因而无论是大盘市值还是整体的成交量，都处于一个历史低点位置。当然，期间也会出现一些对股市非常不利的标志性事件，但大家要清楚，这些事件不过是为股市下跌提供了一个契机，没有这些事件，股市也会跌下去的，只是可能下跌的速度会慢一些。在萧条期，政府为了刺激经济，提振投资者的信心，会发布一些利好政策。不过，这些政策通常影响不大，很难改变股市的整体运行趋势。这时，一些快速消费品和医疗医药板块就会成为避险资金的首选。毕竟，无论经济如何不振，老百姓还是要吃饭喝酒的，有病了还是要看病的。其实，这也是很多大消费板块的股票，能够在熊市逆市创新高的原因。

在衰退期末端，政府为了提振经济，可能会发布一些有关基础设施建设的规划，毕竟这些大工程与国民经济的各个行业都有关联。一旦这些规划启动，基建工程、水泥、钢铁等板块将会率先受益，从而推动股市走出低谷。

（2）复苏期

随着大基建、大工程项目的启动，国民经济将会走出低谷，投资者的信心也会随之恢复，一些工业、建材、金融、金属、能源、机械等板块将会起到引领大盘上攻的作用。通常所说的“煤飞色舞”指的就是这一阶段。由于这些股票在整个股市中所占的权重极大，它们一旦启动上涨，整个大盘将会全面上攻，这也会引发投资者对股市信心的恢复，于是就会有越来越多的投资者入场。“A股每周新增开户数”是一个非常有参考性的指标。该指标连续上升时，说明越来越多的新股民入市，带来了更多的增量资金，市场做多气氛较浓；反之，则说明市场较为清淡。

（3）繁荣期

随着国民经济趋于稳定和繁荣，越来越多的投资者进入股市，同时也带来了更多的资金。市场热点将会转向房地产、汽车、金融、投资品、消费品等板块。当然，这时可能是市场上整体上扬的阶段，越来越多的资金将低价股消灭殆尽，新的“A股第一高价股”将会刷新历史高点。回顾A股发展史就会发现，几乎每一波大的行情都会有一只“第一高价股”诞生，如中国船舶、全通教育、贵州茅台等。

随着市场炒作热情不断升温，越来越多的股票价格严重地偏离了其内在价值。这时，危机也就不断地显现出来。

（4）衰退期

在经济繁荣的背后，往往酝酿着新的隐患。特别是，一些当时刺激经济的政策引发的副作用，可能会在这个时段爆发出来，股市会同步出现这种状况。随着股市最后一波上攻结束，市场会迎来惨烈的杀跌，很多新进入的散户被套在高位。市场上的避险资金开始流入酒水、快速消费品、食品饮料等板块。

其实，通过板块之间的轮动关系，投资者也能大致反推出当前股市所处的阶段。强势股的投资者一定要踩准时间点，踏准板块轮动的节奏。市场热点板块出现强势股、大牛股的概率远高于普通板块。

2. 受宏观经济面影响的板块轮动规律

板块轮动的一般性规律包括以下两项。

第一，随着整体经济形势的变化，市场炒作资金会随之在各个板块之间轮动。例如，整体经济形势长期低迷时，国家可能会通过扩大基础设施建设来提振经济，因而资金往往会偏向一些基建工程、钢铁类股票；经济形势向好时，一些消费升级类板块将会受到资金偏爱。

第二，板块轮动受宏观经济影响，会呈现有序的轮动，但又不会按照标准的顺序轮动。长线投资者可根据股市和宏观经济情况，提前进驻相关板块。喜欢操作短线强势股的投资者应在股价已经启动时，再追涨介入。

二、非宏观经济面影响的板块轮动

除了受宏观经济面影响的板块轮动外，在股市交易过程中，几乎每隔一段时间都会有一个或几个受到资金关注的板块。当然，这些板块的轮动不会按照一定的秩序进行。国家出台某项规划，可能就会引发某一板块被资金热炒。

2020 年 12 月 12 日，习近平主席在气候峰会上通过视频方式发表题为《继往开来，开启全球应对气候变化新征程》的重要讲话，进一步明确了碳中和的具体目标。自此以后，“碳中和”开始上升为国家战略。而“碳中和”板块内有代表性的股票也出现了轮番上涨的情况，如中材节能就是其中比较有代表性的一只。

如图 13-2 所示，自 2021 年开始，中材节能的股价一直处于振荡盘整走势。2021 年 2 月 26 日，在“碳中和”概念的刺激下，该股股价振荡走高并以涨停报收，其后该股又连续拉出 6 个涨停板，由此可见主力做多意愿之坚决。

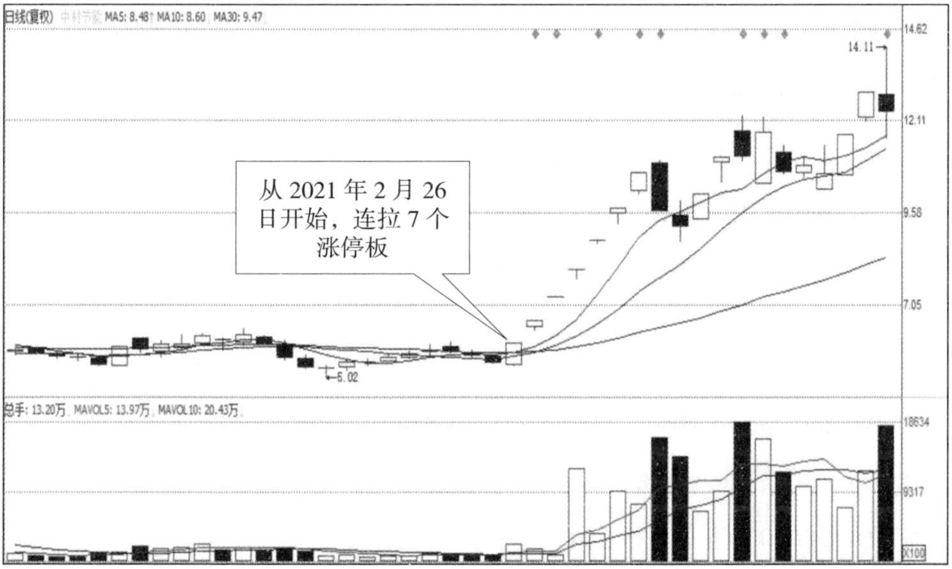

图 13-2　中材节能（603126）日 K 线走势图

通常情况下，在主要板块支撑下，短线资金会集中炒作当前的热点板块。这些板块之间的轮动，要比前面介绍的受宏观经济影响的板块来得快。有的板块热度能够持续几天，有的可能就持续几个小时。当然，“碳中和”属于一项国家战略，持续时间肯定比较长，而且在未来数年内，还可能会轮番炒作。

第二节 正确看待股市与股价的波动

尽管股价会与自身内在价值存在一定的关系，但终归要在市场上交易，会受到人为情绪波动的影响。

一、股市大盘的波动

按照一般的理解，只要股价低于内在价值，买入股票肯定没有问题，何况随着经济发展，股市的运行趋势肯定是向上的。大家常说，股市是经济的晴雨表，所以，随着国民经济的增长，股市肯定会走出上行趋势。

先来看一下美国道琼斯工业平均指数近 30 年的走势情况。

如图 13-3 所示，在过去 30 年内，道琼斯工业平均指数上涨了近 10 倍，1990 年到 2000 年年底，该指数就上升了 3 倍有余。不过，其后的 10 年时间，由于网络泡沫破裂，整个股市下挫，并展开了一段时间的调整，道琼斯工业平均指数几乎原地踏步。2010 年以后，道琼斯工业平均指数又迎来了新一轮上涨行情。该指数从 10000 点左右开始上涨，一直上涨至 36000 点附近。

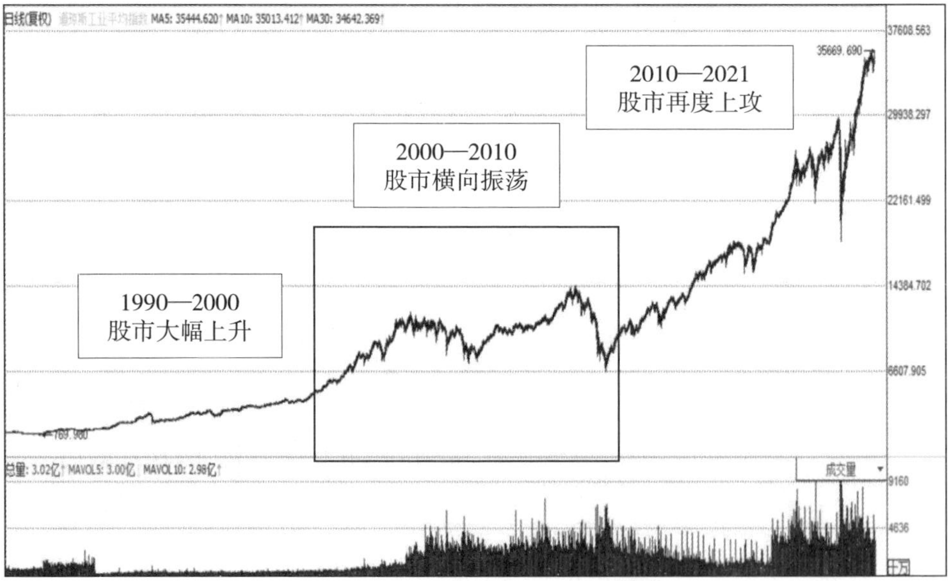

图 13-3　道琼斯工业平均指数日 K 线走势图

通过道琼斯工业平均指数的走势，大家可以得出两条简单的结论：其一，从整体上来看，在过去 30 年的时间里，道琼斯工业平均指数一直保持了上涨趋势；

其二，若以每 10 年为周期计，即使 30 年上涨 10 倍的道琼斯工业平均指数，也有 10 年的原地踏步时间。也就是说，投资者要是买入了道琼斯工业平均指数的基金，那么在 30 年的时间里，只需坚定持有就可以坐等资产翻 10 倍了。当然，若你的定力不足，加之正好在 2001 年之前买入的，那么你很容易在接下来的 10 年里“下车”。毕竟 10 年的原地踏步，不是一句价值投资就可以解脱了。

下面再来看一下 A 股的走势。

如图 13-4 所示，截至 2021 年 11 月中旬，上证指数的点位仍在 3600 点左右徘徊。若单从数据上来看，由于我国股市起步阶段的初始值仅为 100 点，那么到了 3600 点的位置，就相当于翻了 30 多倍，然而大家回过头去看股市刚出现的那段时间的走势就会发现，由于当时股票属于一种稀缺商品，并且上市交易的公司很少（只有 8 家），因此，股票指数上涨的势头是非常猛的。自 1990 年年底设置为 100 点的上证指数，到了 1992 年年初就已经到达了 1200 点左右。其后，到了 2000 年年底，该指数来到了 2000 点左右。

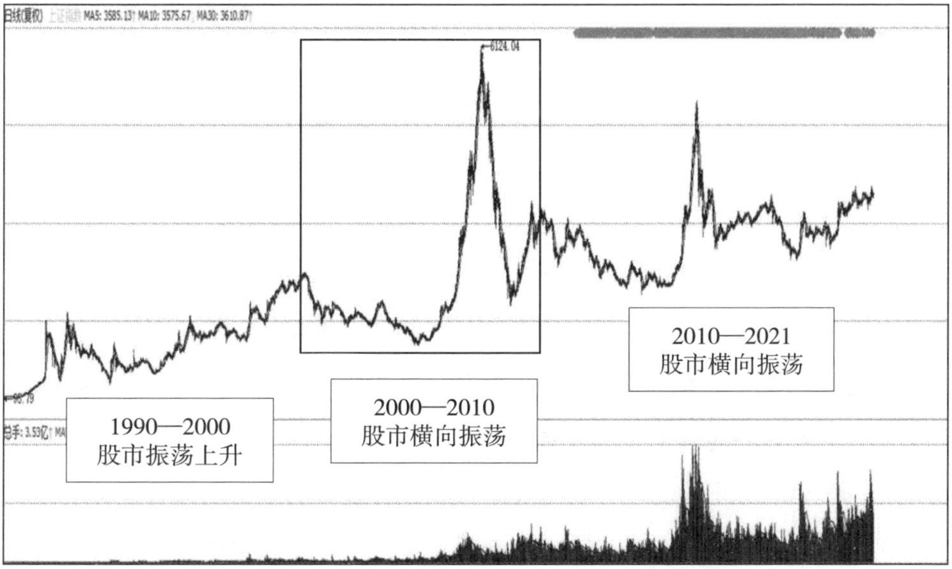

图 13-4　上证指数（000001）日 K 线走势图

接下来的10年，股市经历了大起大落的过程，最高点数曾经达到6124点，然而，大牛市终究如一场梦一样消失了，到了2010年年底，上证指数修复到2900点左右。也就是说，在10年时间里，上证指数仅上涨了45%左右。

再接下来的10年，又是一个让股民从大喜到大悲的过程。2015年的牛市，虽然没有2007年所创的点数高，但由于很多投资者借助杠杆投机，在股市崩盘的影响下，最终血本无归。到了2021年11月底，上证指数仍然在3600点附近盘整。这相当于10年多的时间里，上证指数只是向前走了一小步。

通过上证指数的走势，大家可以得出两条简单的结论：其一，从整体上来看，上证指数除了最初几年的上升势头较猛外，其余时间总会陷入大牛市到大熊市的循环中；其二，若以每10年为周期计，除了最初的10年外，其他时间的大盘指数几乎没怎么上涨过。

如果将大盘指数比作一只股票的话，用它作为价值投资的标的，就会让人疯狂，毕竟将近20年处于滞涨状态，任何投资者都不可能无动于衷。

当然，即使最后20年大盘指数没有上涨，其实还是有很多个股不停地创出新高，如大家熟悉的贵州茅台、格力电器、万科A等。也就是说，面对股市的起起伏伏，只有坚守优质的股票才能取得最终的胜利。

二、价格与价值的背离

通过两个股票大盘指数的对比，可以得出这样两个结论：其一，与美国股市相比，我国股市出现的时间较晚，还不成熟，经常存在暴涨暴跌的行情，这就使得普通投资者很难从长线持股中获利（个别股票除外），而美国股市的投资者通过长线持股更容易持续获利；其二，与美国市场的投资者构成相比，我国股市的投资者以散户为主，这与国外以机构投资者为主的交易者群体不同。由于散户缺乏必要的投资知识，并且容易情绪化，使得股价更容易脱离其内在价值。

下面以 2015 年的大牛市为例进行讲解。

如图 13-5 所示，2014 年 7 月下旬，上证指数启动了一波波澜壮阔的大牛市。在不到一年的时间里，上证指数就翻了两倍多，从不到 2100 点的位置上涨至 5178.19 点。很多个股都翻了 10 多倍。这时，若从价值投资的角度来看待股价与内在价值的关系，大家就会发现：在 2014 年 7 月下旬之前，很多具有投资价值的股票的价格要低于其内在价值；到了 2015 年 6 月中旬，上证指数到达高点时，股价又会远高于其内在价值。这时，投资者若还坚持长线持股不动的话，很多收益都将在其后的下跌过程中归零。总之，在 A 股市场上进行价值投资，还是要综合考虑整个大盘的运行态势的。

图 13-5　上证指数（000001）日 K 线走势图

第三节
正确认识自我和对手

很多人都将股市看成一个可以暴富的场所，归根结底在于没有正确认识自己、认识股市、认识对手。

一、主力，和散户想的不一样

追涨杀跌是很多投资者喜欢使用的操盘技法。按照大多数投资者的想法，股价上升必然是由资金大量涌入引发的，反之，股价下跌则是由主力资金出逃造成的。于是，这些投资者在股价上升时，总会义无反顾地追涨；被套牢后，当股价持续下跌时，又会割肉离场。

其实，这正是主力想要的效果。主力在做盘过程中，处处在利用投资者这样的心理。

1. 吸引散户追涨

股市中，有这样一句话，牛市就是散户新手的坟墓。几乎每一轮牛市都是以埋葬大量散户结尾的。为何明明是牛市，还会有大量的散户亏损？其实，这就是主力要的效果。为何散户很容易被套在山顶？因为，每次即将到达山顶位置时，往往是股价上升最快的阶段，也是最吸引人的一个阶段。基于强大的赚钱效应，很多散户涌入市场，此时主力则大肆派发筹码。每天大额的成交量，让散户感觉整个市场都在抢筹，却忽视了可能的风险。

下面来看一下北京君正的案例。

如图 13-6 所示，自 2021 年 5 月开始，北京君正的股价启动了一波振荡上升行情。该股股价在上升初期，一直呈小幅上升走势，股价每上升一波都会出现调整走势。不过，7 月下旬，这种振荡上升态势出现了转变。

2021 年 7 月 20 日，该股股价开始启动连续大幅上升走势，随着股价的快速上升，成交量出现了放大。在这种赚钱效应的推动下，很多投资者纷纷入场。此时，正是该股股价即将筑顶的时刻。很快，创出 199.97 元的高位后，该股股价反转向下。

从此，该股进入下跌通道。先前高位追涨的投资者全部套牢在高位。其实，这种赚钱效应正是主力想让投资者看见的。主力的利润是靠前一阶段缓慢上升途中获得的，而股价快速上升时，主力都是一边拉升一边出货的，即少买多卖。

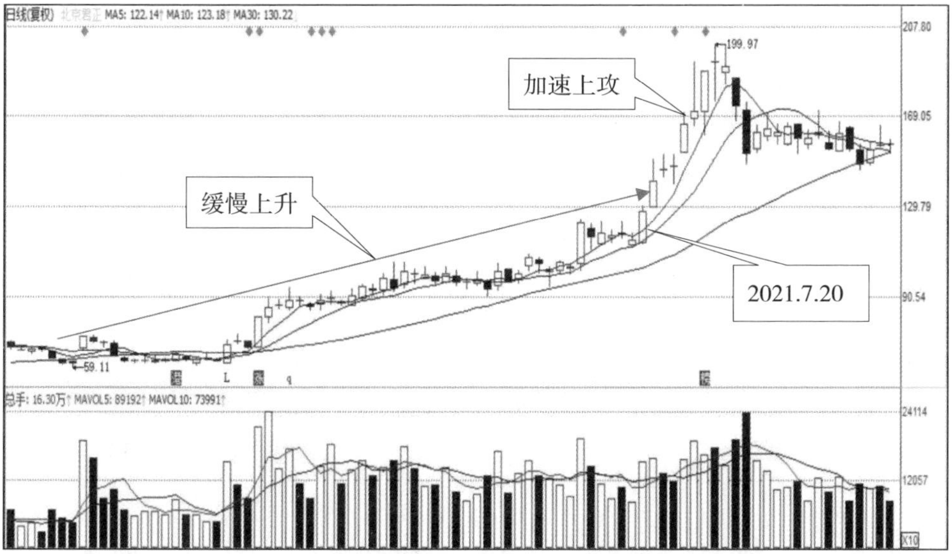

图 13-6　北京君正（300223）日 K 线走势图

2. 逼迫散户割肉

股价进入下跌通道后，很多投资者都将放量下跌看成主力的出货行为，其实，这也是主力要达到的效果。一般来说，在下跌初期（特别是下跌初期的反弹），若存在放量情况，可能与主力出货有关。若股价下跌了一段时间后，随着股价走低，成交量再度放大，投资者就不应该将其看成主力的出货行为。因为主力不可能在底部出货，他们之所以向下打压股价，是想逼迫散户抛弃手中的筹码。因此，底部的放量下跌，往往被看成股价的最后一跌。

下面来看一下伊利股份的案例。

如图 13-7 所示，2021 年上半年，伊利股份的股价出现了振荡下跌走势。2021 年 7 月 23 日，处于下跌途中的伊利股份，突然出现放量大跌迹象。此后，连续三个交易日，成交量逐级放大，股价连续创出新低。这种走势给投资者的心理造成极大的震撼，很多投资者将其看成主力的出逃，其实，这只不过是主力逼迫散户交出手中筹码的手段而已。几个交易日的下跌之后，股价就迎来了一波上升行情。

图 13-7　伊利股份（600887）日 K 线走势图

二、专业人士更容易盈利

相对普通投资者而言，专业投资人士拥有更丰富的知识和经验，同时，他们获得的信息也是普通投资者无法比拟的。正因如此，这些专业人士的投资更容易盈利。对此，威廉·P. 汉密尔顿曾经说过：“从长期角度来看，投机就像其他事情一样，专业人士总是比普通人更常盈利。”

这一简单而容易理解的常识，在股市中却并不为很多投资者所接受。事实上，很多投资者更相信自己的判断。特别是在牛市行情期间，所谓的各路民间“股神”交替出现，一些投资者手中的股票出现大额利润后，就觉得自己可以号称“股神”了，然而，接踵而至的熊市，会让这些自我感觉良好的“股神”们清醒过来。

一般而言，经历了一波大牛市与大熊市的洗礼之后，很多投资者才能逐渐变得成熟，他们才会更加相信一点，即专业人士比自己更容易获利。当然，这些专业人士在熊市期间也会亏损，但整体亏损幅度会小于普通投资者，而在牛市期间，他们的盈利幅度通常会更好。

相比普通投资者而言，这些专业人士长期在投资一线，他们更容易感知投资市场的变化，包括投资者情绪的变化以及国家政策的调整等。这些信息传送到普通投资者时，股市的变化已经出现了，这时投资者再采取行动往往已经晚了。

三、学会降低你的盈利预期

查尔斯·道在撰写的一篇关于股市投机的文章中写道：“如果人们拥有大额或小额的资金，应该尝试通过股票交易获得每年 12% 的资本收益，而不是每周 50%，这样出来的结果长期来看要好得多。”当人们将盈利目标设定在相对较低的水平时，就会优先考虑本金的安全，而后再徐图获利。反过来，当人们追逐短期高收益时，必然会将资本金放置在一个风险极大的环境中。

尽管所有的投资大师都这样告诫投资者，但让自己一夜暴富，仍是很多人对股市的认识。不过，带着这种想法进入股市的人，往往会大失所望，因为股市确实不是一个可以一夜暴富的场所。

想法决定行为。如果一个人将一夜暴富的想法带入股市，那么为了追求高额收益，必然会冒很大的风险，这就很难做出科学、合理、安全的投资决策。被大家尊称股神的巴菲特，从事投资行业40年，年均收益率也没有超过25%，但是股神之所以为股神，是因为他的盈利增长是持续的。当然，也许在某段时间，你可能会获得比巴菲特还要高的收益率，那是因为你冒了相当大的风险。你可能在几天之内赚到50%的收益，也可能在接下来的几天亏损超过80%。如果一个人想在股市中长久生存下去，赚更多的钱，最重要的一条便是：抛弃一夜暴富的想法。

2015年6月—8月，A股股市大幅调整，很多梦想一夜暴富的人，其资产大幅缩水。其实，仔细想来，如果他们当初没有一夜暴富的想法，不去杠杆融资，安安稳稳地用自己的钱去操作，设置好止盈位与止损位，从股市中全身而退，或者略有小亏就撤退是有可能的。事实上，很多经历过2008年股市下跌的老股民确实做到了全身而退。

如图13-8所示，从2014年到2015年6月初，上证指数的大牛市成就了很多人的造富神话，一时间很多人开始憧憬股市重上6124点（2007年大牛市

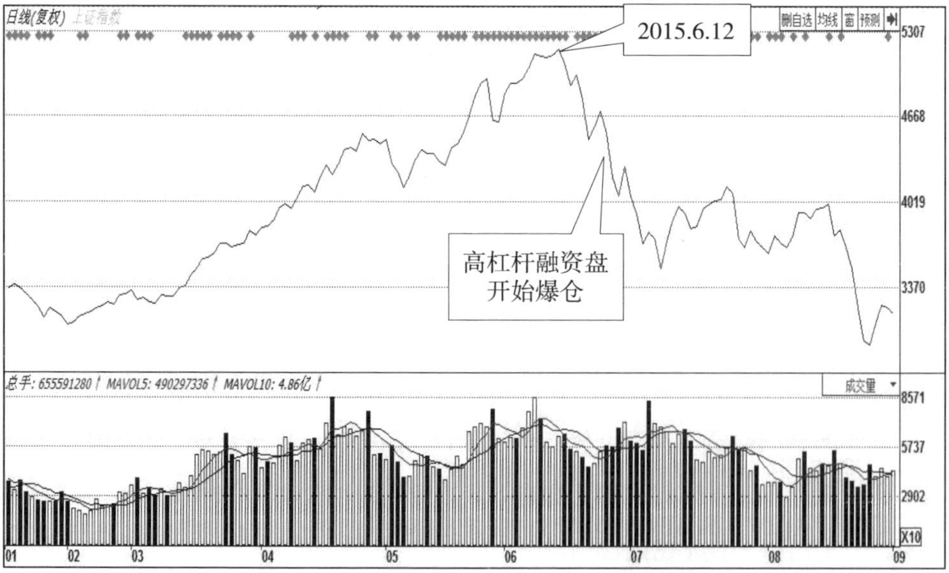

图13-8　上证指数（000001）收盘价线走势图

最高点位），甚至高喊“冲上 10000 点”的口号。于是，很多投资者开始了不切实际的赌徒式交易，即为了短期内追求高收益开始放大资金杠杆，从 5 倍到 10 倍。其实，资金杠杆到 10 倍的时候，也就意味着只要股价下跌 10%，自己投入的本金就将血本无归。然而，在当时的狂热投机浪潮中，很多人似乎已经忘记了还有下跌这回事，于是，股市暴跌开始不久，爆仓潮就如期而至。